至善·先锋

2018 东南大学优秀学生风采录

郑家茂 孙莉玲 编著

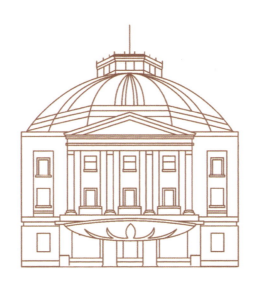

东南大学出版社
SOUTHEAST UNIVERSITY PRESS
·南京·

图书在版编目（CIP）数据

至善·先锋：2018东南大学优秀学生风采录/郑家茂，孙莉玲编著. —南京：东南大学出版社，2018.12

ISBN 978-7-5641-8180-2

Ⅰ.①至… Ⅱ.①郑… ②孙… Ⅲ.①东南大学–校友–生平事迹 Ⅳ.①K820.7

中国版本图书馆CIP数据核字（2018）第283406号

至善·先锋：2018东南大学优秀学生风采录

出版发行	东南大学出版社
出版人	江建中
社　　址	南京市四牌楼2号（邮编210096）
印　　刷	江苏凤凰数码印务有限公司
经　　销	全国各地新华书店
开　　本	700mm×1000mm 1/16
印　　张	24
彩　　插	2面
字　　数	323千字
版印次	2018年12月第1版　2018年12月第1次印刷
书　　号	ISBN 978-7-5641-8180-2
定　　价	68.00元

* 本社图书若有印装质量问题，请直接与营销部联系，电话：025-83791830。

中国脊梁
东南担当

中国工程院院士
东南大学校长　张广军

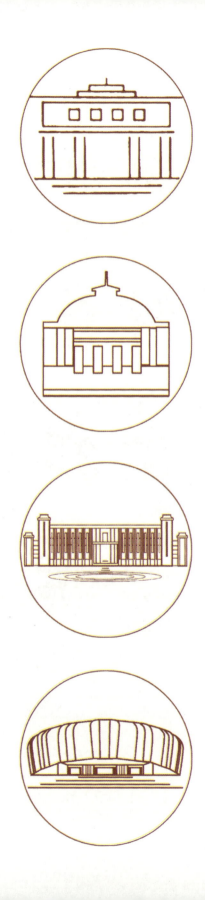

至善楷模　东南先锋

青春奏响时代强音,榜样秉承时代精神。榜样是照亮人生的明镜,是引领发展的旗帜,榜样表率社会风气,振兴国家民族,造福人民大众。见贤思齐,青年学子的成长离不开润物无声的榜样。

历史烛照现实,榜样传承薪火。东南大学历史悠久,始终坚持优良的办学传统,榜样迭出不穷。吴健雄、茅以升、杨廷宝等一大批老一辈杰出校友留下了光辉的足迹。他们大道向前,不舍昼夜,艰难困苦,玉汝于成。今日东南大学致力于为国家培养具有远大的志向、健全的人格、健康的体魄、宽广的国际视野、扎实的知识基础和优秀的创新创业能力,能够报效国家、引领社会、造福人类的领军人才。一批批同学在学习研究、实践创新等多方面做出了出色的成绩,涌现出了一大批典型代表,如杨雯迪同学不仅有着笃学慎思的态度,更有着青年党员的担当;高远同学不仅学习成绩优异,更是瞄准前沿,专心科研;蔡洋洋同学不仅有着拼搏奋斗的精神,更有着心系家国的情怀……我们将这些学生的事迹选编出来,旨在展现东大青年学子的远大志向、蓬勃精神以及自强品格,彰显"中国脊梁,东南担当"的时代精神。

希望东南学子始终践行"诚朴求实、止于至善"的精神传统,既仰望星空,亦脚踏实地,把远大抱负落实到实际行动中,让勤奋学习成为青春飞扬的羽翼,让创新实践成为青春搏击的力量。如此,我坚信东南大学必将源源不断地涌现出大批领军人才,东南学子的星空也必将更加璀璨辉煌。

郑家茂

2018 年 12 月

《至善·先锋》编委会名单

主　审：郑家茂

主　编：孙莉玲

副主编：徐　进　　何　熠

编　委：(按姓氏笔画排序)

王汉卿　　王皓然　　付　林　　江莉莉

吉　鑫　　张　思　　杨玲玲　　邹　琳

周　宇　　陈　明　　贲　驰　　施　杰

沙木西亚·艾克拜

目录 Contents

第一篇 中国脊梁 我辈担当

- 03/ 李昊伦   04/ 日新臻善
- 08/ 李博文   09/ 披星戴月拔头筹
- 15/ 林悦楠   16/ 做一个暖心的小太阳
- 21/ 李　想   22/ 生命不息，追梦不止
- 27/ 秦育彬   28/ 心之所向　素履以往
- 33/ 许　璠   34/ 稳步前行，日臻至善
- 39/ 郑　浩   40/ 梦想，挣脱期望的束缚
- 45/ 祝云麓   46/ 学子三物志
- 52/ 卢　果   53/ 孜孜不倦万卷书，行者无疆万里路
- 58/ 周路妍   59/ 追风的女孩
- 64/ 李星潼   65/ 此心光明万物生
- 69/ 周小清   70/ 邂逅更好的自己
- 75/ 陆涵之   76/ 奔跑吧　小姐姐
- 82/ 牟　杨   83/ 脚踏实地，厚积薄发
- 87/ 杨雯迪   88/ 砥砺前行　厚积薄发　追求卓越
- 94/ 严　格   95/ 心之峡谷　蔚然成荫
- 100/ 张滕翔   101/ 三冬暖，春不寒

Contents

第二篇 学在东南 志在四方

- 109/ 常晓旭　　110/ 不完美三面,筑至善一心
- 114/ 贾乐松　　115/ 爱你所爱　行你所行
- 120/ 杜育瑞　　121/ 青春不止,奋斗不息
- 126/ 高　远　　127/ 为之"氢"倒
- 131/ 时　旻　　132/ 心若向阳,无畏远方
- 137/ 吴嘉禾　　138/ 从0到1
- 144/ 刘嘉欣　　145/ 寻求初心　砥砺前行
- 150/ 刘粲然　　151/ 始于初心,止于至善;初心不改,薪火相传
- 156/ 薛忠琴　　157/ 以终为始　不忘初心
- 161/ 胥凯林　　162/ 大学之思
- 167/ 董沛文　　168/ 追求成功的自己
- 173/ 王朝晖　　174/ 不负青春,砥砺前行
- 179/ 段秋怡　　180/ 兰茞幽而独芳
- 186/ 刘志康　　187/ 志愿青春永无悔
- 192/ 徐潇航　　193/ 前行者
- 203/ 廖　霞　　204/ 你若盛开,清风自来
- 209/ 李路遥　　210/ 竹的三厘米
- 216/ 孟雅之　　217/ 敢为人"先","锋"华正茂

Contents

- 223/ 张妮妮　　224/ 平凡之路　不甘平庸
- 230/ 项奕晨　　231/ 感念与成长是青春的诗
- 236/ 朱昕玥　　237/ 让梦想发芽
- 242/ 翟彦菁　　243/ 在长勤中长进
- 248/ 魏兰馨　　249/ 仰望星空，脚踏实地
- 254/ 蔡衬衬　　255/ 坚持初心，奋斗不止
- 260/ 格桑卓嘎　261/ 在磨砺中成长
- 266/ 戚昊祺　　267/ 东大第一年，遇见更好的自己
- 272/ 杨佳伟　　273/ 以无用成大用

第三篇　青春奋斗　荣耀起航

- 279/ 陈乐琳　　280/ 内求于己，外化于"形"
- 284/ 蔡洋洋　　285/ 以梦为马　不负韶华
- 289/ 张晟源　　290/ 砥砺前行　筑梦远航
- 295/ 周子纯　　296/ 青春无悔　止于至善
- 301/ 夏智康　　302/ 有志东南行，无悔大学路
- 308/ 于路港　　309/ 大学·花影·成长
- 315/ 张　伟　　316/ 至善之路
- 320/ 陈一雄　　321/ 不负韶华，以致天下
- 326/ 张晓雯　　327/ 不为荣誉和光芒，只为所想所思得以实现

Contents

- 335/ 庄文楠　336/ 陌上处处是花开
- 343/ 季培霖　344/ 乘风扬帆正当时　砥砺奋进谱新篇
- 348/ 贺　唱　349/ 生命不息,奋斗不止
- 355/ 张珺玮　356/ 用心一处,臻于至善
- 361/ 陈望隆　362/ 初心——至善的追求
  前行——无悔的青春
- 368/ 王　燕　369/ 脚踏实地,追求卓越
- 373/ 许晨煜　374/ 成长为我想成为的人

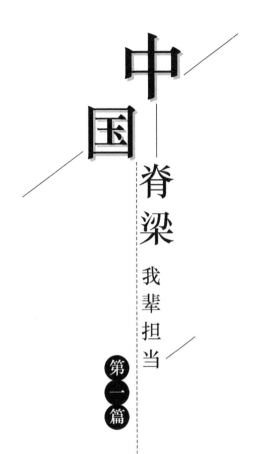

中国脊梁 我辈担当

第一篇

李昊伦 LI Haolun

■ 个人简介

李昊伦,男,汉族,1996年12月出生,中共党员,建筑学院城乡规划专业2015级学生。曾获国家奖学金,坚朗奖学金,社会工作优秀奖;江苏省大学生土木工程结构创新竞赛一等奖;东南大学"优秀学生干部""三好学生"等荣誉称号。

日新臻善
——记建筑学院李昊伦

■ 精进学业

步入大学,对待自身学业,他一直保持热忱与专注,发扬不怕苦不怕累的精神。在专业学习方面,他凭借着坚忍不拔的毅力和止于至善的执着,本科前三年绩点一直稳居专业前列,其中大三均绩排名更是取得了第三的好成绩,获得 2017—2018 学年国家奖学金。他坚信,天生我材必有用。

专业学习如此,课外研学亦然,2017 年他参加东南大学结构创新竞赛获校级一等奖,被遴选为东南大学代表,参加江苏省大学生土木工程结构创新竞赛。面对这次难得的机会,他与队友主动联系建筑学院和土木工程学院的老师来对他们的方案进行指导,并在暑假坚持留校完成结构创新作品的深化与完善。七月份的工作室已是空空荡荡,只剩下他与队友苦思冥想、挥洒汗水。他们不放过一点瑕疵,一遍遍改,一遍遍过。当时有一处伞状结构的张角迟迟无法确定,研究工作陷入僵局,他们选择列出所有情况,一个个试验,从下午两点一直坚持到凌晨两点,最终确定的那一刻他和队友都特别满足特别开心。正是凭着这股执着与坚韧,他们抓住比赛前的每一分每一秒精益求精,功夫不负有心人,最终他们的作品"一带一路"获得 2017 年江苏省大学生土木工程结构创新竞赛一等奖,为学校和学院赢得了荣誉。

他之所以能取得这样的成绩,在学业方面日新臻善,除了他自身的努力,也离不开身边师长的谆谆教导和同学的热心帮助,更脱离不了东南大学严谨求实的校风和止于至善的校训对他的熏陶与培育。

■ 践以育己

修身齐家治国平天下,虽不能至,然心向往之。他一直认为,个人如一片茶叶,社会这壶清茶因他们的汇聚而芬芳,他们的人生价值也只有在社会这壶热水中才得以绽放。通过自身实践,尽己所能地改善别人的生活,哪怕只是很小的一群人,也是个人价值的最大实现。所以,大学期间,他始终奋斗在学生工作的第一线,统筹和参与学院大大小小的学生活动,从未怠慢过任何一项工作。

通过学生工作、实践活动,增强自己的工作能力。从大一起进入东南大学建筑学院团学联担任学习部干事,到2017—2018学年担任东南大学建筑学院第42届团学联学习部部长,三年来,他组织或创办了无数活动:"薪火相传"分享沙龙;推送展览信息、学习指南、推荐书单系列,为建筑学院(简称:建院)学子提供福利干货;"一隅之筑"改造竞赛,引发建院学子对周遭环境、自身权益的思考;教师节探望老教师;"建筑师的二十岁"系列讲座,为建院学子搭建与前辈师长思维碰撞的平台;"中大杯"辩论赛,引发建院学子对时事热点的关注,激发思考,鼓励发声,不做一心埋头的画图匠……他一直希望学习部是一扇窗,能引领建院的学子看到建筑学习以外更广阔的世界。2017年适逢东南大学建筑学院90周年院庆,作为团学联的中坚力量,他积极参与协调配合各项院庆活动的开展与实施:主线活动,在"春华秋实"院庆晚会担任后场主要负责人,指挥统筹晚会的后场场务工作;副线活动,作为主创策划组织"他的九十"签名墙系列活动,线上线下宣传扩大影响力。整个院庆的系列活动受到了来自社会各界的校友们的好评,也为学院的九十岁生日献上了一份礼物。他想,"俯身做服务,抬眼看世界"就是优秀学生干部最好的注脚。

作为当代的大学生党员,有责任有义务心系天下。他一直积极投身于有效且长效的志愿活动来回馈社会。他认为这是他们的责任,是他们的担当。他积极参与筹办建筑学院低年级党支部南京保障房图片展主题党日活动,让同学们关注社会困难群体,加强社会责任感,为建筑学院低年级党支部贡献了自己的一份力量。他躬行实践,践以育己,通过提高自身的思想觉悟,把自己的发展与社会发展相统一,把个人的追求与建设祖国、服务社会相统一,把自己的世界观与指导社会发展的正确思想相统一,成为真正的栋梁之材,日新臻善。

■ 知行合一

习近平总书记曾说过,青年要成长为国家栋梁之材,既要读万卷书,又要行万里路,坚持知行合一。作为城乡规划的学生,他将所思所学投入实践中去,参与到乡村振兴战略和城市复兴发展的建设中,在基层的沃土中受教育、长才干、做贡献。他主动走出自己的舒适圈,去感受、去体验"规划"之外的生活,拓宽自己的视野,增长自己的见识,同时,以自己的专业之长去反馈、去增益社会。

"城乡社会综合调查研究"这门课第一次为学生们提供了一个机会和平台去深入社会调查研究,揭示社会现象背后隐藏的本质变化。通过观察,他想调查研究:当共享单车开始占据人们的生活,传统修车师傅的生存现状是怎样的。虽然只是聚焦一个很小的群体,但从中折射出的是社会生活模式和产业模式的巨大变化。而运用所学的知识,他可以尽自己所能,对被这种社会现象影响的弱势群体提供自己的一些建议与帮助。穷则独善其身,达则兼济天下。他不是伟人,但他从不囿于眼前的图纸和模型,他明白一个更加幸福的社会需要他。

庄严吾校,是他20年成长中最重要的平台。她教会他的不仅仅是知识与技能,她也教会他怎么去过好最普通的生活,怎么坚持最平凡的梦想。更重要的是,她教会他怎么设身处地为别人着想,怎么去体谅父母的不易,怎么自强不息而不是依赖他人。从前以为"明知不可为而为之"是一种愚蠢,现在才明白那是体会成长本身的快乐。他很感谢身边的师长和同学长久以来对他的帮助和鼓励,也将不断传递这份能量,在今后的道路中收获更好的自己。

知行合一,日新臻善,止于至善!

 吴洁莹

> 师长点评
>
> 李昊伦同学是一个热情踏实,责任心强,各方面都很突出的学生。该生学习上严谨细致,一丝不苟,专业能力较强,有一定的探索能力和研究能力,获得过多项竞赛奖项;工作上尽心尽职,有较强的组织管理能力和协调沟通能力,在团学联担任学习部部长期间出色完成本职工作,得到老师、同学的一致好评;生活中尊敬师长,团结同学,是一名德才兼备的学生。
>
> 东南大学建筑学院 副教授 高 源

李博文
LI Bowen

■ 个人简介

李博文,男,回族,1999年7月出生,共青团员,机械工程学院机械工程及自动化专业2017级学生。曾获国家奖学金,唐仲英德育奖学金;东南大学第十七届结构竞赛校级优秀奖;东南大学"三好学生""优秀团员""2017级军训优秀学员"等荣誉称号。

披星戴月拔头筹
——记机械工程学院李博文

他是个不服输的人，这是属于他的故事。

高考时他出了些状况，白白丢掉了20分左右。凭借高过提档线仅仅2分的成绩，踩着机械工程学院的录取线，他险而又险地来到了这个从初中就瞄准了的目标——东南大学。虽说高考失常会让人沮丧，但却也没有过分到让他和最初的梦想擦肩而过。被命运小小地打击了一下并不能让他低头，这反而激励了他——如果一年前的学霸一年后依然是学霸，胜不骄三个字足以概括；但如果一年前的倒数第一在一年后成了领跑者，那每个人都会从心底产生一种钦佩。这只是用成绩来打个比方，其实在大学，除了成绩，其他很多方面也很重要。所以在踏入这片净土的第一天，他就做好了打算：要在各个方面变得优秀，即使披星戴月，也要拔得头筹。

■ 踏上征途，放手一搏

初入大学，报到时他问的一个问题让人印象深刻：学校对各方面优秀的学生有什么奖励？看得出他是带着抱负来的，但谁也不知道他究竟能不能实现得了。开学之后，他参与了国旗班选拔、班委、学生会竞选，报名了不少社团，积极参加各种活动。他似乎各个方面都不想落下，总让人怀疑他是否真的能控制好自己的方向。他给出的解释是：从没想象过自己要达到什么高度，才有可能达到一个连自己都无法想象的高度；从没想象过自己要朝着什么方向，才有可能拓宽自己的各个方向。于是，放手一搏似的，他就这样踏上了征途。

■ 捷报频传,高奏凯歌

强大的信念指的是一个人想法很坚定,而强大的意志能保证一个人的做法很坚定,二者结合,每一步就都很坚定了。强大的信念,他应该是有的,因为无论是小学、初中还是高中,他一直在不断地超越别人、超越自己:从一个默默无闻的人变成群体里的佼佼者,之后进入满是佼佼者的新群体,重新变回一个平凡普通的成员,再次演绎令人赞叹的超越。瞧,他的大学之路又是这种他最熟悉的前奏了,他深知这种节奏的困难点在哪里,有充足的心理准备和丰富的经验,所以只要他打定了主意要在各方面变得优秀,那他就绝对不会因为信念不坚定而降低标准,让想法缩水。

那么,强大的意志呢？机缘巧合,来到大学他的第一份精力就用在了提升意志上——他在东大的摇篮是一个叫作国旗护卫队的团体。在这里他收获了第一份捷报。

军训时他训练刻苦认真,队列动作超出别人许多,因此进了国旗班的预选队伍。预选队伍的训练强度大,淘汰率很高：每次 40 多分钟的军姿,扛着沉重的枪在烈日下一遍又一遍地齐步正步,端腿端到大腿抽筋却不敢乱动,不到一半的通过率令人时刻紧绷着神经。或许是不服输的性格在支撑着他,他坚持到了最后,晋升成为国旗护卫队的一员。在每一天披星戴月的高强度训练中,在对肉体和精神的不断考验中,他的意志力成长得飞快。也是很幸运了,初来乍到他就把强大信念和超强意志两把大刀都牢牢地攥在手里,多亏了这两把利刃,之后的披荆斩棘之路才能如同砍瓜切菜似的一帆风顺。

大一上学期,他主动加了四个社团:国旗护卫队、永乐相声社、机械工程学院学生会外联部以及棋牌协会。在"机械杯"辩论赛上,他表现较为出众,被院辩论队抛来橄榄枝,之后上场参与过一场"新生杯"辩论赛,在与队友的合作下,机械学院成功晋级四强。大一下学期,离开辩论队,借着能获得唐仲英德育奖学金的机会,他又加入了唐仲英爱心社,现在已经成为部门主任。同时他还是班里的生活委员,管账一年没有出现过错误。大一第二学期的第二周,他自己跑去蹭了一门叫作"公共演讲"的给外院大三同学开设的课程,成功地把自己的课表完完全全地填满了。"公共演讲"的授课老师这样评价他:教了很多年,也有过蹭课的学生,但坚持下来了全部的15周没有缺课并近乎完美地完成了4次英语演讲的,他是第一个大概也是最后一个了。这次公共演讲课的经历使他的口才拔高了一大截,为之后他在各种舞台上的良好表现做足了铺垫。

在这种忙碌程度爆表的状态下,他练出了一种很难得的能力——忙而不乱。事实证明,之前那些对于他平衡各个方面的能力的怀疑是多余的,他奇迹般地做好了几乎每一件事:

校内比赛:校内"新生杯"象棋赛第九,辩论赛四强,院系辩论赛最佳辩手、最具风度辩手,结构竞赛校级优秀奖

体育运动会:院运会400米第六名,校运会10×400第三名,阳光体育竞赛第四名

志愿服务:南京大屠杀公祭日代表区政府祭献花篮,南京南地铁志愿者,全国大学生创新体验竞赛决赛志愿者

舞台经历尤其丰富:参演两次相声大会,四院联谊表演小品。2017年12月26号到2018年1月2号,新生文化季、跨年音乐会、机械工程学院迎新晚会,一周之内他连续化妆登台,表演节目、担任主持。2018年5月11日到5月13日,社团达人秀、唐仲英爱心社十周年庆典、青协十一周年晚

会,三天之内再次连续化妆登台,表演节目、担任主持。2018年9月,军训慰问演出、焦廷标馆迎新生校级演出共计5次……

荣誉和奖学金:2017级军训优秀学员,2017—2018学年唐仲英德育奖学金,2017年度东南大学优秀团员,2017—2018学年东南大学三好学生,2017—2018学年国家奖学金……

一年前得知高考失利的时候,他和父母还在互相安慰,吹着牛说这叫隐藏实力,然后翻盘给所有人看。但事实上在东南大学,全国各地的人才荟萃,这种翻盘谈何容易,可他又一次颠覆了大家的认知,他把这句茶余饭后的玩笑话实现了。大一上学期绩点4.473,大一结束时4.415,他一直是全系第一。

捷报频传,高奏凯歌,他再一次掌控了他最熟悉的节奏。

■ 突破极限,乘风破浪

交流会上,很多人问过他怎么做到学习和各种活动两不误,他给出的答案很简单:压榨自己娱乐的时间,当它们占用的时间趋近于零,那么供自己支配的时间其实真的不少。他是这么说的,也是这么做的,大一一年他出校门的次数两只手就可以数得过来,而这其中绝大部分都是为社团办公事,比如代表棋牌协会参加南京高校象棋联赛,为外联部谈赞助,作为辩论队一员充当南京高校辩论决赛观众,作为国旗护卫队参加12·13公祭日排练,等等。高三都没耽误的电脑游戏在大一这年被堆到了电脑屏幕的一个小角落里,从没碰过。

但接的任务过于饱和同时还追求全部做得完美,这直接导致他变成了一个上紧发条的钟表,一直在跑。各个社团的例会、常规活动、日常训练能参加绝不落下任何一次,海量的deadline(截止期限)在身后不停地催促。每时每刻完全不用去想自己下一步该做什么,因为永远是被赶着走的状态,早上一睁眼就已经知道了到今天结束为止自己全天的安排。就是这种一眼看到头的日子,他过了一整年。

有人问他为什么要对自己这样近乎癫狂地苛刻。他说的道理很浅显,很多人都知道但很少有人做得到:在极限状态下的继续坚持,能带给你最快的提高。他的生活正是这样展开的:先把自己弄到极限状态,坚持住,获得提升,然后再挑战那更高的极限以谋求新的提升。

"他是在玩命",这是别人给他的评价中最经典的一句。好多次,忙到绝望,一堆压在一起的事情在失控的边缘游走,但他从来没有一丁点想要放弃的念头,因为路是自己选的,跪着也要走完。好几次忙到生病,训练到膝盖积水,熬夜到心绞痛、呼吸困难,可趴下睡一觉之后还是要拼了命地爬起来再多坚持一下,只要还有时间,还有一丝希望做好,他就从来没放弃过。他一有空就去图书馆,办公或学习,直到闭馆,闭馆音乐的英文歌词他都能默写出来。周围亲近的人都在劝他对自己仁慈一点,何必那么拼!他给自己的答案是这样的:突破极限,而后才有能力乘风破浪;想要拔得头筹,不披星戴月就没有资格。

■ 日月可鉴,誓创辉煌

整个大一就这样一路走来,有过磕绊有过绕弯,但最终结果还是好的。已经达成的强大能力和超高绩点让他心满意足地送走了这一年,而接下来的一年会是更忙碌的一年。进入大二,他依然没有为自己设定上限,也没做出特别有针对性的规划。保持前一年已经达成的两个成就,将核心偏向科研竞赛和志愿服务——这样一份模糊的骨架在等着他用更多的小成就来填充血肉。他常说:只要还有呼吸,努力永远不够。他有着坚定的决心,且看日月如何共鉴他的辉煌。

困难总是接踵而至,世间常理本就如此,又不是只要抱怨一下,一切就能迎刃而解，总归还是要自己披星戴月，方能拔得头筹。何为披星戴月？不只是字面上的早出晚归，更是能独傍星月承受孤寂，能星月加身却不孤傲。何为拔得头筹？那是一种站在顶点式的成功，那种成功是——如果能重来一次，我还愿意像这样走一遭。

这是个不服输的人，他要续写他的故事。

推荐老师　柏　硕

师长点评

李博文同学思想觉悟高，态度端正，学习成绩优异，获得年级第一名的好成绩。他积极参与校级院级体育运动会、科技竞赛和其他比赛，并获得了较好成绩。李博文同学集体荣誉感强，积极参与班级公共事务，现担任班级生活委员，能够出色地完成组织和集体交代的任务。综上所述，李博文同学在德智体美劳各方面均取得了非常优异的成绩，是一个均衡发展的优秀学生。

工业设计系党支部书记，机械工程学院讲师　牛亚峰

林悦楠
LIN Yuenan

■ **个人简介**

林悦楠，男，汉族，1996年4月出生，中共党员，东南大学能源与环境学院核工程与核技术专业2015级本科生。连续三次获得国家励志奖学金；获东南大学第十届节能减排竞赛二等奖，江苏省第十届大学生知识竞赛优秀奖；获得两次东南大学"三好学生"称号，一次东南大学"优秀团员"称号。

做一个暖心的小太阳

——记能源与环境学院林悦楠

太阳,光和热的来源,一直以来是他的图腾,也鼓励着他成为努力学习充实自身、温暖他人、照亮社会的人。

■ 贫穷的土壤开出乐观的花

林悦楠出生于国家级贫困县——兴国县,那里也是江西省著名的将军县。他生长于贫困家庭,接受了当地第一批九年义务教育,走过高中来到了大学。如果说贫寒是一种苦难,他认为应该感谢这份苦难,多年来一直砥砺他的成长,锻炼他坚强的意志,培养他乐观的心态,这将会是他人生最大的一笔财富。人生就像通往天堂的阶梯,永无止境;人生就像钢琴上的音符,高低回转;人生更像是长跑,看得到尽头但每一米都是挑战!已经经历的20年人生,在国家和社会的各类帮助下渡过的一个又一个的难关,也让他明白了:人生过的是心情,生活活的是心态。人生何其难,生活何其烦,走过一些路,才知道辛苦;登过一些山,才知道艰难;蹚过一些河,才知道跋涉;跨过一些坎,才知道超越;经过一些事,才知道经验;阅过一些人,才知道历练;读过一些书,才知道道理。多一点快乐,少一点烦恼,累了就睡觉,醒了就微笑,生活怎么样,自己放调料,有事无事笑一笑。

当有了乐观积极向上的心态，物质的贫穷真的不可怕。不去说每年可以申请国家和政府的各类奖学金助学金，勤工助学与课外兼职在锻炼自身的同时，也有一笔不少的收入。物质的贫穷并未让他感觉卑微，就算初中毕业照穿着哥哥的旧衣服，高中毕业照还是同一件衣服，大学毕业照可能还会是这件衣服，他照样可以是照片中笑得最灿烂的那一个。因为他坚信，有着乐观的精神，不断地努力拼搏，美好的未来终究会到来。

■ 奋斗的青春最美丽，充实的大学最幸福

政治思想方面有了很大提升。大学期间正是同学们形成世界观、人生观的关键节点，从高中的稚嫩步入大学的逐渐成熟，人生观、世界观、价值观都在复杂的环境下面临各种挑战。如何面对这些挑战，迎接这些挑战，从而塑造正确的三观呢？唯一正确的答案就是，接受党的教育。出生于革命老区，从小受到红色文化的感染，加之自己是个积极乐观向上的人，在老师的信任和同学们的支持下，林悦楠在大一递交了入党申请书，并于2016年12月24日光荣地加入了中国共产党。在整个入党期间，他认真学习了马克思列宁主义、毛泽东思想、邓小平理论、"三个代表"重要思想和科学发展观，思想境界有了很大提升，对人生，对世界的本质也有了清晰的认识，树立了良好的人生观和道德观；入党之后，作为一名光荣的共产党员，永远保持与时俱进，认真学习党的工作路线，正确贯彻党的方针政策，时刻关注着党和国家的发展形势以及国内外的局势变化，担任党支部支委会成员、支部书记，认真完成组织交给他的各项任务，以实际行动接受组织的考验，为成为优秀共产党员而努力。

学习成绩小有成就。他记得高中最后一次班会中班主任曾说过，大学本科期间是你们人生中最后一次全身心系统地学习科学文化知识的阶段，一定要好好把握这段时间，努力提升自身素质。受到班主任的激励，虽然是

压着分数线进东大来的，但是他并不感到难过，而是从大一开始便认真学习，无论是课堂里的与老师互动，还是图书馆、自习室的预习复习，都会有他的身影，大一上学期他的成绩便名列前茅了。大二以后，在进行专业知识学习的同时，参加各种竞赛、科研项目锻炼自己，也取得了一些成绩：为了培养自己的演说能力，参加中华赞——经典诵读比赛，最后获得校级二等奖；为了提前接触科研项目，培养自己的科研能力，作为负责人参加了一个校级重大科研项目，并以优秀结题……林悦楠大学期间获得了三次国家励志奖学金；东南大学节能减排竞赛二等奖，江苏省第十届大学生知识竞赛优秀奖；两次东南大学"三好学生"，一次东南大学"优秀共青团员"等奖励和荣誉。这些奖励，是对他大学三年多来努力的认可，是他充实美满大学生活的见证！

  大学三年多，林悦楠的课外生活丰富多彩！大一寒假，组织队伍回母校宣讲，获得优秀个人表彰；组织带领小队探寻长征源头，纪念长征胜利九十周年的暑期社会实践获得老师的一致好评；参加雁行中国的暑期公益宣讲团——深圳团，获得中国社会福利基金会的表彰；大二担任院团委组织部副部长，组织星级团支部、魅力班级、磐石计划、能者联盟等活动，锻炼了自己的能力。第二期大骨班（大学生骨干培训班）的班长，学校学代会（学生代表大会）代表，东南大学共青团代表大会代表，校党委学工部组织的井冈山2017年"坚定理想信念，传承红色基因"大学生主题教育实践活动培训班第一期学员，东南大学党员骨干培训班学员，由学工部组织的参访军工企业、了解国情活动的武汉线队长……他不仅使自己在这些活动中得到了锻炼，也见证了东大的一些历史性时刻。通过众多的实践和培训活动，他也结交了许多优秀的同龄人。他会继续努力奋斗，让青春更加美丽，让生活更加饱满充实！

■ 赠人玫瑰，手有余香

从小到大，林悦楠所受到的教育都不会少这四个字——助人为乐，他也一直记在心上。不过，要想赠人玫瑰，首先得有玫瑰可赠，也就是说帮助他人是有门槛的。从他大学三年多的经历来看，很多事都是这样，只有你自己做得好了，才有资本去帮助他人。大一刚入学那会，从贫困地区出来的他，学习基础薄弱，同样的知识，他需要花比别人多很多的时间和精力去学习。幸运的是，在他的努力下，成绩取得了比较大的进步。大一下学期开始，有同学学习跟不上，林悦楠便主动与他沟通交流，陪他一起去图书馆学习，辅导讲解相关疑问，帮助同学一起进步。

大二时，隔壁宿舍的一个同学打篮球脚受伤了，于是"身强力壮"的他又干起高中干过的活——背同学上下六楼，车载该同学上下课，帮助同学的同时也收获了一段真挚的友谊；后来一个室友同样脚受伤了，同样的剧本重新上演一遍，至今他们还是最好的朋友。大三时，一个同学挂科太多，面临留级退学的风险，他站出来帮助他战胜心理困难，辅导该同学通过了几门专业课，至今同学妈妈到重大假日还会来问候他……有时，他也会问自己，为什么要帮助他们，为什么老是我……答案永远是这样的——因为我是小太阳呀，发光放热、温暖他人是本职呢！

■ 开始发光的小太阳

从一个一年难出一个大学生的小山村来到东南大学，林悦楠真的很幸运，他也深刻地明白今天的生活来之不易，是他自己的努力、亲朋好友的帮助、国家与政府的资助的共同结果。他从心里感谢所有帮助过他的人，感谢国家和政府。作为一名即将毕业的大四学生，他已经长大了，在人生的十字路口，他毅然决然地选择了一条与众不同的道路——加入研究生支教团。

有了曾经自己所经历的困难、所翻过的山的这些宝贵经验,他希望在加入研究生支教团后能让西部农村的孩子们得到一点帮助,可以更加容易地翻过那座山,让世界听到他们的故事。距离支教出发还有大半年,他觉得自己还有很多地方需要去提升,于是报名参加了东南大学第一期志愿服务实践学堂并担任班长,意在提升自己做志愿者的理论和实践水平;同时他也报名参加了2019年教师资格证的考试,以提升自己对教育的认识以及教学能力。

成熟的果实知道感恩风的吹拂,感恩雨的滋润,感恩光的照射,感恩热的考验。林悦楠就是这样的一颗果实,在感恩回馈社会这条路上,他会一直走下去,这个小太阳的光和热会传递给更多的人。

小溪想要拥抱大海,需要锲而不舍的坚持;雏鹰想要翱翔于蓝天,需要振翅高飞的勇气;幼驹想要驰骋于旷野,需要跌倒又爬起的意志。让我们以只争朝夕、舍我其谁的精神状态投入新的学习和生活中,在祖国的蓝天下,放飞梦想,拥抱未来,为实现中华民族的伟大复兴中国梦贡献自己的一份力量。

 茅 佩

师长点评

林悦楠同学可以说是"人穷志不短",虽然家庭贫困,但他没有因此而一蹶不振,反而这些困难磨炼了他坚强的意志,养成了他乐观的心态。他积极向上、锐意进取,不仅在学习上取得优异成绩,而且在工作上能尽职尽责,得到老师、同学的普遍认可!

能源与环境学院教授　丁继明

李 想
LI Xiang

■ 个人简介

李想,男,汉族,1997年11月出生,中共预备党员,东南大学信息科学与工程学院2016级本科生。大学期间所获重要奖项及重要荣誉有:国家奖学金,正保教育一等奖学金,唐仲英德育奖学金,2017年社会实践优秀个人;2018中国机器人大赛国家级一等奖,2018年中国大学生计算机设计大赛国家级三等奖,2018年中国大学生计算机设计大赛江苏省省(部、地区)级一等奖,第二届卓越联盟高校大学生数学竞赛省(部、地区)级一等奖,江苏省普通高等学校第十四届高等数学竞赛省(部、地区)级一等奖,2018年全国大学生数学建模竞赛省(部、地区)级二等奖;2018年东南大学"三好学生标兵"称号。

生命不息，追梦不止

——记信息科学与工程学院李想

他的梦想很普通——想要给家人衣食无忧的生活，想要跨越阶层。古人云"穷则独善其身，达则兼济天下"。目前，他想要完成的，就是前半句。

很多人说他太拼，其实原因有很多，比如残缺的家庭、三年如一日的半军事化训练、滑铁卢般的高考、十几年鼻炎的折磨、对 XX 大学的向往所带来的巨大压力等等。常人可能无法想象的是，当年高考考场上的他，大脑里想的不是题目，而是他考砸之后的种种后果，甚至考砸后二三十年后可能是什么样子都已经浮现在脑海中。当他刚做完鼻炎手术，静静地躺在病床上的时候，他查到了并不让他满意的高考成绩。来到东大，至今让他记忆犹新的一件事是军训的时候，他自我介绍说自己高中在衡水上的。此时他听到一个声音，虽然很小，但是格外刺耳："衡水的不都去 XX 大学了吗？"那个同学略带嘲讽的笑嘻嘻的表情，他至今难以忘怀。

其实，这也是对他的一种激励。来到东大，他就暗下决心，他的大学生活要变得厚重，他的青春应该是拼搏的。东大的平台很好，在这里他坚持着他认为应该做的事情。他想做到课业竞赛、文体活动、志愿公益、社团工作等各个方面的平衡，不断提升自己，最终实现他的梦想。他始终坚信，付出总是有回报的，只是时间问题。而自身的完善和进步，得先从课业成绩开始。

■ 学业追求

大一时他就读于交通学院：学年平均分93.57，绩点4.357，排名2/270。由于不是很喜欢土建类专业，他于大一下时渐渐下定决心转系，终于以全校第三名的成绩转入信息科学与工程学院。转入新的院系后，他不仅要面对难度较大的大二课程，还要再补修新专业大一的课程，有时中午、周六日也要上课。信息学院"大佬"如云，在这种情况下，他觉得尽力就好。幸运的是，大二结束时，两年综合绩点4.434，排名1/286。两年累计19门必修课满绩点，并获得12门课程奖学金。

其实他并不只满足于课业上的前列，他也积极参加各类学科竞赛，并积极参与SRTP项目。截至目前，他共获得了2项国家级、4项省级、8项校级学科竞赛奖项。两个校级SRTP项目均以优秀结题，并且均升级为江苏省大学生实践创新训练计划项目。

他总是以积极的态度面对每一次的竞赛。既然选择参与，就要全身心地投入。比如他当时决定报名参加中国计算机设计大赛时，距离提交作品只剩下10天。几天时间从0开始，完成全部的代码开发工作，并且通过校赛进入了省赛，拿到省级一等奖。又比如中国机器人大赛中，他暑假积极备战，与队友同甘共苦。在比赛的几天中，每天睡眠平均不超过4个小时，终于夺得了中国机器人大赛篮球机器人仿真组的一等奖（亚军），创造了东大参与该项目的最佳纪录。沉甸甸的奖杯不仅仅是荣耀，更是对他付出的认可。

当然，对于平日的合作，大作业也好，小组presentation（陈述，报告）也好，他也经常主动担任组长，主动承担大部分的工作。不管是去年计算机综合课程设计中独自一人写了上千行代码的miniCAD，还是今年数字系统课程设计中独自一人用代码实现了完整功能的多功能电子钟，虽然是两到三个人一起组队，但是他习惯于承担。从完全不会verilog语言，到实现功能逻辑,他仅用了3天时间。他们组也是全年级第一组完成数字系统设计验收的。

■ 生活追求

大学生活应当是多彩的,在课业和竞赛取得小成绩的同时,也要兼顾其他方面。大一时他积极参加文体活动,作为JOIN合唱团的一员,他参加了军训大合唱、新老生联欢、荟萃一堂"三生三想"音乐剧、五四表彰大会"光荣与梦想"、"激情四射"露天舞会、校庆歌会、迎新小场等大大小小的演出。体育活动上他也不甘示弱,积极参加台球赛,并在校运会乒乓球障碍接力项目中获得校级第三名。

他对公益有着不懈的热忱。因为他自己家里条件不是很好,他更能理解那些需要帮助的人,那些在贫困无助的时候挣扎的人的痛楚。他是唯一的兼具唐仲英爱心社社员和向阳花爱心实践团团员双重身份的志愿者。在进行向阳花关爱活动的时候,他们团队完成得较为出色,他们在对女童进行私下询问的时候,女童们说志愿者当中她们最喜欢他,这也是对他的一种认可。直到现在,他也与女童保持着密切的交流,节假日期间也互相祝福。活动结束返校后,他作为向阳花爱心实践团和唐仲英爱心社的纽带,推动向阳花活动和唐仲英爱心社清水亭家教、涟水支教等活动之间相互借鉴和取长补短。

他喜欢主动去争取机会。身为中共预备党员,他积极学习相关理论,在2018年暑假赴井冈山培训学习期间主动担任班长,与班里同学建立了战友情谊。2018年暑假赴香港岭南大学开展国际交流活动,他积极与外教和其他各高校的同学交流,结下了深厚的情谊,并获得认可。刚转进信息科学与工程学院的时候,他积极融入班集体,主动承担生活委员职务,掌管班级的金库,负责财务工作,在节假日给同学准备小礼物并送货上门,在实际行动中关爱同学。

■ 责任追求

　　他总是认为,担当是一件自然而然的事情,你不做就得留给别人去做。既然自己能做,就尽可能地自己做。他积极地帮助转系生融入信息大家庭。比如当他们刚进入信息科学与工程学院的时候,其他同学在大一下学期就已经拿到了数字逻辑电路实验(以下简称数电实验)所用的电子元器件,而转系生来到这里的时候什么也没有。当时他们和辅导员也在催电工电子楼尽快为他们提供器件,但是几个星期过去没有音信。眼看就要进行数电实验的第一次验收了,他立刻开始统计数电实验所要用到的所有元器件,以及每个人需要哪些元器件,在淘宝上找全所有元器件,并货比三家选择最便宜的购买,为同学们省钱。从上午的第三节课,到下午的第一节课,他完成了下单,才想起来没有吃午饭。不过那一刻,他心里洋溢的是喜悦,同学们终于可以做上数电实验了。在这整个过程之中,他的主动承担也带动了转系同学们的主动承担,比如程才千同学就主动响应他,帮他进行统计;由于他一个人分不过来那么多的元器件,有几个同学也主动牺牲自己的时间,帮他进行分发的工作,这种团结是令人感动的。

　　他积极传播正能量,不仅自己要变得优秀,也要带动他人上进。2018年教务处和经管学院联合举办面向全校的转专业讲座,当时邀请他主讲,他因讲座时间和微机实验课程冲突而无奈拒绝,并且为负责联络的同学推荐了合适的人选;之后讲座因故而更改时间,负责联络的同学再一次找到了他,问他是否有时间主讲,但是当时讲座时间又跟选修考试冲突,他无奈之下只得再一次拒绝。之后信息科学与工程学院办了"信息转系咨询会",这次时间没有冲突,他义不容辞,成了讲座主讲人。另外,他还是"JOIN素养论坛"的主讲人,为学弟学妹传授C++知识。他还是东大"小宝转专业"专刊受访者，竭尽所能给学弟学妹提供参考，帮助他们找到正确的方向。他还是"领跑大学路"的主讲人，讲座当天座无虚席，很多听了他讲座的学弟学妹都从他的讲述中感悟到，自己应该在大一做点什么才能不负韶华。还比如，在2017级转系成功的35个人中，他与其中一半以上进行过交流，帮助他们成功转到信息科学与工程学院。未转系成功的学弟学妹中也不乏与他交流过的人。他也竭尽所能，为学弟学妹们提供建议和参考。

　　大学四年，可以做的事情太多太多了，他始终觉得自己只做到了很少的一部分，还有很多没有体验，还有很多没有去探索，但他会尽力去尝试，去突破，最终实现自己的梦想。

　　他有一句话想与君共勉："不畏屡战屡败，只管屡败屡战，因为我忠贞于那不被时间企及，不被命运撼动的力量。"

 顾青瑶

师长点评

该同学有目标、有规划，也对自己有严格的要求。他能合理而有效地安排学习、生活和课余活动，在各个方面都取得了骄人的成绩。在课堂内外表现出非常强的执行力、完成度和一致性，一直都在进步；学习上更是孜孜以求，有钻研的干劲。对自己感兴趣的事情或者对自己既定的目标，他能静下心，沉得住也坐得住，是科研型的好苗子。

东南大学数学学院副教授　李慧玲

秦育彬
QIN Yubin

■ 个人简介

秦育彬,男,汉族,1998年9月出生,共青团员,东南大学电子科学与工程学院电子科学与工程专业2016级本科生。曾获2017—2018学年国家奖学金,菲利普奖学金;2018美国大学生数模竞赛国际二等奖,2017年全国大学生数模竞赛国家一等奖,2017年全国大学生英语竞赛国家一等奖,2018年江苏省大学生电子设计竞赛省一等奖,2017年江苏省高等数学竞赛省一等奖;2018年东南大学"优秀团员"等荣誉称号。发表论文一篇(第一作者)。

心之所向 素履以往

——记电子科学与工程学院秦育彬

秦育彬一直记得一首小诗："素履之往，其行天下。士如皓月，其心朗朗。"他当初也是怀揣着梦想，踏入东南大学的。时光流似箭，转眼便是第三载光阴。回首昔日求学路，既有失败时的彷徨，又有成功时的喜悦，在不断挥汗前行中拼搏成长、勇攀高峰。通过努力，他在校期间学习成绩一直名列前茅，校外各类竞赛也屡获殊荣。对于电子科学的热爱，让他每天都能在浩瀚的电子设计、数学建模的知识海洋中徜徉远航，一次次穿越着人生坐标。

■ 为了更大的成就

托尔斯泰曾说过，"理想就是指路明灯，没有理想，就没有坚定的方向，而没有方向，就没有生活"。

秦育彬一直都很喜欢这句话，因为他有自己的理想，有人生的目标，这些理想和目标不断在激励、指引他，让他学会努力，追求卓越。很小的时候，秦育彬的父母就对他严格要求，这养成了他从小到大在学业上的刻苦勤奋和精益求精。2016年，开启了人生崭新起点，高考结束接到录取通知书的那一刻，他无比喜悦，从此信念满满，牵手东大，梦想起飞。在这里，理想与信念成了人生成长的动力，从刚踏入大学校门开始，他便按照自己的目标描绘属于自己的蓝图。

"虽然有些同学考上了北大、清华，但这并不意味着他们都很强，我始终认为个人的发展全在于自己，学习态度决定未来人生的高度，而最好的环境更需要靠自己的勤奋去创造。"秦育彬这么说。

进入大学以来，尽管学习很忙碌，占据了大部分的时间，但他依然积极参加院系、团支部的各项活动，并在电子科协担任副主席兼技术部部长，策划组织了技术讲座与培训，在活动中充分发挥自身所长。从活动的前期策划到过程实施，再到方方面面的协调，虽说放弃了许多休息时间，付出了很多心血，但在这里他深深体会到的是一种团队协作意识，一种知识分享后的欢愉，一种探索科学领域的执着和奉献精神。

他常想，或许是得益于东大的早锻炼，自己养成了按时早起的习惯，紧凑而不慌乱地安排着每一天的时光：清晨吐露着微微寒意的桃园操场上有自己的英语阅读声，黄昏伴着倦鸟啼鸣声的电工楼中有他的实验操作声，深夜星辰般寂静的自习室一样有端坐习书的熟悉背影。"时间与精力是靠自己挤出来的，要始终不忘把学习放在第一位，努力拼搏，力争上游，不为学习而学习，为了不负初心而学习。"大学光阴不能蹉跎，每天一点一滴的积累才能成就一生一世的磐石，他一直以冰心的一句诗作为自己的座右铭：成功的花，人们只羡慕我现时的惊艳，然而当初我的芽儿，浸透了奋斗的泪泉，洒遍了牺牲的血雨。

■ 只因信念更坚定

考入东南大学电子科学与工程学院后，秦育彬的潜能逐渐显现出来，自大一开始，他的成绩就稳定在了年级前列，这更激发了他的上进心。在对电子学科有了更深入了解之后，当同学们还在学习 C++ 之时，他已经开始学习简单的算法应用，并且利用大一暑假的时间学习了单片机的使用，为日后的竞赛和学习打下了扎实的基础。他最大的兴趣是编程和算法，尤其是对数字图像处理情有独钟，平时就经常使用 MATLAB 对图形的特征提取进行编程，测试不同的思路、算法对于特定问题所表现的不同特性。他还提前学习使用电路进行信号处理、数据计算的方法，这也给以后的专业课学习奠定了很大优势。

在数学建模的长期钻研和实践中一路走来，苦过累过但始终不忘初心，砥砺前行。最令他难以忘怀的是 2017 年全国大学生数学建模竞赛，他的队伍当时选的是 CT 系统成像算法题，比赛前两天的情况糟糕，停滞不前，几乎没有进展，虽然找到了正确的模型，但是程序总是无法收敛在局部最优解，到了第三天上午才发现是几何运算的结果出了错，但是时间已经非常紧张了。在最后两天奋战中，为了拿出最优模型作品，他和两位队友几乎没有睡觉，饿了啃个面包，渴了喝口矿泉水，累了就倒在地上打个盹，在这个过程中遇到了各种各样无法预见的困难，当时他心中的信念却是无比坚定：既然参加了，不管遇到什么困难都要坚持下来，否则就前功尽弃了。比赛中他除了担任编写程序代码、论文写作等工作外，还得做好仔细审核论文、建模、算法设计、编写程序代码、结果分析、误差值分析等多方面的工作，精益求精。这次经历，让他体会到时间的重要性，更加意识到：想要完美地做好任何一件事就必须要将每一个小细节做到极致。因为一个计算导致的差错，往往会给一个团队带来很大的影响。"每一分每一秒都像金子一样珍贵。"同时他也深深地体会到，人的潜力真的是无限的，有压力才有动力。

在坚持新领域学习探索中又一次成功地跨出一小步。在 2018 年暑假，秦育彬参加了江苏省 TI 杯电子设计竞赛，可谓是历经磨难，终至化境。他们组选择的是四旋翼飞行器题目。由于秦育彬自己擅长于图像处理，所以前期准备的时候，就已经完成了上千行代码的编写，对于不同的几何图形，都能够快速地寻找出几何中心或是角度,对于圆形和直线型的标识物,他的 STM32 可以做到以每秒 30 帧的速率完成一次特征提取和传输。他当时信心满满。但是省赛的灭火飞行器题目,反而在开环、闭环控制的来回切换中有很高的难度。他们在第三天紧急修改了方案,放弃了基于一向擅长的纯闭环的云台追踪,而是采用了飞行器随机飞行寻找的状态机,经过两天的连续工作,终于完成了飞行器的制作,并获得全省飞行器题的最高分。这次经历,让他对新来的挑战已不再畏惧,纵使是之前没有接触过的领域,只要敢于尝试,谨慎做事,没有什么是不可能的。

"凡事预则立,不预则废。"秦育彬将始终坚持不断向着更高的目标迈进。跨过每次成功的起点,他又多了新的人生目标——走向 FPGA 领域,学习可重构算法和机器视觉。

■ 走出圈子看世界

"天外有天,人外有人",在参加全国和国际大赛的时候,他感触最深的就是"高手"很多,也很希望能够进入更多的国家级、国际级平台。因为那里有很多全国知名的专家学者,甚至是世界级的大师,和他们交流会有一种成就感、收获感,那些看起来严肃的教授们待人却和蔼可亲,就像自己的朋友一样。随着科创智造引领时代前行,秦育彬认为:这一代大学生必须要突破固有的思维定式,走出狭小的空间看世界,不能故步自封。未来路任重道远,他也深知自己在很多方面都不足,但是未知领域与科学技术让他充满对知识的渴求,希望走向更高更远的地方,这不仅是为一次成绩、一个奖项而奋斗,更是一种知识的充电和思维的拓展。

大学生活是人一生中最宝贵、最难忘的财富。对秦育彬而言,大学生活走过了三年,所有的成绩都已成为过去,接下来的路依然很远很长,未知的挑战永远在前方等待着他。泰戈尔说："只管一路走过去,一路上的鲜花自会为你开放的。"他有一种信念,那就是:只有一路沿着梦想去追寻,也许会很辛苦,但只要勤奋,明天永远是最好的。"使命因艰巨而光荣,青春因奋斗而精彩。"这是秦育彬很喜欢的一句话,他常记在心中,一直践行着并将继续坚持他自己的人生"信仰"。

 王一卉

> 秦育彬同学勤奋好学,成绩优异,在科研竞赛方面表现突出,获得多项学科竞赛大奖,体现出了扎实的学识和强大的实践能力。该生工作认真负责,日常生活中,无论对老师还是同学,都友善谦逊,乐于助人,是同学们心目中的榜样。
>
> 东南大学电子科学与工程学院党委副书记兼副院长,副教授　宋晓庭

师长点评

许璠
XU Fan

■ 个人简介

许璠,男,汉族,1999年1月出生,共青团员,计算机科学与工程学院计算机科学与技术专业2016级学生。曾获国家奖学金;第43届ACM国际大学生程序设计竞赛亚洲区域赛北京站银牌、沈阳站铜牌;2016—2017学年和2017—2018学年东南大学"三好学生"、2016—2017学年东南大学"优秀团员"等荣誉称号。

稳步前行，日臻至善
——记计算机科学与工程学院许璠

两年前，当许璠进入东南大学计算机科学与工程学院学习时，他就开始思考这样一个问题：作为计算机专业的大学生，他们的使命是什么？

众所周知，随着信息社会的高速发展，计算机领域的发展日新月异，并且逐步渗透到日常生活的方方面面。网络技术的发展使得人们出门不再需要带上零钱，只要有手机几乎就可以获得想要的一切服务，各种社交媒体也成了丰富人们生活的主要手段；人工智能的出现则慢慢在改变人们的工作生活方式，比如语音识别和翻译的日益精准帮助人们更好地与异国友人交流，图像识别在医疗领域辅助医生做出越来越准确的判断……当计算机技术好像已经发展到一个空前的高度时，随着进一步的学习，许璠发现计算机领域还有无数的宝藏等待着人们去发掘。而当今世界，计算机技术已经越来越成为衡量一个国家综合实力的重要指标，当代大学生已经被赋予了完成中华民族伟大复兴的历史使命。因此努力学好本领，提高专业素养，争做新时代的弄潮儿是他义不容辞的责任。

■ 夯实基础，稳步前行

《墨子》有言，行者必近而后远。作为一名刚开始进行专业学习的大学生，许璠首先要做的是为日后的科研学习打下扎实的基础。因此从大一开始，他就开始沉下心来从最基础的课程学起。在学习的过程中，他发现了知识之间是存在很多奇妙的联系的，比如高等数学看似枯燥乏味，而其间的思维方法是闪耀着人类智慧的火花的，在后面的专业课学习中他都能感受到很多处理问题的技巧来源于最基本的数学原理。再比如说大学物理，看似与计算机专业的学习没有特别直接的关联，但是它教给了当代大学生用更高等的数学方法去解决现实问题的手段。千里之行始于足下，许璠从基础通识课就开始了自己踏实的学习，最终也取得了较为优异的成绩，事实证明，这对他日后的专业学习大有裨益。

大二、大三以后许璠开始接触越来越多的专业课。由于在上大学之前对专业知识体系缺乏了解，他在刚开始学习专业课的时候感觉专业课晦涩难懂，因为其中有太多不熟悉的专业术语和专业名词。但是任何事情，只要沉下心，便能发现其间的内在规律。通过不断的探索和总结，他发现：很多学科有很明显的衔接关系，比如从数字逻辑电路到计算机组织与结构再到现代微机接口与技术，正是知识不断细化的过程，把握住这一点就可以发现不同课程学习的相通之处。其次是计算机方面的专业课程，只有关注如何不断去将所学到的东西投入实践，才能对知识有更为深刻的理解，毕竟计算机科学是一门高度面向应用域的学科。比如在学习计算机组成时，许璠动手去设计了一个较为完整的基于MIPS32指令集的多周期哈佛结构的CPU；在学习算法设计时，他通过学习AlphaGo的算法设计了一个基于蒙特卡洛树机器学习框架的五子棋AI。理论联系实践的学习方式，让许璠在专业课的学习过程中渐入佳境。

■ 投身实践,日臻至善

诚然,当代大学生绝对不应该仅仅满足于学习课堂知识,因此许璠在这两年中积极参加了各种竞赛。一类是算法设计竞赛,一类是机器人竞赛。我们知道,算法设计可以说是计算机科学最为重要的一个方面,无论是硬件还是软件,都需要设计算法去解决问题。因此他在课余时间利用在线的评测系统和题库不断学习和强化自己的算法能力。在大一的时候许璠参加了校内的"华为杯"程序设计大赛和短码大赛,均进入了决赛并取得校级奖项,然而他觉得自己不应该仅仅满足于此。在 2018 年的 9 月份许璠参加了 ACM 校队的选拔,并成功进入校队,代表学校参加了 ICPC/ACM 国际大学生程序设计大赛亚洲区域赛沈阳站和北京站的比赛,最终分别获得一块银牌和一块铜牌。因为热爱,所以他还会在算法设计的这条路上对自己有更高的要求,争取达到更高的水平。

机器人竞赛是许璠在大学投入过精力的另一类比赛。人类对于机器人的遐想从来没有停止,它也是未来世界各国将着重发展的一项产业,而机器人的控制和计算机技术是密不可分的,尤其是计算机视觉处理方面。当他第一次参加校内的机器人竞赛的时候,初赛的任务是对给定的机器人摄像头识别出的前方道路图像拟合出路径,由于许璠和他的组员都有较好的代码能力,他们团队在初赛中取得了很优异的成绩。但准备决赛的过程中,当需要把已经设计好的循迹算法下载到机器人上运行的时候,许璠发现,电脑上仿真出来的效果与实际结果相距甚远。这是因为代码仿真的结果是相当理想化的,也就是说实际的机器人的结构是和他们的设想存在区别的,他们几乎将全部的准备时间都花在了修正机器人本身的结构误差上,由于缺乏经验,他们在决赛中的表现并没有初赛中那么出色,但这也告诉了许璠一个非常重要的道理:任何工作现实和设想都是存在差异的,在准备做一件事情之前我们必须要做好应对各种可能出现的情况的十足准备。

由于日后想要从事计算机科研方面的工作,许璠也在不断寻求提前接触科研的机会。在大一的时候他加入了院科学与技术协会,得到了很多能与院内科研前沿的老师进行交流的机会。在大二的时候,由于在机器人竞赛方面积累了关于图像处理的经验,自己本身又对深度学习比较感兴趣,许璠加入了计算机科学与工程学院的影像实验室进行学习。2017年11月许璠所在的团队开始了多模态的核磁共振脑部肿瘤图像自动分割算法研究的研学项目。我们知道,脑部肿瘤是一种对人类危害极大的疾病,目前最准确的检测方法是脑部核磁共振。但由于人脑本身的结构异常复杂,初期的肿瘤症状又不太容易识别,因此他们想如果能够借助算法辅助医生判断,在患者早期患病的时候就对肿瘤进行准确的判断,可以大大提高患者日后的治疗效率。

许璠和他的队友们并不具有专业的医学知识,因此他们想到可以通过深度学习的方法,通过在大量的数据集上训练,来获得一种比较有效的肿瘤诊断模型。目前学术界比较先进的深度学习图像识别算法是:基于全卷积神经网络的深度学习。通过研读大量的论文,他们讨论出的初步方案是:将整个学习过程分成多个阶段,首先通过第一个神经网络,在整个图像中识别出肿瘤的大致位置,第一个神经网络的分析结果作为输入,经过第二个神经网络得到肿瘤核,重复同样的过程得到加强的肿瘤核。这一方案也得到了指导老师的肯定。他们的项目成功立项为国家级项目,在中期答辩中获得了优秀的等级。许璠期待能够在结项之前将成果发表为专利和论文。

从许璠开始学习计算机专业到现在，虽然只有两年多，但他已经在自己选择的道路上走出了坚实的一步。因为计算机注定是要走在世界前列的科学，所以有太多太多的东西需要去学习，但他一直秉持着"有志者，事竟成"的信念。所有的问题看起来都是难以实现的，但是计算机的问题通常都是在实践中才能不断获得新的知识的，在学习的过程中一定要避免纸上谈兵，一步步地着手去做，事情才会慢慢变得简单。对于一个本科生来说，可能科研听起来是遥不可及的，但是这是每一个科研工作者必将面临的过程。对于许璠来说，读论文确实是一个很痛苦的过程，但任何经历痛苦的努力过程，都会让人们变得更强。他在真正成长为科研工作者之前，首先要有这样的勇气去做一些真正对社会有意义的科研活动。

东南大学"止于至善"的校训激励着许璠要一直尝试去追求更高更远的目标，虽然现在他的力量很渺小，但是他常常对自己说，他一定要尽最大的努力去做一个对理想负责的人。科学的道路是永无止境的，大学生处于学习知识的黄金年华，一定要把握住这宝贵的年华，在东南大学这样浓厚的学术氛围内汲取营养，成为新时代的领航者，为实现中华民族伟大复兴而不断奋斗。

 张文青

师长点评

该同学在大学期间，学习认真，成绩优秀；具有开拓创新、主动探索的精神，热心参加学科竞赛；在科研方面也有自己的想法，并能付诸实践。希望在以后的学习中能继续努力，争取更优异的成绩。

计算机科学与工程学院、软件学院副教授　杨全胜

郑 浩 ZHENG Hao

■ 个人简介

郑浩,男,汉族,1998年7月出生,共青团员,东南大学软件学院软件工程专业2016级学生。曾获国家奖学金;全国大学生SDN应用创新大赛一等奖,全国大学生信息安全竞赛三等奖;东南大学"三好学生""优秀团员"等荣誉称号。

梦想，挣脱期望的束缚

——记软件学院郑浩

郑浩出生在山西省太原市边缘的一个农村家庭，在他们那里，整日煤尘飞扬，大多数孩子完成九年义务教育后只能选择在村落附近的煤炭工厂打工来维持生计。当然，也并非全部年轻人都如此，比如在50多人组成的初中班级当中，如果能跻身前五名，则有五成的可能性考入县城的重点高中，继而经过三年的学习，博得一次参加高考改变命运的机会。一些普通高中也是选择之一，但是这种中学学费高昂，升学率却低得可怜，二本达线率如果能到30%就已经算是值得贴到校门外的"喜讯"了。这是从小学开始，老师们不断给这里的学生灌注的理念。所以，普通家庭的孩子的第一大难关就是如何考入重点高中。

从郑浩出生的那一刻起，虽然家中长辈对这个新的生命抱有些许期望，但是周遭环境不得不让他们接受一个现实：在他们这个地方，出来一个大学生是多么不容易。因此，父母对郑浩能否通过学习走出这个偏僻村落并没有抱有太大希望，只是希望他能够接受一些基础的教育，健康快乐地长大成人，这也是家人对他的最初的期望。长辈的期望，随着平日的抚养和说教，就如同一双无形的手，不断塑造着一颗尚未成型的灵魂。所以，小时候的郑浩对自己的期望也不过如此。

然而，父母的庇护并非面面俱到，总有一些意外的事情改变孩子命运的

"正轨"。在郑浩的心头有一片阴影,他曾无数次擦拭它,却始终无法摆脱。事情发生在他上五年级时的一个中午,他和好朋友前往教室,在路过隔壁班的一个同学时,肩膀不小心触碰了那位同学一下,然而,就是这么轻微的碰触,竟然激怒了这位"颇有家境"的少年。不给郑浩解释的机会,也不和郑浩当面争执,只是放了一句狠话:"你完了!"当傍晚悄悄来临,不大的校园操场上聚满了一群社会青年,郑浩知道,他们是来找自己的麻烦的。这种事在这种学校司空见惯,只不过他没想到也会发生在自己的身上。他是家中独子,面对这种情况,自然没有任何帮手,而他的朋友面对这种情况也只是爱莫能助。在教室里,老师在讲课,而他却坐在教室的角落,听着教室外面操场上的喧哗,望着黑板上方的石英钟,只希望时间停止在此刻,放学的铃声永远不要到来。

那是一种恐惧,那种恐惧超越了时间,时时刻刻在郑浩心头泛起阵痛。他从小天性善良,从未与人有任何争执。他无法理解,为什么周围的朋友自此一个个离他远去,继而一个个围绕在那位少年身边。他很无助,困惑,可是那时候的他并不知道答案,只是将孤独和困惑深埋心底。

随着他长大,他开始慢慢理解自己为什么要上学。而且从那件事情之后,也很少有同学愿意和他玩耍,这倒使得他有大把的时间可以好好念书。也就在这个时候,他萌生了一个念头:自己要通过学习,改变当下的状态,进而改变自己的家庭,如果能为社会做出一些有价值的贡献,那就更好了。这个念头从最初的萌芽,成长为支撑他走到现在的梦想。他,不甘在孤独中落入平凡。然而,梦想虽丰满,现实却很骨感,当时的第一个难题是如何改善平庸的成绩,从而考入重点高中。那是郑浩的第一个小梦想,也正是这个小梦想,让他第一次尝试对长辈原定的期望发起冲击。

初中的环境比起小学在某些方面有过之而无不及,郑浩与这种环境是格格不入的。然而他却不在乎了,为了实现自己的第一个梦想,他必须免疫于环境的影响。他开始了艰苦的学习过程,更认真地听讲,更认真地写作业,更多地做习题和思考。短短半个学期,他从年级100多名,一跃成为年级前10。

郑浩没有骄傲，反而对自己的梦想更加执着与肯定，最终以年级第 8 的成绩，以保送生的身份前往那所重点高中的最好的班级继续学习。这一刻，他的第一个梦想实现了，然而更重要的是，父母对他的期望也改变了。他们没有想到，世世代代是农民的家庭，竟然有人能够走出与先辈截然不同的道路。父母语重心长地对他说："好样的，将来说不定也能考上本科，咱家也能出个人才了！"郑浩笑而不语，他知道，这是父母对他的新的期望，他必须实现它。然而他的梦想却不能止步于此，他要竭尽他的全力去实现它。人的一生，不能拘束在他人对自己的期望当中，父母给自己的目标并不能局限自己的发展，他要用自己的双手，去实现他自己的梦想。

到了高中，面对和自己志同道合的同学，这个和小学、初中截然不同的环境让郑浩颇为舒适，但这也使得竞争变得颇为激烈。自己曾经引以为傲的成绩，在诸多学霸的眼中不值一提，就拿入学成绩来说吧，同样的试卷，班级第一竟然比他高出 100 分左右。面对这种情况，他知道自己需要付出更大的努力来弥补他们之间的差距。在课堂上，他积极索取着老师话语中的知识。在课后，他深入思考着每一道练习题，如此日复一日。在高二的时候，郑浩跻身班级前五！

然而，事情总不会一帆风顺，在高二下半学期，郑浩开始感觉自己后背腰椎隐隐作痛，到后来这种感觉发展到无法忍受。每坐下 5 秒钟，那种腰椎刺痛，伴随着大腿酸麻就快速袭来，让他无法认真去学习。在坚持一段时间后，他不得不让父母领着他去医院检查。在医院，当他看到自己腰椎的透视图的时候，不由得心头一凉。在那里，原本应该挺直的腰椎，却有了一个弧度，脊椎弯曲造成肌肉挤压疼痛，血液不畅导致大腿酸麻。医生说这是后天性脊柱侧弯，是长期伏案作业导致的。父母带着他到各处寻医，医师见到后说要手术，可是他现在高三啊，这种手术完成后必须要修养好长的时间，他只能无奈地摇了摇头。回到家的那一个周末，郑浩正躺在家里的床上看书，外婆前来看望他，对他无奈地低声说道："笑笑（乳名），实在不行休学了吧，以你的能力，就算现在休学,考个二本也不是不可能吧。"那一刻,郑浩犹豫了。他知道,如果他真的休学到高考,他也许能考上大学,能满足家人对自己的期望,但是他如何给自己一个交代,如何对得起自己这么多年来的努力!夜幕降临,望着夜空的繁星,他想了很多。徘徊在脑海的只有两个念头:一念是坚持,一念是放弃。到天亮的时候,郑浩终于拍着胸脯做出了决定:他应该坚持下去!就在那天傍晚,他毅然坐上了前往学校的班车。

就这样,在本来就异常紧张的高三,郑浩却只能带着病痛去度过。不过这并没有让他感到绝望,就算不能坐着学习,他也可以站着咬牙坚持。人们常说"站着说话不腰疼",在他这里倒是有了最直截了当的解释。那时候的他越发地充满了干劲,每天早上6点20起床,到达教室后就开始站着上早自习,然后一直站到晚上11点20下晚自习。虽然刚开始腿有点不适应,但是时间久了也就习惯了。而且他发现站着有提神醒脑的奇效,这样一天下来也不打一次瞌睡。虽然病痛折磨着他,但是他并没有选择躺下,而是挺直而立!语文课,有他积极发言的身影;数学课,一次又一次富有创意的解法从他口中讲出;英语课,虽然站着写字很费力,但是他也是一笔一画地将新学到的单词和词组记录在笔记本上。就是那一次期中考试,他竟然拿到了有史以来最好的成绩!终于,功夫不负有心人,他的努力将他带到了东南大学。在高考成绩揭晓的那一刻,他的眼眶不禁湿润了。这么多年的努力总算没有白费!第二次,梦想冲破了期望的束缚。

没有在成功的喜悦中过度徘徊,郑浩很快就意识到这只是一个新的开始。从山西来到中国教育第一大省——江苏,他的基础和同龄人的差距比起高中只增不减。就拿高考成绩来说吧,同样的卷子,他的室友都要比他高出50多分。但是高考成绩不能衡量一切,他很快就沉下心来,他要继续他自己的梦想。来到大学后,他选择了自己感兴趣的计算机软件方向,他认真地扩充相关领域的知识,与此同时,更多的是亲手去实践。到了大二,他的绩点稳定在年级前五了,不仅如此,他还加入了学院老师的实验室,在实验室中扩充前沿知识,组建的队伍多次获得国家级竞赛奖项。

  在过去20多年的岁月里,郑浩印证了这样一个道理,人应该有自己的梦想,人不应该束缚于别人对自己的期望或者是评价,人也不应甘于平凡,受人欺凌。当自己迷茫或者困惑的时候,问一问自己到底想要什么,然后树立自己的梦想。当自己想要放弃的时候,咬一咬牙坚持下去。人最宝贵的东西就是独立的灵魂,人应该自己去塑造自己的灵魂。正是因为每个人都怀揣着自己的梦想,这个世界才会如此精彩和充满希望。郑浩只不过是其中的一员,怀着他那不断成长的梦想,摆脱束缚,展翅高飞,从过去,到现在,一直通往未来。

 张文青

师长点评

郑浩同学在求学过程中虽然遭受了病痛的折磨,但是他凭借自己惊人的毅力,坚定地为自己的梦想而努力,在进入大学之后也丝毫没有放松,取得了年级排名第三的优异成绩。在新时代,国家需要这样坚韧、有毅力的年轻人,希望他的精神能带给大家更多的正能量。

计算机科学与工程学院、软件学院 党委副书记兼副院长 翟 梓

祝云篪
ZHU Yunchi

■ 个人简介

祝云篪,男,汉族,1998年9月出生,共青团员,东南大学生物科学与医学工程学院2017级学生。曾获国家奖学金,吴健雄·生医奖学金,东南大学大类课程奖(4门);东南大学本科生2018年高等数学竞赛三等奖;东南大学"三好学生"等荣誉称号。

学子三物志

——记生物科学与医学工程学院祝云篦

祝云篦一直觉得自己只是个普通的中国学生,从小到大一直用功读书,踏实做人,从重点高中考到 985 高校,每天为学业和前途努力忙碌,自觉没有什么特殊之处。此文从他手边那些物件说起,展现他那和大家一样平凡的生活。

■ 其一 跋涉

他的脚从小多病,路走得多了脚底和脚趾会磨破瘀血。军训时,祝云篦就因为这个半路掉队当了病号,这对一个军人家庭出来的男孩可谓是巨大的耻辱。军训结束后不久,他就从家里骑了辆新自行车过来。从此祝云篦多以车代步,在旷阔的东大校园里,他很少在路途上浪费时间。

不管刮风下雨,祝云篦每天早上都五点半起床,洗漱完毕后,便跨上自行车开始新的一天。他的第一个目标是教学楼。他把书包放在教室,如果不下雨,就再次上车,穿过体育馆,把车停在对着跑操终点的那个路口,然后开始比大多数人多两百米的跑操。他开跑时大概是六点十分多一点,当一圈下来在终点披上外套时,天空布上了朝霞。每天祝云篦几乎都是第一个打卡,且大一两个学期都是满勤。

祝云簏的伤脚决定了他不能留下过多的足迹,于是打完卡后,车辙便指向食堂,之后回到教室。每天早晚,他留下的辙印几乎是雷打不动的,在时间上和空间上皆是如此。

在东大,祝云簏的自行车总是和他形影不离,它载着他在九龙湖校区四通八达的大道上飞驰,从未让他因距离延误事务。偶尔,它也会担些货运的任务。车筐里堆满矿泉水和公告牌,后座架上绑上椅子或书籍,每当学院举办活动或班级里有些领书领材料的任务,总能看到它任劳任怨的身影。

有时劳累了,或伤感了,祝云簏也会骑上它去校园的西北角。在那些被野草淹没的小径上,在那些隐藏在花丛和竹叶中的长椅边,祝云簏下了车,扶着它缓缓地行进着,翻过小丘,跨过石阶,停在湖边,静静地望着粼粼的水光和偶尔划过水面的白鹭。一个人长大成人进入大学,什么事情都要靠自己了,背井离乡也好,辛苦忙碌也好,孤独的感觉总是令人难过。孤独是一种无奈,也是每个人必须过的一道坎。及时克服消极的情绪,跨上战马重新启程,这对所有拼搏的学子都很重要。

平复心情,祝云簏又跨上自行车,披着夜色掠过树林的边际。晚上九点多,他结束一天的忙碌,自行车也应该回棚休息了。习习晚风拂过行人的衣裳,隐隐散开渺茫的吟唱。

> 冷雨梦晴孤梦影,座上独客惊觉醒。
>
> 何有危楼残豆念,龙湖鉴畔披夜行。
>
> 茕茕行客半遮面,寂寂白马余蹄音。
>
> 蹄音渐远渐隐逸,散入夜林无声迹。
>
> 小径羊肠暗且曲,旁荆峭棱似鬼影。
>
> 抬首不见星与月,深深黑夜无边垠。
>
> 白马鸣嘶惊扬蹄,行客已至龙湖边。
>
> 穷途再无分岔路,勒马对夜长太息。

骤风忽起乌云动，如开天城露光明。
辉洒龙湖镜生亮，点点耀耀落衣裳。
道旁棘鬼饮月光，化作花林笑相向。
坠红满径发清香，香满月夜沁人肠。
彷徨红径衣落英，白马无声客归去。
归途偶遇玄褐者，信步抚氅且歌行。
应轻回客马蹄紧，腾然羽化入阁云。

其二　思学

平日，祝云簏的书包里除了课本、信纸和笔外，还常备剪刀和胶布。

东大的课业相对其他大学是比较重的，每周的作业、报告、课程论文数量都不少。而祝云簏所有任务都不隔夜，作业中午来中午消灭，实验上午做完，报告下午就被丢进了柜子。他做什么都追求高效，坚决不熬夜赶 DDL（deadline，最后期限）。

那么，这和剪刀胶布有什么关系呢？

有些课程作业是比较难的，祝云簏不是天才，很少能第一遍就完全攻克所有难题。作业一周一交，于是他便在第一遍做完后天天跑图书馆，翻阅所有可用资源，以弄懂每一道难题。以工科数学分析为例，在学习这门课程的过程中，菲赫金哥尔茨的《微积分学教程》、卓里奇的《数学分析》、吉米多维奇的《数学分析习题集》和《工科数学分析习题集》、《普林斯顿微积分读本》等都是他手边常用的参考书。在大量延伸阅读中，祝云簏往往数次剪纸粘贴重做题目，解法一次比一次严谨而精妙，基于问题的拓展大大加深了他对数学分析的理解和掌握。就这样，一年下来，他的六本工数作业本都因为贴纸而增厚不少，在从没被 DDL 逼迫过的前提下认真并高正确率地完成了所有作业。工数如此,别的课程亦是如此!厚厚的作业本在大一"堆出"了七门主课满绩和一个高数竞赛三等奖。

后期的改进重要,前期的预处理也很重要。每次实验课前,祝云簏都会精心设计一下自己的报告,文字写上,图片和数据表格专门准备好,处理工具和导出的数据样式也事先选择好。等实验做完了,录入数据,运行程序,打印图表,剩下的便只有裁剪和粘贴了。

在教室和图书馆里,经常能看到祝云簏一手剪刀一手胶布,认真而仔细地处理各种各样的任务。在英语高级课程中,他剪下思维导图贴在作文构思里;在无机化学实验中,他用多项式拟合覆盖手工标点;在大物实验报告里,他撕掉坐标纸贴上 MATLAB 绘制的图表,并在讨论部分详细地论述计算机拟合方法的优缺点……一剪一贴看似微不足道,但都直观地表达了他的想法。

祝云簏在初中就学会了编程,从那时候起,他便深刻地意识到,先进的技术加合理的设计可大大提高工作效率。从小处看,就是报告论文的书写、平时课程的小创意;往大处看,可延伸至事业进展和项目成败。在这不断地剪贴中,祝云簏高效地打败了所有 DDL,收获了一次又一次进步,成长为生物科学与医学工程学院一个小型开发团队的 PM(Project Manager,项目主管),又带着团队承担起院学习实战平台的研发任务,一路前进,不断创新。

■ 其三 知行

在祝云簏的生活中,两座图书馆的地位至关重要。一座位于九龙湖校区的中心,另一座住在他的一个简陋的布口袋中——没错,它就是他的 kindle。它平日躺在那母亲用他儿时衣物缝的布袋里,在高中祝云簏就用它阅读化学竞赛有关书籍。

初入东大时,张弘毅学长告诫他,学习要到图书馆去才有效率。于是祝云簏来东大第二天就来这宏伟的银白圣殿中报了到,并在这里找了一份助管的工作。图书馆确实是个学习的好地方,宽敞的桌椅、安静的环境和满书架的各国经典教材教辅对他的基础课学习起了很大帮助。但是,他认为自己不能仅把学习限死在这些基础课程上,还要考虑自身的专业发展,要了解学科前沿动态,要延伸性地学习其他知识,而图书馆的纸质资源更新难免有些缓慢。于是,很多宁静的下午和傍晚,祝云簏就坐在这巨型图书馆的某层某座,手捧他的"迷你图书馆"潜心阅读。

祝云簏的主要阅读范围无非与专业相关,基础科学,生物医学工程的新进展,人工智能、数据挖掘等热点,也不乏各种软件工具的教程。他的电脑就摆在手边,一旦遇上不懂或者感兴趣的概念,立刻检索文献,查阅书籍,进行头脑风暴,并找寻其他延伸阅读。就这样,他的电子书籍越攒越多,他的资料库堆得满满的,他的知识储备也与日俱增。知识是力量,也给人以信心,祝云簏多次在各类讲座课和研讨课主动要求做报告,报告内容也总能获得学院教授的认可。

当然,祝云簏骨子里是个实干家,向来认为光有理论不实践是无效的。当下神经网络机器学习概念很火,也延伸到了生物医学工程领域。祝云簏对这个概念非常好奇,于是,他查阅大量文献,用 C++ 写了一个简单的神经网络,大一暑假里还撰写了一篇关于采用并行筛选方法训练模型识别测序信号的论文,对这类方法的实际应用有了基本的了解。同样是在大一暑假,他承担了一个测序数据分析处理软件的开发工作,在学院拉起一支开发团队,从需求分析到详细设计再到测试发行,真正走完了一个完整的生物信息工具研发流程。也是在这个暑假,他和赵作翰前往南京江北健康医疗大数据中心进行采访和调研,深入了解生医大数据的发展现状和方向。这些实践极大开拓了他的视野,锻炼了他的能力,而实践的基础,却是从他那布袋里的"迷你图书馆"积累起来的。

■ 结语

在东大的第一年,祝云篦过着平凡的大学生活,为自己的未来努力忙碌着。上课之余,他读文献,与老师交流,整理寝室内务,在图书馆打扫电子阅览室,在学院活动现场帮忙搬桌子拎箱子,周末回家给同学们带些零食特产,偶尔还在QQ空间里晒晒自己的文字游戏,自觉并无特殊之处。祝云篦认为自己获得此项荣誉也并非因为其能力过人天资卓颖,不过是认真、勤奋而又有点想法而已。如今,他的自行车仍在阶下待命,他的剪刀与胶布仍不离其身,他的口袋"迷你图书馆"里的资源仍在增多,他仍会努力把他的东大生活过得更好更出彩。

 胡高宁

> 祝云篦同学在过去的一年当中,学业成绩优异,热心院系公共事务,并能对教学提出高质量的改进意见;参加多项科研项目,已投稿EI期刊论文一篇,发明专利一项正在申请中。希望祝云篦同学继续努力,勇攀科研高峰。
>
> 脑与学习科学系科学教育与评测研究室副主任,生物科学与医学工程学院讲师　夏小俊

师长点评

LU Guo 卢 果

卢果,女,汉族,1998年5月20日出生,共青团员,材料科学与工程学院2016级本科生。曾获国家奖学金,东南大学课程奖,社会实践优秀奖;第八届创新体验竞赛三等奖,第七届金相大赛三等奖;2017—2018学年"三好学生""优秀团员""社会实践优秀个人"等荣誉称号。

孜孜不倦万卷书,行者无疆万里路
——记材料科学与工程学院卢果

她,来自历史悠久的六朝古都、江南水乡;她,热爱学习与研究的同时也注重课外实践;她,平凡但不甘于平庸。她就是东南大学材料科学与工程学院 2016 级本科生——卢果。入校以来,她严格遵守学院的各项规章制度,认真踏实,勤奋好学,积极参加各项活动,在学习生活、思想道德、社会实践实践等方面都取得了丰硕成果。木心先生有云:"我习于冷,至于成冰。"一直以来她都谨记这句话并深刻地理解这句话的含义。因此,无论何时何地,她都对自己高标准、严要求,在困难来临时仍能坚守自己的信念,一以贯之。不求最好,但求问心无愧。

■ 求学问道,攀学术之峰

高尔基曾说:"应该随时学习,学习一切;应该集中全力,以求知道得更多,知道一切。"正如列宁在日记中写道的,"我们一定要给自己提出这样的任务:第一,学习,第二是学习,第三还是学习"。她深知,只有学好了专业知识,才能谋得一份好工作,才能在将来的工作和研究中尽自己的所能,或是往大了说能为某个地区、能在某个领域做出自己的一份贡献。她更深信,本科阶段教育的意义不仅仅在于学习一些专业知识,更重要的是培养学习的能力,只有在学生阶段培养了良好的习惯,才能在光怪陆离的社会中应对万千挑战。而这一切,并不是完全靠天分,"三分天注定,七分靠打拼",比起天分，她更相信靠努力得来的成功的果实才是更甘甜的。因此，在学习上，她一直努力去把握每一分每一秒。在课堂上，她全身心地投入知识的海洋，课后，她依然在教室内自主复习以及深入拓展。因此，她也获得了令人满意的成绩：2017—2018学年绩点4.13，排名第3，入学两年排名第6，获概率论、工程力学课程奖……每一次的收获背后都是默默的付出与耕耘。在抓紧课程不放的同时，她也积极参加了与专业课程相关的科研项目。在严格而又博学的教授的带领下，她渐渐地见识到了什么是真正的科研，并在一次次的周报告中不断锻炼自己的科研能力，为今后的学习做准备。在2017—2018学年，她参加了本科生科研训练计划（SRTP）项目"预制构件梁板柱混凝土超声专用测强曲线研究"并承担了组长这一职责，在一年的项目进行中，带领队伍成功申请上了校级重大以及国创级项目，项目工作量大而又富有创新性。2018年，她与队友已经开始了对于"高品质微生物强化骨料"的研究，即将迎来新的挑战。巴斯德的话她一直铭记于心："对于学者获得的成就，是恭维还是挑战？我需要的是后者，因为前者只能使人陶醉，而后者却是鞭策。"她心里清楚，做科研并不仅仅是为了几个课外研学学分，更是为了锻炼一种独立思考、勇于创新的能力。在2016—2017学年中，她先后通过了英语四级与英语六级的考试，并取得了较理想的分数，分数均达到课程奖标准。她的英语学习并没有因为英语课程的结束而停止，她还进行了托福的学习，以提高个人英语能力。对于一个人来说，最重要的不是他现在在哪里，而是他将要往哪里去。接下来的路还很长，她还将继续前行，不断砥砺自我、勇攀高峰。攀登的过程固然艰辛，每一次的登峰都意味着更广阔的视野。

■ 文体兼修，闪青春之光

萧伯纳说过："如果我们能够为我们所承认的伟大目标去奋斗，而不是一个狂热的、自私的肉体在不断地抱怨为什么这个世界不使自己愉快的话，那么这才是一种真正的乐趣。""伟大"这个词对于涉世未深的她来说尚且过高。然而可以说,她在学习与科研的同时,也在社会实践与学生工作中与同伴共同成长,并一步步地完成着一个个的目标。每一次发愤努力的背后,必有加倍的赏赐。生活总是会给人烦恼,人生无完美,曲折亦风景。人生的意义是不断地追求。不要等错过了才悔恨,不要等老了才怀念。时光一去不回头,抓住每一个当下,再苦再累也要奋力飞翔。她坚信,年轻是一种资本,是机会,也是无穷的动力。大一刚入学时,她就加入了材料科学与工程学院的科技协会,成为创新实践部的一员,积极采访学长学姐,并参与举办院科协主办的"制弓大赛"。大二时期,她成功当选科协创新实践部部长,带领部员策划并成功举办"材料之星"活动。在班级里,她竞选成为学习委员,并成功连任,在自己努力学习的同时,不忘督促班级中的其他同学好好学习,圆满完成学业。她还积极主动策划班级活动,带领班级进行团建活动。她从不对人多说自己做了什么,她欣慰的是,同学友爱、班级团结的欣欣向荣之景。运动对于她来说是必需的,她坚持健身,学院的足球队、篮球队也有她的身影,院运会、校运会以及啦啦操比赛她也参与其中。她积极参与迎新晚会,完成了乐器合奏的表演与开场的热场舞的表演。"大学之道,在明明德,在亲民,在止于至善。"紧随"止于至善"的校训,她的身影不仅活跃在文体活动,还在各种学科竞赛中频频出现。金相大赛让她学会了耐心及技巧,最终获得了第七届金相大赛三等奖;创新大赛让她的思维从书本中飞跃出来,放眼生活,奇妙的点子也层出不穷,最终获得校三等奖的成绩。她还与创业协会的伙伴一起组队参加了经济管理学院的"挑战 CEO"学科竞赛,虽然止步复赛,但也未尝不是一次能力的突破与经验的积累。目前,她正在参与能源与环境学院组织的"节能减排"竞赛,积极响应国家生态文明建设的号召,希望利用专业所学,为行业、为国家做出贡献。

■ 投身实践,思创业之事

在社团活动方面,她加入了东南大学学生创业协会,响应国家"大众创业,万众创新"的号召,为校内大学生创业提供帮助并结识了一群志同道合的伙伴。在创业协会外联部的一年中,她策划并参与了很多大型活动,如"沙场点兵"。寻找赞助活的动也锻炼了她的对外交流能力,她成功参与了与东大科技园、国金投资、怡宝、京东等多个公司的接洽。在2016—2017学年的暑假中,她参与了社会实践,对"众创时代下南京、上海、杭州三地大学生创业环境与氛围对比"进行了调查走访。她与伙伴们经过两三个月的准备,历时一周,走访三地高校,对创业基地进行参观,并采访学校内的创业达人,自主运营社会实践小队公众号、微博等媒体平台,出色地完成了这次社会实践。实践团队在学校获得了答辩成绩第一、十佳团队提名的优异成绩,她也因此获得了"优秀个人"称号和"社会实践优秀奖"。

■ 饮水思源,担时代之责

顾盼往昔,岁月如歌。依稀难忘。岁月何曾割断我们真挚的向往和岁月何曾消融我们深沉的感怀;岁月又何曾泼灭我们心中的熊熊的向往和追求崇高信仰的烈火。把信仰扛在肩上,循着历史坎坷的来路,我们寻找那永恒的时间。她参与了党校的学习,努力向党组织靠拢。目前,她已成为发展对象,向着心中加入中国共产党的目标更近了一步。在思想上她积极要求进步,习近平新时代中国特色社会主义思想早已深深烙入她的内心。她相信自己能永远保持与时俱进,认真学习党章,学习十九大提出的新要求,时刻关注党和国家的发展形势,以及国内外的局势变化。

因为人间有爱,所以没有永远的黑夜,在黑夜之后就是黎明;心里有感恩,所有没有漫长的寒冬,霜雪过后,春天的讯息便飘然到来。她相信,当我们伸出双手,当我们敞开胸怀,无助的心灵将会告别伤悲。她积极在各个场合服务同学与社会。她报名成为校迎新志愿者,在校医院为前来体检的同学们服务。她与朋友和同学们的关系非常融洽,朋友有什么困难,第一时间想到的就是她。她在平时的学习和工作中还注意积累各种工作经验,积极和其他同学交流思想,取他人之长补己之短。各种社会实践和青年志愿者活动丰富了她的课余生活,为她进一步了解社会、认识社会积累了宝贵的经验,也为今后进入社会、融入社会打下了良好的理论和实践基础。短短一年多,她已经收到了很多人的帮助,这让她在偌大的校园中感受到了丝丝暖意。她也希望在未来能多参与一些志愿活动,以回报社会。

高尔基说:"书籍使我变成了一个幸福的人,使我的生活变成轻松而舒适的诗。"她一直热爱看书,各种类型的书籍都有涉猎,哲学、科幻、悬疑、小说……浩瀚的书海中,她徜徉其间,仿佛在与各位名家面对面交流。

大学生活是漫漫人生路的一个阶段,也是人生之歌的一个乐章。这段路既是短暂的,也是漫长的;这个乐章既可能是优美动听的,也可能是遗憾苦涩的。幸而她体会到了大学的意义。大学不光是大家口中常说的重获自由的地方,还让她接触到了社会的影子——暑期中天集团实习的经历仍历历在目,更让她能在一个相对自由的环境中茁壮成长,不断试错而不需要考虑成本。一路走来,那些获得的荣誉都历历在目,可也已经成了过眼烟云。孜孜不倦万卷书,行者无疆万里路。书本与实践的有机结合,在她心中才是完美度过大学生活,不留缺憾的方式。在接下来的学习生活中,她将不断激励自己前行,抓紧学习,并在科研与其他实践方面进行更多的尝试,争取取得更大的成功。

 杨 吉

师长点评

卢果同学不仅成绩优异,还积极参与 SRTP 项目,培养创新意识和团队合作能力,不断提高自身素养,在多项学科竞赛活动中获奖。她还不忘感恩回报学校,多次做志愿者。希望她在未来能够继续前行、砥砺自我,取得更好的成绩。

材料科学与工程学院副院长、教授、博导　张亚梅

ZHOU Luyan 周路妍

■ 个人简介

周路妍,女,汉族,1997年4月出生,中共党员,东南大学经济管理学院金融学专业2015级本科生,已保研至中国科学技术大学金融学专业。曾获创行(Enactus)世界杯社会创新大赛中国赛区三等奖;东南大学"优秀学生干部""三好学生""优秀共青团员"等荣誉称号。

追风的女孩
——记经济管理学院周路妍

周路妍出生于毗邻长江的江苏泰州小城。所谓"海陵红粟,仓储之积靡穷",泰州是一个仓廪实衣食足、明礼节知荣辱的地方。家乡离南京约一百五十公里,一边是对小巷街头的眷恋,一边是对愿景希望的追求。入校三年,紧凑有序的专业课堂,砥砺切磋的师友朋辈,日日皆新的实习经历,斑斓缤纷的社团生活,无一不告诉她这里百载文枢,辈出英豪。大学之道,在明明德,督促她精进求真;在亲民,教诲她达己达人;在止于至善,敦促她心向光明。虽历曲折坎坷,也曾云其遑遑,但信海涵地负,终将续展宏韬。

■ 勤能补拙,贵在不弃

初入东南,周路妍对这里的生活充满了好奇和向往。她加入了共青团东南大学委员会组织部以及经济管理学院学生会,同时还是经管青协和唐仲英爱心社的志愿者。由于大一上学期课程较少,她的成绩在年级名列前茅,这给了她一种已经有足够的能力调节好学习和社团活动之间关系的错觉。大一下学期课程剧增,难度也呈阶梯式提高,社团活动也进入了忙碌阶段,在学习和活动之间疯狂奔走的她已经觉得有些力不从心,却天真地以为光靠期末之前的"临时抱佛脚"便可以取得满意的成绩。事实却不尽如人意,大一下学期绩点仅有3.4,这使得她整个大一年级排名掉到了26名。这是她想要的大学生活吗？她还能坚持她的梦想吗？在一遍遍的怀疑中，她的自信心和战斗热情一下子从巅峰跌入谷底。

进入大二，分流到喜欢的专业以后，周路妍便积极调整自己的状态，将学习、竞赛和社团活动重新划分了先后顺序，并列出了长期和短期想要完成的目标。幸运的是，大二期间，周路妍遇到了一位改变她大学轨迹的老师——金融系张颖老师，加入了张老师的课题组，并认识了许多优秀的师兄师姐。他们在课题组中相互学习，一起成长，最后都保研到了国内顶尖学府继续攻读硕士或博士学位。他们中很多人在大一甚至大二的时候成绩曾相对落后，但是勤能补拙，术有专攻，经过奋斗和努力，最终都取得了成功。"不自弃者天不弃"，她开始把第二个"宿舍"搬到通宵自习室中，每天除了上课便坐在教室中学习，社团因为热爱并没有退出，但是她压缩了所有的课余时间，将它们全部奉献给了专业课程。凭借着"初生牛犊不怕虎"的冲劲以及敢赢敢输的良好心态，在吃透了专业基础知识的根基上，她开始拓展自己对金融学感兴趣的研究方向，逐渐寻找适合自己的领域。大二一年她的总绩点提高到了4.1；进入大三，在同时准备保研和出国的双重压力下，在接手班级团支书和系党支部书记工作担子的重任下，她保持着成绩的稳中前进，第一次进入专业前10%，最终保研至中国科学技术大学量化金融方向，继续她的硕士生涯。

■ 商赛研学，风景独好

大二上学期的一天，周路妍无意中看到校创行协会征集"创商业，行公益"为主题的商业项目，便与几位志同道合的同学一拍即合，初步想出了"魔术贴横幅""流浪猫喷绘之家"等项目，最后以校级第一名的好成绩顺利进入华东赛阶段，所做的商业案例也被用于备赛华东赛的正式项目。这是她第一次参与正式的商业比赛，需要向数百位企业高管和青年创业者讲述他们的项目亮点，才能从几千个参赛队伍中脱颖而出，既能够顺利进入国赛,又能够在项目初创时期得到商业资金的支持。备赛的几百个日日夜夜,周路妍在确保学习进度没有落下的情况下,每天晚上在食堂、大学生活动中心甚至露天座椅上修改 PPT 和讲稿,周末奔赴中国农业大学和中国药科大学参加项目培训,到比赛前的半个月,每天对着镜子练习 Presentation(报告,陈述),从每个表情,到每个语气词,甚至到每个停顿,确保着每一个细节的完美。2017 年 4 月 23 日,周路妍在华东赛区作为主讲人,向各位企业高管及负责人讲述了"幅现新生"项目:通过调查东南大学一百多个社团和三十多个学院的活动频率和横幅使用情况,设计出一款新型魔术贴横幅,通过魔术贴毛面和勾面结合、小方块拼接模式,可以实现无限循环利用和个性定制,颠覆目前大学校园内一次性横幅寿命短、难回收、资源浪费严重的现状,践行绿色社会理念。项目最终在全国几千个项目中脱颖而出,入选了 2017 年星巴克宋庆龄基金会青年领导力项目,最终获国家级三等奖、区域级(华东赛)二等奖。这场历经大半年的商业比赛,既磨砺了她的耐心,又锻炼了她的展示能力和沟通能力,让她明白完成一个商业项目是一个需要所有人朝同一目标共同努力并不断矫正、不断前进的过程。在无数个遇到瓶颈的夜晚,她都会想起"经管人不能说不"的口号,不奋斗,没有经过商赛的磨炼,的确枉称经管人。

除此以外,周路妍还参加了 2017 年中国工商银行主办的 Bridge+ 全国青年模拟商战大赛、2018 年巴黎欧莱雅主办的 Brandstorm 全球市场策划大赛,以及校级本科生创新体验竞赛、华彩绽放英语话剧比赛等,这些比赛经历极大地丰富了她的校园生活,也让她通过一次次的努力、一次次跨领域的尝试,看到了自己的"天花板",也看到了自己突破潜能的可能性。

■ 梦想启航,科研助力

走过一段人生之路,回望身后的背囊,很多人都会感慨在曾经那么一刻自己"路遇贵人"或是"巧逢机遇",从此改变了自己的人生方向,朝着更广阔的道路前进。从大三年级开始,周路妍加入张颖老师所在的课题小组,参与了国家社科基金项目"我国大病医疗保险统筹优化机制及其风险监控研究"等四个项目的学术研究,在她的指导下迈开科研的第一步,开始从搜集资料、阅读相关研究报告、设计文章框架处理数据等过程中学习如何完成一篇合格的学术论文。2017年夏天,周路妍作为主要合作者撰写学术论文《融资租赁发展的金融学机理分析》,并荣幸地应邀参加在中国海洋大学举办的2017年度海峡两岸金融研讨会,第一次在众多教授和学者面前阐述研究成果,并得到了良好的反馈。2018年,由张颖老师主导的东南大学融资租赁研究所成立,她和小组其他成员通过实地调研融资租赁公司和相关银行及企业,在融资租赁领域进行了大量研究,完成了相关研究性报告。这段珍贵的科研经历,让她坚定了自己为实体经济奉献的决心,也让她确定了在国内继续深造的目标。

可以说,作为一名学术"小白"刚刚加入课题小组的时候,是她整个大学生涯以来最紧张的时刻。刚刚起步的时候,她连报告的字体格式是什么都一无所知,到现在已经能够指导学妹进行 SRTP 项目,这一年她经历了飞速的成长,但是只有亲身经历过的人,才知道个中滋味。独自一人在电脑前奋斗的那些夜晚,最终会成为脚下的星星,为她的人生巅峰加冕。

如果说商赛让周路妍找到了作为一名经管人的价值,那么科研教会了她如何劈开荆棘之路,把不可能变成可能,把退缩变成大无畏,把渺小、平凡拓展成更宽更广的人生格局。

■ 不骄不躁,砥砺前行

"走过的路,每一步都算数。"回望已经过去的 1095 个日日夜夜,每一天落在日历上都是繁星点点。新生文化季的震撼,跨年晚会上倒计时的钟声，人文讲座中大山、张海鸥、朱苏力等老师的谆谆教诲，选修课上共赏楚辞、亲手制作戏曲脸谱、宁馨家园志愿活动的不舍、操场上挥汗如雨的奔跑……都是她愿意用时光相机定格的记忆。这些经历教会了她去学习，教会了她如何"赠人玫瑰"，教会了她一个博大而宽广的胸怀是必备的品格，并教会了她真诚和努力必有回报。逆风的方向，更适合飞翔；不怕千万阻挡，只怕自己投降。谢谢她不曾投降，未来的她一定会更加谦虚谨慎，恪守作为一名学生和党员的义务责任，坚定为实体经济发展而努力奋斗的目标。尽管渺小，但她从不曾停止追风的脚步。

推荐老师 张 颖

师长点评

士不可以不弘毅，任重而道远。周路妍身上有四点品质，一是对专业技术理论的精进求知，二是在逆境中突围的刚毅坚韧；三是对未知事物的尝试探索，四是与师友朋辈的真诚交识。前两点是毅，后两点是弘。金融是一门经世致用的学科，为学当毅，入世须弘；希望她在未来不要因顺境丢失毅的棱角，也不要被困境磨去弘的宽容。

——东南大学融资租赁研究所所长、金融系副教授、硕士生导师　张　颖

李星潼
LI Xingtong

■ 个人简介

李星潼,女,汉族,1997年4月出生,中共党员,东南大学经济管理学院会计学专业大四学生。曾获国家奖学金,国家励志奖学金;江苏省第十三、十四、十五届高等数学竞赛一等奖;主动参与学科辅导志愿活动和支教活动,获得支教协会"优秀会员"等荣誉称号。

此心光明万物生

——记经济管理学院李星潼

李星潼,现就读于东南大学经济管理学院 2015 级会计学专业 2 班。她来自江苏南通启东市一个普通的家庭,父亲 2012 年在外打工时意外去世。家庭经济基础薄弱,一直过着简朴的生活。在亲人们的关心、学校和社会的帮助下,她顺利完成高中学业,成为东大学子。父母一直是她的榜样,尊老爱幼,勤劳俭朴,吃苦在前,享乐在后。从很早开始,她的心里就感受到父母的伟大,她也暗暗发誓,一定要努力学习,来回报父母的养育之恩,回报学校社会对她的关爱。

青春的火花在碰撞中产生,年轻的激情在奋斗中激荡。怀揣着美好的梦想,她进入历史悠久的东南大学。梦想已起航,作为新时代的青年人,她知道自己应该树立科学的世界观,不断提升自身素质,努力学习科学文化知识,为民族振兴、国家富强献出绵薄之力,怀感恩之心,尽己所能回馈社会,帮助他人。

■ 此时此地,勿忘此身

行为反映思想,思想决定行为。在学习党章、与老师进行交流、在求是工作站工作、学习"红头文件"的过程中,在全班同学通力合作争取到优秀班集体荣誉的努力中,她明确自我的思想理念,感受到自我的价值。她做事认真,绝不消极应对,就连宿舍里的水电设施坏了,都是第一时间去报修,绝不拖延,将安全放在第一位。朱光潜先生的座右铭是"此身、此时、此地",而她也以"凡此身应该做而且能够做的,绝不推诿给他人;凡此时应该做而且能够做的事,绝不拖延到将来;凡此地应该做而且能够做的事,决不等到想象中更好的境地"的标准来要求自己。

■ 笃学尚行,止于至善

她喜欢东南大学的校训——止于至善,达到极致方能停止。可是真的有"至善"的明确标准嘛?她总会想到一个苦行僧,走在一条不会有尽头的路上,坚忍执着地前行,又或者像王阳明老先生那样,按照自我内心的良知去做事,随心所欲而又不逾矩。陶行知老先生总是说着"知行合一",马克思主义原理也总强调着世界观与方法论的相辅相成。一方面,她认真学习,珍惜来之不易的学习机会充实自己;另一方面,课余时间参加的社团活动丰富了她参与组织活动的经验,她也在这个过程中结识了外国友人,并在指导外国留学生学习汉语、交流对世界文化的看法的过程中深切感受到东南亚等国的文化魅力,拓展了视野。

■ 不曾走过,怎会懂得

地上没有路,路是走出来的。2016年3月,东南大学举办了校级高等数学竞赛,她出于自己的爱好报名参加比赛。幸运的是,她在校级比赛中获得了一等奖并得到学校培训和参加江苏省第十三届高等数学竞赛的机会。但几次数学培训后,她愈发感到自己数学基础的薄弱,格林公式、斯图尔特定理让她无所适从,也迫使她不断攀升,学无止境。那段时间很苦,但也很幸福,因为学到的数学知识比她以前一年学到的还要多。在江苏省第十三届高等数学竞赛中她获得了一等奖,在2016年10月首届卓越大学联盟高校大学生数学竞赛中获得二等奖。

参加数学建模比赛对她而言更是一项全新的体验。作为从未接触过数模的商科学生,数学模型、数学假设、模型评估,一切都是那么新鲜那么高端。当时曾犹豫过,对数模几近一无所知的她,真的适合去参加这个比赛么？最后她选择再一次挑战自己。在参加数模比赛的过程中,她第一次了解 MATLAB、SPSS、Lingo 软件,第一次用 CAD 绘图软件画图,第一次自己磕磕绊绊地写论文,全新的体验,全新的惊喜,全新的收获。原来运用数学模型思想可以建立动物种群管理模型为养猪场的经营决策提供建议,可以应用 Floyd 算法优化交巡警服务平台的设置与调度,甚至可以将其应用在葡萄酒的质量评估、太阳能小屋的设计、光影定位等各个方面。在校数模竞赛中,她和队员们通力合作,获得一等奖。挑灯夜战,查阅资料,反复斟酌,紧张忙碌,她从中感受到了数学应用的广度与深度,也体会到了团体合作的重要性,在这个瞬息万变的世界里,单打独斗者,路难免越走越窄,选择志同道合的伙伴,就拥有成功的可能。用梦想去组建一个团队,用团队去实现一个梦想。人,因梦想而伟大,因团队而卓越,因感恩而幸福,因学习而改变,因行动而成功。

当初,面对未知的领域,谁没在选择的路口彷徨过？只有敢于尝试、勇于挑战,才能有所领悟、有所收获。因为走过,才愈发懂得,人生就是脚下的路,是一连串生命未知的体验,是一次次灵魂摸索着前行的过程。有些路你不走下去,怎会欣赏到沿路的天高云淡,碧野苍茫？

■ 予人玫瑰,花香满怀

一个人的存在,究竟对谁很重要？这世上,总有一些人记得你,就像风会记得一朵花的香。大学生志愿活动同样是她生活中不可缺少的一部分。她做过学校迎新志愿者,也参加过小学支教等活动。哪怕迎新时要站七八个小时,哪怕制作、演练、修改教学讲稿直至深夜,但只要听见学妹学弟温暖的一声"谢谢学姐",就有如"赠人玫瑰,手留余香"的触动。在东善桥小学支教时,看见孩子们眼中的专注与兴趣,心弦确实就这样被轻易地拨动了。她精心准备了关于海底生物的"探险"之旅,天真烂漫的孩子们看到带鱼、乌贼、抹香鲸等海洋生物时兴奋地呼喊着,下课后还围着她问下次什么时候再来。孩子们的热情让她感受到一种自我价值的实现。而在OVAL商业创意大赛中,她了解了很多有关社会企业的商业创意。从致力于西藏牧民牦牛毛收购的服饰品牌,到解决流浪汉就业温饱的城市导游网站,再到针对学生留学研学费用的众筹网站,这些创意想法让她拍案叫绝,也让她明白:每个人都能为社会做得更多;没有人是一座孤岛,他人的喜怒哀乐与她自己息息相关。这就是做志愿活动的幸福所在吧。花感动于有缕风记得她的幽香,也幸福于把花香带给整个世界。

■ 有梦不觉月光寒

曾经看到一本书上说:大学是自我形成的重要阶段,在这一阶段,我们选择想要成为什么样的人,并去努力成为这样的人。那么,究竟想成为什么样的人呢?有时这回答像是轻飘飘的纸,轻薄得没有说服力;有时又像浓墨重彩的画笔,沉甸甸渗透宣纸。

到底想成为什么样的人?想成为能向他人表达善意、热爱生命的人,心怀感恩,做一个最真实的自己。

 张玉林

李星漫同学积极进取,学习勤奋刻苦,成绩优良;担任班委,工作能力强,是老师的得力助手;勤俭节约,热爱生活,团结同学,是一名品学兼优的大学生。

经济管理学院副院长 张玉林

周小清
ZHOU Xiaoqing

■ **个人简介**

周小清,女,汉族,1997年8月出生,中共预备党员,化学化工学院制药工程专业2015级本科生。曾获得东南大学校长奖学金,曾宪梓优秀大学生奖学金;"卓越杯"化工新实验设计竞赛二等奖,"欧倍尔"化工实验竞赛二等奖,"陶氏化学杯"实验竞赛二等奖;东南大学"三好学生标兵""优秀团干部"等荣誉称号。

邂逅更好的自己
——记化学化工学院周小清

■ 思想涌动——不曾放弃信仰

高中政治课上关于"信仰"的讨论场景仍然历历在目,老师说"你们以为的那些信仰根本算不上信仰"的时候,急得快哭出来的她,心中涌动着力量想要为自己辩驳。后来她读了大量关于信仰的文章,她想,她不曾放弃过信仰。

巴金曾说:"支配战士行动的力量是信仰,他能够忍受一切艰难,痛苦,而达到他所选定的目标。"周小清的信仰,是共产主义。共产主义信仰使她积极学习马克思列宁主义、毛泽东思想、"三个代表"重要思想、科学发展观、习近平新时代中国特色社会主义等永不过时的指导思想。这些先进的思想给予她支撑和力量,无数次在她彷徨、犹豫的时刻为她指引方向。从一名入党积极分子,到被确定为发展对象,再到成为一名预备党员,周小清不断从思想上和行动上向党组织靠拢,决心为共产主义奋斗终生。

■ 学海无涯——不曾停止学习

2015年刚刚进入东南大学时,因为周小清很早就开始住校,所以那时的她很快就适应了新的生活,但在学习上却很难适应。大学课程的教学目的与高中截然不同,老师讲的内容比较广泛,需要大家课下多去自学,而且大一以通识课居多,她喜欢的生物和化学方面的科目一个都没有,而面对自己尤其不擅长的物理和 C++,她感到比较困难,因此大一时成绩并不突出。但是周小清没有低头,她深知这是自己的选择,要为自己负责,也不能让辛苦培养她上大学的父母失望,因此她一直在努力,从未放弃过。

功夫不负有心人,大二开始,她的学年成绩一跃成为专业第一名,之后也一直保持名列前茅,她想这都得益于自己对专业课程的兴趣。兴趣是一位神秘的魔术师,引领她探索神奇的物质世界与微妙的生命科学,兴趣能在她学习过程中辛苦劳累的时刻给予她坚持不懈的勇气和力量。

周小清喜欢独立思考,因此偏爱上自习,图书馆和自习教室便成了她亲密无间的"朋友"。时间和精力是有限的,但对知识的渴望与思考是无限的,她总是竭尽所能地利用好有书籍陪伴的时光,在获取专业知识的同时,汲取文学的养分,开阔视野,全面进步,避免让自己成为没有文学素养的理科生。

■ 科学研究——不曾止步眼前

基础课程的好成绩给她带来了更多自信,因此她从大二开始便进入课题组的实验室参与科研。在课题组中她学到了将理论知识与实际操作相结合的本质,第一次真正接触实验室科研项目,熟悉了相关仪器,积累了一定的科研经验。她希望在本科阶段更多地拓宽自己的视野,因此在大三时又申报了两个新的项目,分别是一个国家级创新训练项目和一个校级重大项目。

参与科研的过程并非像她想象中的一帆风顺。一个看似简单的化学方程式背后隐藏的反应并不能轻易实现,细胞活性检测的实验并不那么轻松,天然药物中化合物的分离提纯也比较困难,因此她开始大量阅读文献,在提高专业素养的同时也提高了专业英文水平。此外,周小清积极参加学科竞赛,在江苏省"陶氏化学杯"化学化工实验竞赛、第五届"卓越杯"化工新实验设计竞赛和"欧倍尔"江苏省化学化工实验竞赛中都取得了不错的成绩。

真正喜欢的东西是不需要用"坚持"来形容的。不过竞争是激烈的，唯有不断努力，不断进取，才能成为优秀之人。现在的她终于如愿被保研至北京大学药学院，但她不会因此而安于现状，她将继续拼搏，始终行进于优秀之路上。

■ 合作领导——不曾忘记提升

"文能提笔写各种各样的策划文件，武能驰骋于各大赛场勇闯新生杯、院系杯，站着能说能演，坐着还能 P 图排版剪视频……"三年以来，周小清在院学生会的工作中成长了很多。从大一时两个部门的干事到大二时担任副部长，再到留任主席团，她从事了从体育活动到图文编辑的大范围跨度的工作，积累了丰富的工作经验，提升了自己的执行能力、合作能力、组织能力以及领导能力。

大一在体育部时，担任多项体育比赛的领队，样样工作都积极去做，认真踏实，培养了吃苦耐劳、勤奋向上的品质。大二担任综合媒体部副部长，负责院系公众号的运营与院系招生宣传视频的制作，做事一丝不苟、认真严谨，从前期线上宣传到活动进程再到活动总结，每个环节都有条不紊，获得许多好评。

梁从诫先生有言："一个健康组织的感召力应当是来源于组织本身，而不是个人。"留任主席团以后她才发现，在一个组织强大起来之前，个人的感召力也是不可忽视的！

主席团刚完成换届是在大二暑假，那时学生会只有主席团四个人，而改革工作紧迫且繁重，整个暑假她都没有回家，兼顾实习的同时和其他几位主席团成员一起忙于学生会改革。她搜集了学院近五年的所有能够搜集到的资料并整理好保存，进行了重整学生会职能、调整部门分工、改善例会制度等工作。然而开学后的部长换届，想要留任的人并不多，比起参与学生工作，大家更热衷于学习。面临这稍显尴尬的情况，他们一个个地劝留。她曾对一位同学说:"如果你不答应的话,我就三顾茅庐、四顾茅庐、五顾茅庐……"即使她的本心并不想要强迫别人去做自己不再打算做的事情,但是为了学生会,她知道必须这样。幸运的是,有些同学被他们的诚意打动,决定留下来。

后来的学生会在原来的基础上逐渐变得更好,内训顺利开展,工作效率不断提高,干事和部长的工作能力得以进一步增强,学生会的凝聚力和感召力更是不断提升。虽然这个过程并不顺利,但是他们都克服了。她总是思索着同一个问题——学生会改革的路要如何走才能更好更远?

是学生会选择了她,也是她选择了学生会。如今已经卸任的她,还是会常常提起那段时间,尽心尽力"一切为了学生会"的时光,忙碌充实,五彩纷呈,无可替代。

除了院学生会,周小清还加入了学生职业发展协会。进入协会后,为了学习更多东西,她积极参加协会的各个项目组,"电梯演讲大赛"的宣传组、"走进名企"的领队组、"暑期实习生招聘"的外联组,她总是尝试不同类型的工作,全面提升自己的能力。另外,周小清还积极参加一些公益活动,南京市"小红梅"文化管理志愿者、江苏省第五届大学生艺术展演活动志愿者……她感到有意义的地方,就会有她的身影。

■ 实践活动——不曾浪费价值

实践是检验真理的唯一标准。实践出真知。不论掌握多少理论知识,没有实践经历,都将是不完整的。

2016年7月,大一暑假,她和两位朋友创立了自己的一对一学习提升班。28天里,他们设置了2处场地,制作了2份海报、400张传单,招收了12名学生,每位学生补习2门课程。凭借天赋和耐心,她教的每一位学生成绩都有了很大提高,家长也很满意。于她自己而言,除了拥有了第一笔总共2万元的收入之外,更大的意义在于孩子们都和她成了好朋友,帮助他们的过程让她找到了自己的价值。

2017年7月至8月,周小清于南京迈塔光电科技有限公司进行为期两个月的实习,同时负责公司主体公众号和公司一重大项目的宣传公众号的运营,第一次将学校所学知识运用于社会工作当中,这使她受益匪浅。她也很感激有这么多机会让自己得到锻炼,相信以后踏入社会,这些经历会帮助到她,让她变得更加自信和从容。

大三暑假,她忙于各大高校或研究所的夏令营活动以及一些学科相关的竞赛活动。在这个忙碌但充实的过程中,她不仅仅是为自己找到了今后进一步深入学习的平台,更是突破了当下的自己,邂逅、挑战了新的自己,成为比以往任何时候都更加优秀的自己。

■ 虔诚期许——不曾忘记感恩

"鸦有反哺之义,羊知跪乳之恩。"做人应当像蜡烛,有一分热发一分光。她岂不知,是学院和学校的培养造就了今天的她,是社会和爱心人士的帮助成就了今天的她,她也一直在努力证明这份期许没有白费。她用自己所学所得,为学院鞠躬尽瘁,在各种活动中展现东大学子端庄沉稳的风貌,也尽自己所能,向社会给出一些微薄的付出。

大学是美好的,青春是独特的。她将怀着感恩与期许,继续她精彩的大学生活,也时刻准备着为学院,为学校,为社会,做出力所能及的贡献!

 周亦珩

师长点评

周小清同学学习成绩优秀,积极向上,尊师重道,友爱同学,人品端正。她积极领导并参与学生会工作,组织了许多精彩的活动,受到校、院学生工作领导的好评。除此之外,周小清同学对科研工作也有较好的敏感性。

化学化工学院教授 廖志新

陆涵之
LU Hanzhi

■ 个人简介

陆涵之,女,汉族,1998年7月出生,共青团员,法学院法学专业2016级学生。曾获国家奖学金、校友奖学金、东南大学课程奖、单项奖;全国第五届大学生艺术展演一等奖,全国大学生创新体验竞赛三等奖,江苏省第五届大学生艺术展演特等奖,东南大学第八届创新体验竞赛一等奖,东南大学第十届中华赞经典诵读竞赛优秀奖,东南大学第六十届运动会女子200米金牌;江苏省百佳志愿者,优秀团员,东南大学"三好学生""军训优秀个人"等荣誉称号。

奔跑吧 小姐姐

——记法学院陆涵之

> "获得女子 200 米第一名的陆涵之同学,风趣地表示自己不是专业运动员,而之所以跑得这么快,是因为平时为了能够在上课铃响之前到达教室,就拼命爬楼梯,可能跑步速度就是这样练出来的。陆同学除体育外在其他领域也很厉害,大一 GPA 达到 4.5 以上,还在合唱团中唱女高音。"
>
> (摘自四月十五日东南大学微信公众号)
>
> ——题记

上面的内容是今年四月第六十届校运会上,对于陆涵之同学顽强拼搏,取得女子 200 米金牌、4×100 米银牌、10×100 米第二名的成绩的相关报道。在这次校运会上,她为院系摘得本院系的唯一一块金牌;在院系参赛人数远远落后的情况下,一人参加三个项目,且都取得第一、第二的名次。

如果要用一个关键词来形容她的大一和大二,那便是"奔跑"。

从简单的高中生活进入纷繁的大学生涯,无形的力量推着她向前奔跑。

从报到前准备新生发言稿起,她已经意识到她的大学将比高三更加忙碌。被选为军训负责人后,一个电脑手机"小白",第一次建 QQ 群,接命令、布置任务、回复信息……;查勤点名、填写资料、分发物品、收集心得征文……一楼到六楼分散的宿舍之间,她奔跑着完成任务。同时,她还是军训合唱指导和领唱,结束一天繁重的训练后,匆匆跑向餐厅吃晚饭,又匆匆跑向训练地点指导连队合唱,从选曲到各声部完美融合,一遍遍打磨,最终获得一等奖。

她记得,军训未结束,社团已开始招新,一面、二面甚至还有三面,来不及回去换衣服,穿着被汗水浸湿的军训服奔跑于面试场地,认识了很多优秀的学长学姐,也见识了超"凶"的压力面。

■ 那点微光　是明天的太阳

一段记忆深刻的经历发生在大一的下学期。正逢期中考试,通过选拔考核,她成为江苏发展大会志愿者。之前,她有过许多志愿服务经历,但没有如此规范和严谨。一系列的培训丰富了她的知识体系,礼仪培训更是让志愿者的形象气质得到了提升,每一个动作、每一句问候都被细细指导纠正。"破冰拓展之领袖风采活动"让她完成了看似不能完成的任务,让她自豪能成为这个优秀团队的一员。经过各种训练、联排的志愿者们正式上岗,她被选为 C 组组长,带领组员们在主要会场——江苏大剧院的正门接车并指引嘉宾入场。只要有路过的车灯从远处扫来,她便迅速摆好标准动作,一遍又一遍,直到深夜。当晚,回到宿舍已是 0 点,第二天 6 点又要出发,睡前,她整理好资料,设了三道闹铃,第二天清晨,她精神饱满,以最佳状态迎接最重要的一天。5 月 20 日,她站在艳阳下,用最美的微笑、最好的服务引导嘉宾进入会场。因表现优秀,她获评"省百佳志愿者"。

回顾这段历程,满满的是温暖和感动,嘉宾的体贴,老师、工作人员的照顾,还有同伴共同付出中凝结成的友情。她收获了如何高效工作的经验,作为对接团省委孙老师和东航礼仪培训宋老师的负责人,作为组长,承担的种种工作,使她得到历练,在奔跑忙碌中得以迅速成长。在缺课进行培训、联排等活动的情况下,她在期中考试中仍取得了高数和物理第一名且物理是大课班里唯一满分的好成绩。

此外,她利用钢琴(十级)、小提琴和声乐特长,多次参加支教和公益演出,获评社区活动积极分子。每个寒暑假都会辅导社区儿童,教他们弹琴唱歌。在2018年暑假参加的校级重大社会实践"新时代流动留守青少年犯罪预防问题"中,她作为小组组长,在调研时发现这些儿童更需要健康向上的精神引导,更需要培养高雅的兴趣爱好,这坚定了她继续辅导他们的信念。她觉得,奉献的意义是即使她只有萤火微光,还是希望把它捧出来,温暖这个世界;她相信,那点微光,是明天的太阳,她会继续奔跑在志愿服务的路上。

■ 追逐雷和闪电的力量　奔跑在梦的彼岸

陆涵之除了雷打不动的每周十小时的合唱团训练外,还有频繁的演出比赛及校团委组织部、辩论协会等社团工作。要想兼顾学业活动二者并做到优秀,就需要她追求雷电一般的高效率。

还记得,她被选进长三角辩论集训队,和学长学姐一起备赛,整整一个月无休,奔跑于教室和训练场地,无数次写稿、改稿、讨论、模辩、推翻重来,最终获得团队金奖。

现在的她,仍然喜欢辩论,忙于贸仲杯国际商事仲裁庭模拟辩论赛和杰赛普国际法模拟法庭大赛的备赛,全英文辩论是个全新的挑战,再过一周,团队将启程赴北京参加第一项赛事。备赛期间,作为省级和校级重大SRTP项目负责人,她带领团队进行课题研究,曾用一天完成四段高质量的外地采访。高效的背后,蕴含了无数的付出。作为辩论协会会长,她需要平衡好社团事务和SRTP项目。

由于转系的原因,她比同学多学八门课程,且都是高等数学、物理、线性代数、C++等需要投入时间学习的课程,还要补上十余门的课程。因此,每个周末她都要奔跑于各个教室上课,在有限的时间里,提高学习效率、合理安排时间成为唯一的办法。高效率使她取得原专业第一,并且以4.526的绩点破了原院系纪录;转系考试时,在1∶3的录取率中她以第一名的成绩转入法学院;在忙于补课的同时,大二学年绩点4.571,名列法学院年级第一。

她会记得离开原院系时书记那句令她泪目的"常回来看看",会记得在转系后那作为"嫁妆"依旧给她的"三好学生"称号,也会记得她离开后辅导员依旧与学弟学妹分享她的经历……

对于学习,她会在课前预习并标记疑惑和问题,在课堂上和老师互动交流,课后继续探讨。她是那个最后离开教室去餐厅的人,一来避开饭点时间的拥挤排队,二来可以及时温习思考刚刚学到的知识点。时间的缝隙被她填补,零碎时间得到有效利用。她感谢老师孜孜不倦的教导,尤其是课堂上的互动,使她受益匪浅。

她记得与外教Hamilton教授在电子证据开示课堂上模拟质询时的配合与技巧,这让艰深的教学内容显得清晰明了。记得在伯克利大学的课堂上与一百多名外国学生一起上课时,她是那个唯一和教授频繁互动的中国学生,这让大家知道了她来自中国的东南大学。她很感激教授和助教在那段时间的帮助,并收到了他们两年之后在伯克利等她的祝福。

■ 寻觅诗和远方 初心尤在

在伯克利的四十多天,教室、图书馆、健身馆、游泳池、宿舍、起伏的小山丘、她常去看日落的后山,甚至警报突起、快速撤离时,都有她奔跑的身影。

短短六周，修两门课 5 个学分，90 学时，包含期中期末考试，五次课外实践调研，大量书籍、文献的阅读，交作业几十余份，学习强度及难度之大，没有高效率，要想拿到全 A 是不可能的。而她做到了，其中一门拿到 A+，教授所给的成绩竟然超过满分，为班里最高；收获两位任课教授的推荐信。教授的肯定，使她更有信心奔跑在前进的道路上。

除了必修的两门课，她还去旁听了一门政治学课程，下课后已是傍晚，她跑进健身馆挥汗如雨，在闪着波光的泳池里畅游，仰躺在水面静静地看落日余晖被暮色淹没，然后想起几个 DDL（deadline，截止日期）压身……归途中，偶有三两只梅花鹿相随，她驻足，在小路的另一端，与它们遥遥相望。它们消失在微醺夜色中，她跑进了灯火通明的自习室。

也许很久以后，她还会回想起 Doe Memorial Library 璀璨的吊顶，伏案学习，一抬头便是满眼灿烂星汉；她会怀念 Law School 明媚的落地窗，望不到尽头的案例汇编中依稀便是一代代法律人对于公平正义的不懈追求；还有氛围轻松弥漫咖啡香气的 Bancroft Library，穿梭在书架间，总让她觉得灰色旋转楼梯的尽头便是真理之光。

她会记得九点图书馆关门时落日的光晕，记得比学生数量还多的可爱的小松鼠，记得那个坐在秋千上等日落的自己，更记得那个不停奔跑的自己。

道虽远，行必至，心有界，意无疆。在她奔跑的足迹里，留下了一串串收获，所有过往皆为序章，新的征途，步履不停。她提醒自己，奔跑不是急躁，而是每一步 up up（提高）的状态，是每一步都充满的蓬勃朝气，是每一个脚印留下的感动，是每天都充满新的能量、新的希望。奔跑，代表了一名法科学生的不变初心，更代表着一名中国青年学生的自强不息。

愿她依旧是那个精力充沛、爱笑、爱闹、爱玩、爱音乐、再忙仍要看书追剧、不惧挑战的元气小姐姐。

　　愿她在奔跑的征途中记得每一次感动，愿她在一如既往的坚持中勿忘初心。

——尾记

 费倩倩

师长点评

　　知道陆涵之，是在转专业面试后法学院老师的介绍中。他们说：今年有个很厉害的小姑娘转来法学院！了解陆涵之，是她转入法学院后带给我们的一个又一个惊喜：转入法学院一年就获得全年级绩点第一、运动会获奖、文艺比赛获奖、课外研学的重要组织者、课堂上的踊跃发言者、专业竞赛的积极参与者……我惊讶于她的激情、她的精力和她的投入，她的大学生活积极向上，充满活力。她是个有追求的姑娘，能坚持，能吃苦，确定目标，勇往直前；她是个态度认真的姑娘，无论学习、工作还是活动，都全身心投入，高质量完成；她是个善良有责任心的姑娘，尊重师长，友善待人，关心国家大事，关注社会问题，立志做出自己的贡献。

法学院党委书记、教授　孟　红

牟杨
MOU Yang

■ **个人简介**

牟杨，男，汉族，1996年9月出生，共青团员，医学院生物工程专业2015级学生。曾获国家奖学金；第五届全国基础医学大赛暨实验设计大赛三等奖；东南大学"三好学生""优秀团员"荣誉称号。

脚踏实地，厚积薄发
——记医学院牟杨

"你长大以后想当什么？""科学家！"

十几年来他都未曾仔细思考过这个回答，直到进入大学之后他才开始认真审视这个问题，为什么要努力学习？为什么要选择走科研这条道路？对于一名高中生来说，考上好的大学便能诠释学习的意义。但对于一名大学生来说，他想这是源于个人对这一领域的热爱与理想。

■ 脚踏实地

大二学年，牟杨正式成为了医学院电镜中心的一员，并真正意义上开始接触科研。电镜中心主要以果蝇作为实验对象进行研究，因此解剖果蝇便成了一项必需的技能。与小鼠不同，果蝇成虫和幼虫虽然肉眼可见，但其体长一般仅为1至2毫米，而实验中所需的果蝇脑部更是只有几百微米，所以解剖过程中需要用到体视显微镜和显微镊子。同时，果蝇脑部上附有气管，解剖过程中需要将气管去除干净，这对操作人员提出了相当高的要求。进入实验室的第一天，牟杨便尝试解剖了第一只果蝇，虽然成功地将脑部解剖了出来，但是脑部已经被破坏得无法使用。从第二天起，他便开始了两个多月的解剖练习。每天晚上七点开始九点结束，两个月的时间里，他一共解剖了将近两千只果蝇,有时候就算看体视显微镜看得眼花也不会停下。大量练习的效果十分显著,不仅解剖速度快了一倍,而且解剖的质量也提高了不少。当许多同学迫不及待地正式开始进行试验的时候,他选择了先学、先练,做好了前期的准备再动手试验。尽管许多人认为放开手试错是研究的必经之路,但是试错的成本不容忽视,只有做好了充足的准备再进行正式工作才能达到最好的效果。

整整一年中,牟杨都在不断地学习和练习实验技术,从制备培养基、饲养果蝇、解剖果蝇、制备样品再到最后的观察结果,他把实验技术的每一步做到尽善尽美,为之后的正式试验打下坚实基础。在旁人看来,这样反复的练习似乎十分枯燥,但是他从每一次的练习中发现了自己实验操作中的一些不足,比如在制备样品时,样品体积极小,因此在洗涤过程中十分容易丢失,如果实验人员在不熟悉操作的情况下贸然进行正式试验,那么试验将很难成功。而后来正式试验一次性成功也直接印证了前期大量的练习是值得的。同时,进入实验室之后,时间也变得宝贵了起来,往往到了周末,他都会奔向实验室,或是练习实验技术或是帮助老师制备电镜样本。而每年的寒暑假他也属于最晚离校最早到校的一批人。

虽然实验室的工作繁忙,但牟杨在平时的学习中从未有过懈怠。每一节课都能在第一排看到他的身影,上课的时候专心认真,积极与老师互动。而每当下课回到宿舍后,他要做的第一件事便是打开电脑整理当天的课程笔记,往往一个学期下来,每门课都能积累下来上万字的知识总结。并且每到学期末,他也会毫不吝啬地将整理的笔记分享给同学们。凭借着这份认真与努力,牟杨从大一到大三都保持着专业第一的成绩,并且每年绩点都呈上升之势。这几年来,牟杨也获得许多荣誉称号和奖学金,包括校级"三好学生""优秀团员"和国家奖学金。而2018年9月,他更是以面试和笔试第一的成绩获得了保研资格。

■ 厚积薄发

经过一年的经验积累,牟杨在大三时开始了正式试验。由于耗时长,正式试验被分成了两部分,分别在大三前的暑假和大三的寒假进行。而且这一次要处理的不再是简单的一种果蝇。整个试验要用到八种基因型和四种年龄阶段的成虫果蝇,一共三十二种组合。为了保证试验结果的可靠,每一种组合需要至少三十只年龄为五天的成虫果蝇。综合考虑了各种因素,牟杨一共准备了一百多只培养管、三千多只果蝇。接下来便是试验的关键部分:挑选果蝇。由于果蝇在不断地繁殖,各个年龄阶段的果蝇都有可能混杂在一起,因此他每天至少去四次实验室,挑选出新羽化的果蝇成虫,并置于新的培养管中标记出生时间。而到了解剖环节的时候,由于果蝇数量巨大,他最多一天需要连续解剖三百只果蝇共六个小时,虽然看体视显微镜看得人头昏眼花,但是如果不及时解剖,那么试验就必将失败。而整个正式试验过程中最困难的部分便是寒假时进行的样品制备。当时南京下起了大雪,气温降至零度左右,而果蝇脑部样本在处理的时候需要保持周围环境的低温。为了保证最优的处理条件,牟杨关掉了制样室的空调,就这样在室温只有四度的制样室里工作了四天。而且某些处理流程需要用到通风橱,开启通风橱的时候室温更是会降至零度。但是为了最好的试验效果这些牺牲都是值得的。

终于,进入实验室一年半之后,试验终于迎来了最终的阶段:结果分析。在老师的协助下,牟杨对每个样品进行切片,选取合适的位置和区域后进行电镜观察。然而这最后一步并不简单。电镜视野下所有图像都呈现黑白两色,整个视野下的图像看上去几乎一模一样。因此他需要在电镜视野下对样品进行再次定位,找到所需要观察的脑区。虽然牟杨对整个操作都已经十分熟练,但是试验样本数量巨大,为了尽快地获得实验数据,他每天至少要花五个小时在电镜前观察筛选图像,如果电镜观察的时间太久,闭眼后甚至满眼都会浮现电镜视野下的图像。经过两星期不间断的电镜观察,他获得了数千张一共几十 GB 的图片文件。最终,他将各种数据统计成图并得到了试验结果:孤独症相关基因对果蝇脑部突触超微结构的影响。功夫不负有心人,2018 年年初该项目从医学院十几个项目中脱颖而出,与另外两个课外研学项目共同参加了五月份在长沙举办的第五届全国基础医学大赛,并获得了国赛三等奖的成绩。

■ 展望未来

回顾这两年多的时光,他感受颇深。进入实验室之前,他对科研的理解还仅仅局限于科教频道的纪录片和诺贝尔奖典礼上的感谢词。那时,他只看到了科研美好而又风光的一面,却未曾观察甚至体验过研究道路的曲折和艰辛。如今,当他亲自完成了一个科研项目之后,他才真正感受到科研是无比严肃的。虽然这个过程可能困难而无趣,但当他攻克了难题获得结果时,那种快乐难以言表。

当有人问他选择科研这条道路是否后悔时,两年前他可能会犹豫,但现在他会肯定地回答不后悔。或许某种程度上这是一种自我安慰,但是他坚信这是源于他对这一领域的热爱,以及用科研造福人类的理想。

 罗 萍

师长点评

牟杨同学在我实验室从事课外研习 3 年,能熟悉显微操作和透射电镜程序,对果蝇脑部的 Calyx 区域突触的超微结构有较好的认识。他的自律性留给了我深刻的印象,在多次大赛中显示出了良好的组织能力和演讲口才。

医学院讲师 甘光明

杨雯迪
YANG Wendi

■ 个人简介

杨雯迪,女,汉族,1998年6月出生,中共预备党员,东南大学医学院临床医学专业2016级本科生。曾获2017至2018学年度国家奖学金;第五届"向经典致敬"诵读竞赛校级三等奖;2016—2017学年东南大学"优秀学生干部"、2016年"军训优秀学员"、2017年度东南大学"优秀团干部"等荣誉称号。

砥砺前行　厚积薄发　追求卓越
——记医学院杨雯迪

杨雯迪出生在一个党员之家,她的爷爷和父亲都是在20岁就加入了中国共产党,母亲在大学入党,奶奶、大伯、大妈等长辈也都是中共党员。每晚7点准时收看《新闻联播》,是她们家一直以来从未间断过的习惯。耳濡目染间,她接触和学习到了党的先进思想和光荣历史,这让她对党的敬意不断加深,对党的向往之情日趋浓烈。考入东南大学后,杨雯迪在当年9月份就向党组织递交了入党申请书,并积极承担各项学生工作,参与各类志愿活动。小时候家庭环境的熏陶,加上大学给了她更广阔的平台去学习和奉献,使她对自己提出了更加严格的要求,努力成为一个"思想红,技能专"的人。在认真学习专业知识的同时,发光发热,服务和带动身边的人。

■ 党员之家红色传承

"中国共产党"5个字,在杨雯迪很小的时候,就在她心里扎下了根。大学以后,随着参加思政课程、医学院党员发展对象培训班等的理论学习,以及学校里优秀学长学姐的朋辈激励,她对于党有了更加系统而清晰的认识,也对于她的大学生活有了进一步的规划。2017年3月,杨雯迪被党组织确定为入党积极分子;4月,任医学院2016级团总支副书记。一年后,2018

年4月,她参加了医学院第十七期发展对象培训班,党课培训期间,她作为小组长带领小组同学进行讨论,自觉巩固相关理论知识,并发表她们自己的观点;5月,杨雯迪以91.5分的成绩(位列年级第二)顺利通过党课考试;6月20日,也是她20岁生日的前两天,经党支部大会决议,并报上级党组织通过,她光荣地加入了中国共产党,成为一名预备党员。

经过学院、学校的推荐,杨雯迪作为青年党员典型,接受了新华社的采访,被新华社"七一"特稿报道,该报道题为《"大就要有大的样子"——献给中国共产党成立97周年》,曾在央视《新闻联播》播出。报道中说道:"两年前,有着62年党龄、参加过抗美援朝的爷爷,把一本党章作为考入大学的礼物,送给孙女杨雯迪。""奋进的力量,来自祖辈的期许,更是思想的引领。"的确,党员家庭给了她许多动力和支持,让她从小确立了正确的方向,但真正的成长还是在东南大学,在大学的学习与工作之中。

在被新华社报道以后,医学院官网对此进行了转载,校党委宣传部和校团委宣传部都对杨雯迪进行了专访。学校官方微信公众号和官方微博,在7月1日党的生日当天,发布了对她的专题报道。《北京周报》杂志也对她进行了采访和报道,分为中英等多语言版本。在各类采访中,杨雯迪都分享了她的家庭给予她的党性熏陶,也充分表达了学校这一平台对于她党性提升起到的重要作用。

在成为预备党员后,杨雯迪并没有就此停下脚步,她对自己提出了更高的要求,并积极参与校党委、院党委组织的各项学习活动。她深知学生党员尤其应该注重党性修养的继续提升,接受党员的继续教育。2018年7月1日至7月5日,杨雯迪参与了校党委学工部组织的"'不忘初心跟党走'2018东南大学青年师生党员骨干培训班",跟随学校前往井冈山进行了为期5天的学习实践。令她印象最深的是"重走朱毛红军挑粮小道",他们身着红军军装,走在当年红军战士挑粮走过的小道上,山路狭窄且崎岖不平,单人走过都十分困难,更不必说挑粮走过 3.1 公里的山路,但在毛泽东、朱德的亲自带领下,红军靠着肩挑背驮把 30 多万斤粮食运上了井冈山,解决了军队的给养问题,其中的艰辛可想而知。5 天的培训结束后,杨雯迪作为营员代表在结业仪式上进行了发言。没有打印机,她便用笔写下了千余字的发言稿,有太多太多感悟与想说的话,这都将是她今后宝贵的经历与思想的激励。

2018 年 7 月中下旬,杨雯迪接受了中央电视台的采访,以作为改革开放 40 周年央视专题纪录片的素材。一同接受采访的,还有她所在医学院的党委副书记、副院长程斌老师,以及她的爷爷和奶奶。她始终认为,她的成长与进步,同长辈与老师们的关心和帮助是分不开的。在拍摄前调整机位的过程中,她也感受到了央视工作者的"工匠精神",他们严谨细致、精益求精。每一次经历中,都有这样一点一滴的东西值得学习。在镜头面前,杨雯迪说过这样一句话:"精于医术,诚于医德,止于至善。"她非常骄傲和自豪她是一名东南大学的学生、一名医学生,而作为学生党员,她也感到自己肩上的责任与使命,"思想的进步与专业技能的探索",是她为自己的大学生活定的主旋律。

青年担当、家国情怀,绝不是空喊的口号,而是思想的引领与信念,更是落实在生活中的目标与要求。作为学生党员,她始终还是学生,学习依旧是第一任务,也只有在青年时代努力学习、不断积累,才能在未来成为建设祖国的栋梁之材。所以,在思想要求进步、积极参与各类活动的同时,杨雯迪从未放松过对于学习的要求。她十分重视课堂的效率,她喜欢坐在前排,手机收在书包里,桌面上只有书和笔,全神贯注跟着老师的思路。因此,即使课余需要参加许多学生工作和志愿活动,她也可以自信面对医学生考试月的压力。

■ 满腔热情服务同学

大一入学以来,杨雯迪便积极参与各类活动,也承担了不少的学生工作。大一,她是医学院湖区学生会秘书部副部长、年级团总支副书记;大二,她是医学院学生会新媒体部干事、年级团总支副书记、校区学生会办公室干事、年级学生会新宣部部长等;大三,她成为医学院学生会主席。杨雯迪喜欢参与各类学习培训,喜欢尝试各种不同的工作,她喜欢从理论和实践两个方面体会学生工作的内涵。而预备党员这一身份,也给了她不少启迪。党的宗旨是全心全意为人民服务,"服务"二字深深印刻在了她的心头,因此,"引领与服务"便是她做学生工作的基本理念。

学生工作看似是一个"输出"的过程,实则需要大量的"输入"。大一暑假,杨雯迪参加了东南大学第三期大学生骨干研习营,结识了来自其他各个学院优秀的学生干部们,在那里,她聆听了众多的理论课程和经验分享,也是自那时候起,她想尝试她从未接触过的新媒体部,成为一名宣传工作者。

大二一年,学习压力增大,学生工作也变多,杨雯迪空余休闲的时间也越来越少,但是她对自己的要求从未放松过,加之学长学姐的帮助、老师父母的支持,她还是在一步一个脚印地进步,学年绩点进入年级前4名。开始新媒体宣传工作后,她发现,打造一个质量高、受众广的微信公众号,并不是一件容易的事,但是她能做的,便是用心做好每一篇推送,发掘活动背后的意义和价值,以最美的形式呈现给读者。其实,精益求精适用于任何一项工作,每当她看到她认真制作的推送被数百人浏览,被老师同学或家长点赞,就觉得为之付出的时间都是值得的。

大二学年的最后,杨雯迪参与了医学院学生会主席竞选,竞选演讲的主题定为"厚积,薄发",她认为任何工作、任何职业都离不开学习与积累。在竞选中,她说道:"作为双一流高校的学生干部,我们更应该带头践行'为学生服务'的宗旨,把学生会打造成一个属于全体同学的组织,同学们才是学生会的主人。"她是这样说的,也在努力这样做。本届学生会,在大家的共同努力下,针对同学们的需求开展了形式多样的活动,也在一点一滴中渗透了正能量的精神。

接下来,学生会还将与医学院低年级本科生党支部合作,开展"领航工程"系列活动,杨雯迪作为主要负责人,也希望可以把"又红又专"的思想理念,通过多种多样的形式,传递给学生党员和发展对象,也传递给每一位同学。

■ 热心公益奉献社会

大学的平台给予了杨雯迪更加宽广的视角,也给了她许多锻炼和实践的机会。虽然志愿工作是面向所有人的,但其服务与奉献的精神却值得每一位党员学习。

大一,她加入东南大学招生宣传志愿者协会,组织开展了回访高中母校系列活动。暑期,她作为招生志愿者,在招生办负责接听热线电话、分装录取通知书等。这些活动让她对于东南大学的了解与热爱更加深了一层。她还作为海峡两岸青年领袖研习营的志愿者,接待来自祖国宝岛台湾的同学们,带领他们领略长三角的快速发展和古都南京的独特风韵。

大二,杨雯迪加入了至善讲解团,她开始向别人介绍她所在的东南大学,讲述这所百年名校的前世今生。来到丁家桥校区后,她加入了东南大学健康教育志愿团,定期走进云南路社区,为那里的老人免费测量血压、血糖,给他们带去科学的健康知识与运动方式。她所在的小组还与云南路社区的郝奶奶家结对,她和其他组员们会定期去郝奶奶家,陪奶奶聊聊天,下楼散散步。她还参与过重阳节古林公园的义诊、南京红十字会"志友公祭日"的志愿工作、"大学生感知南京"主题活动月启动仪式的志愿工作、SGI大会会场组志愿工作等等。大二暑假，杨雯迪参加了东南大学暑期科学营，担任跟班志愿者，结识了一群志同道合的小伙伴。在面对不同受众时，她更加真切地感受到"凡我所在，即是东大"的内涵，也更加深刻地体会到服务与奉献对于国家和社会的重要意义。

大三，在繁忙的学习与工作之余，她报名参加了2018志愿服务实践学堂，往返两个校区参与课程培训和实践观摩。她的身份也从志愿服务的参与者，逐渐转向了志愿服务的组织者。而作为组织者，就需要有长远的目光和统筹全局的能力。要知道，这个社会还有许多地方需要志愿者们。

通过志愿服务的经历，杨雯迪收获了友谊，也收获了思想上的启迪。服务和奉献，是每一个乐于发光发热的青年人，特别是学生党员，应该努力践行的。服务别人的过程，对自己是能力的提升，对社会是积小成大的改变。

 程　斌

师长点评

雯迪同学自入学开始就表现出良好的综合素质，学习刻苦，成绩优秀，关心集体，热心公益，尤其体现出对党的强烈热爱和不懈追求，并最终光荣入党。前期，她还接受了新华社的采访，被新华社"七一"特稿报道，成为我校青年党员的典型。组织的褒奖、国奖的获得，于她不仅是对既往的肯定，更是对未来的强烈鞭策和不懈动力！

东南大学医学院党委副书记、副院长　程　斌

YAN Ge 严 格

■ 个人简介

严格,男,汉族,1998年5月出生,共青团员,于2016年进入东南大学吴健雄学院工科试验班学习。曾获得国家奖学金,校长奖学金;2017中国大学生计算机设计大赛省级一等奖、国家级三等奖,2018年TI杯江苏省大学生电子设计竞赛省级二等奖,2017东南大学本科生高等数学竞赛校级三等奖,2017"校庆杯"东南大学大学生创新创业大赛校级三等奖;东南大学"三好学生"、2017年度"健雄学子"等称号。

心之峡谷　蔚然成荫
——记吴健雄学院严格

对于大学,他一向是有些目标的,为了这些目标,他一路前行,不敢停止,不曾停止。

■ 积累沉淀　根深蒂固

高中,他参加了许多学科竞赛,在研究高考范围之外的那些定理和算法的时候,他逐渐意识到,高中的这点知识实在是皮毛中的皮毛。日复一日的题海复习中,他越来越强烈地期待能更深入地、广泛地、有效率地学习一些东西。他希望他的大学能给他新的体验,能让他得到更多他渴望的知识,有好的多方面的收获。

进了大学,他的注意力从来不会只放在课堂上。大学课堂的节奏很快,但是他还想了解更多。老师提到的课外知识,他都会去图书馆查阅。可能也是因为刚上大学的这股热情,大一的第一学期他获得了三个满分,成为年级第一名,并且获得了暑期去美国参加 AAPT 会议的资格。学习成绩虽然在大一下学期有所跌落,但还是保持在前五。因此,获得了 2017 年的校长奖学金。

除了课程学习以外,他还常常关注学科竞赛和创新创业项目等相关信息。2017年,他和队友参加大学生计算机设计大赛,获得了校级、省级和国家级一连串的好成绩。2016年年底和2017年年底,他分别参加了一个创业训练项目和一个创新创业项目,并且经过后期的努力,全都成功申请上了国家级创业项目。

大二,他渐渐感受到了课业的繁重,接连不断的实验也让他感受到压力。但是实验方案成功的喜悦也会随之而来,给他激励。他现在还记得数字电路课程的最后一次实验,是做一个洗衣机的控制指示系统,元旦三天假他一直泡在宿舍,设计方案。周四验收时,他胸有成竹地给老师演示,完美完成全部指标。汇报成功的成就感,让他的好心情持续了整个考试周。

大二的下学期,课程学习略微宽松了一点,他便参加了电子设计竞赛。由于完全没有什么准备(校赛开始的时候才开始学单片机怎么用),所以他所在的竞赛组准备工作进展十分缓慢。负责软件的他从周五到周日,工作58个小时(只睡了3小时),才勉强把代码写完。他的队友也是通宵把电路做完,最终验收的时候还是出了差错,结果没有入围。无独有偶,模拟电路实验也失败了,他感到十分郁闷,甚至一度怀疑自己的能力。但是他还是选择申请省赛培训,再挑战自己一次。

暑假,7月,学校已没有多少人。培训和准备比赛都非常辛苦,他们常常在实验室伴着太阳落下,又迎着太阳升起。这份执着,这份努力,使他们最终获得了不错的成绩。

经历本身就是一种财富,只有不断学习、不断努力,才能不断成长。可以说,大二这一年他过得比高三要累得多,但是他的收获也是高中时期无可比拟的。每一堂课认真听讲,每一道题用心领悟,每一次烧坏芯片,每一次代码出错,都是进步的砖石,都会沉积下来,成为他前行的力量。

■ 大胆尝试　枝繁叶茂

他对自己大学生活的另一个期待，就是要多尝试。

从学习到运动，从社团到学生会，从学科竞赛到跨年演唱会，凡是他有兴趣的即使没有尝试过，他也尽量去体验一次。因为他知道，这些都是毕业后很难再有的体验。

他参加各种竞赛，并且非常乐意与其他学院的同学组队；他观看跨年演唱会和十佳歌手赛，跟着人潮一起挥动手中的荧光棒；他亲自登上舞台，手舞足蹈，为同学们带去欢乐和愉快；他在实验室通宵达旦，调试自动小车性能；他去社团和高手下棋切磋，在溃败中找回小时候学棋的感受；他去企业拉赞助，在一次次失败中积累教训；他到处旁听，知道了自己对什么样的课程更感兴趣……

不过，这些体验也不能只停留在表演一个节目、参加一场比赛上，应该要有更深远的影响，让他发扬自己的长处，或者是弥补自己的短处。

这也是他竞选院学生会主席团的初衷。

竞选成功后，他一直在努力做好每一件事。因为他知道相比主席团的其他两位主席，他的能力和经验还是明显欠缺的。就像有时候他前脚催了同学交表格，后脚却被老师催交自己要做的东西，才发现自己居然也忘了做。之前认为主席的工作很简单，招呼学生会成员们做事，统领一下就好。但当自己真的当上了，才发现很多自以为稀松平常的事都有很多细节需要注意，远比自己想象的要复杂。一切都要从头学起，包括如何自如地对着百十来号人临场讲话。这些都需要他自己去慢慢体会，慢慢熟练。

作为一个工科生，他的目光一直放在科学研究上，放在制订方案上，而如今他觉得这样还远远不够。主席团的工作让他更加冷静、沉稳、成熟，思考问题更全面，这些工作与科学研究毫无关系，但却能赋予他能力，给予他更好的品质。他的主席团工作时间还有将近一年,他很期待一年后自己会变成什么样子。

■ 随心所欲　静待花开

"我想要什么?"

这是一个绝大多数人终其一生都无法回答的问题。而对一个大学生而言,想要在四年后成为一个什么样的人,更是一个棘手的难题。

他得承认,参加选拔考,从电子科学与工程学院转到吴健雄学院,很大一部分原因就是他不知道自己喜欢什么。两年前的他,刚刚高中毕业,连信息和计算机的区别都弄不明白。虽然报了电子专业,但对这个专业他几乎一无所知。其实他知道,大部分的大学新生,和他都是一样的状态,对自己的专业只有一些非常笼统、粗略的了解。仔细一些的学生,也许调查过专业去向,甚至要修什么课程。但从他现在的视角来看,很多东西只要没有亲身经历过,真的没办法知道它的底细。因此在吴健雄学院开出的待遇中,最吸引他的就是"可以随意更改专业方向"这一条。有了这一条件,他就可以在前面近两年时间里,大胆地试错和调整。

两年的时间,他同时选过二选一的两门课,选过任选的课,参加过数学的、计算机的、电子的、信息的、外国语的各种各样的竞赛,结识了许多院系的同学,体验了很多专业的课程,对各个院系所研究的问题有了较为清晰的了解,终于有了一点底气说出"我知道自己要学什么"了。

这一点转变在选课时体现得最为明显。

大一大二的选课基本都是院系推荐,少数存在限选和任选的情况。进入大三,他开始产生"我想上这门课"的想法,即使那不是他的专业课。这种感受非常明显,他会希望上一些课,拓宽自己的知识面,用别的领域的技能来帮助自己克服专业内的问题；会果断放弃一些课,不在自己不感兴趣的地方浪费太多精力。同样,在参加竞赛时,他也是会选择和自己专业契合度更高的来做,而不是一味地随大流去一些容易拿奖、容易赚学分的竞赛扎堆。这种良性的选择能力,他认为是他这两年来一个相当重要的成长。

人们经常说,要做自己感兴趣的工作。但是实际上很多人根本没有所谓感兴趣的工作。他感到自己很庆幸,因为他似乎渐渐找到了能从中收获快乐的工作和事情。

他现在大三,大学生涯已经过去一半。过去的两年中,他获得过"三好学生"、年度"健雄学子"等称号,获得过国家奖学金、校长奖学金和9门课程奖,拿到多份校级、省级和国家级竞赛获奖证书,申请了两个国家级创新创业项目。但他觉得,这些都只是开始。有一句话说：如果你经常被提起的是同一件事,那么说明那之后你再也没有获得更高的成就。他现在才大三,大学生涯还有一半,他的路才刚刚展开。

 纪　静

> 该同学在学习中不仅注重课本上知识的学习,很注重实践应用,能够很好地做到学习和研究的结合,在大学期间多次参加科研竞赛并能获得大奖。该同学在生活中一丝不苟,工作中认真负责,能够很好地起到模范带头作用。
>
> 东南大学吴健雄学院副院长　况迎辉

师长点评

张滕翔
ZHANG Tengxiang

■ **个人简介**

张滕翔,男,汉族,1997年3月出生,中共党员,东南大学无锡分校信息工程专业042157班学生。曾获国家奖学金,国家励志奖学金,曾宪梓教育基金会奖学金,社会工作优秀奖;2016年全国大学生数学建模竞赛高教社杯,江苏省交通科技竞赛一等奖,江苏省创青春创业大赛银奖;东南大学"三好学生""优秀团员"等荣誉称号。参与六项SRTP项目。申请软件著作权一项。发表论文3篇。

三冬暖,春不寒

——记无锡分校张滕翔

愿你三冬暖,愿你春不寒;愿你天黑有灯,下雨有伞;愿你路上有良人相伴;愿你所有快乐,无须假扮;愿你此生尽兴,赤诚善良;愿时光能缓,故人不散;愿有人陪你颠沛流离;愿你惦念的人能和你道早安;愿你独闯的日子里不觉得孤单;愿你人间走一遭,看透了是非善恶,从此福来心至,皆是逍遥。

■ 快乐

每每回想起大学三年的故事,他都觉趣味无穷。他就是张滕翔,一个积极参加学校、学院、社团、班级的各项活动,并努力工作的帅气男孩。社团工作中,他收获了很多的快乐。

学生社团为学生提供了很好的提升自己和展现自己的平台,也是学生扩大交际圈的重要渠道。不同的学生组织有不同的特点,也聚集着具有不同才能和性格的学生。在校学生会,他感受到了严谨和严肃的工作氛围,每周的工作汇报激励着他更加用心地工作,每次承办大大小小的活动渐渐地培养了他的工作能力,使他积累了丰富的工作经验。每当看到自己的努力实现了真正地为同学服务、方便同学生活的时候,他就更加肯定自己付出的价值，心里由衷地高兴和自豪。在年会评比中，他获得了东南大学"学生会优秀干事"称号，为他的校学生会生活画上了完美的句号。

相比于学生会比较严肃的工作氛围，在学生职业发展协会（SCDA）他收获了更多的快乐。难忘的秋游、招新、电梯演讲大赛、模拟面试大赛、暑期实习生招聘会活动的组织和筹办工作，项目组成员为了一个共同的目标而精诚协助、互相鼓励的情景还历历在目，不同年级、不同专业的他们因此结下了深厚的友谊。他记得生日时大家送给他的生日礼物和祝福，还有中秋月饼、平安夜的平安果，满满的都藏着快乐。在协会，他经常承担对外联络的角色，不管是联系东南大学各院学生会主席、南京其他院校社联主席，还是联系公司人力资源（HR），他都很好地完成了任务，这对他的沟通能力的提升起到了很大的作用。社团族谱工作的整理、策划案的书写、十周年晚会的举办培养了他注重细节的品质，同时，在这里交到的朋友也给他留下了宝贵的回忆。

偶然的机会，张滕翔结识了天梯魔术团，他认真学习魔术的思维和技巧，每周二和周四晚的训练，周六的交流演绎，都给他带来了很多欢乐。最让他难忘的是魔幻之夜天梯魔术团专场演出。这晚他在圆报一楼表演魔术钞票预言，这是他第一次走上舞台，为观众带去神秘与欢乐。当主持人读出钞票序列号的那一刻，看着观众们瞪大的眼睛，听着台下爆发的雷鸣般的掌声，他心花怒放，这种感觉他永远难忘，这就是舞台的魅力，也是魔术的魅力。

■ 拼搏

在大学，学习是第一要务，学业精进一定不能懈怠。张滕翔大一在交通学院学习，成绩综合排名年级15，入选交通工程茅以升班，但他清楚自己想要什么,于是他放弃了茅以升班优越的条件,报考信息学院。暑期,他努力复习课程,在短学期参加了转专业考试,并成功转入了信息 7 班。由于非电类转电类专业跨度较大,有许多课程要补修,还要补修电路,压力很大,但这些困难没有阻挡他前进的步伐,转系生之间的相互支持和鼓励,辅导员的关心和帮助使他坚持了下来,大二上学期他的课程学分达到了 38.5 分。大二上学期的学习生活使他认识到:即使课业再多,只要自己肯用心,都能够取得较好的成绩。

除了课程的学习,他更喜欢参加各种竞赛并很享受竞赛的过程,竞赛充实了他的课后生活。最难忘的当属数学建模竞赛了。通过社团认识了他们,他抱着试一试的态度报名加入他们团队参加了校赛,运气很好,成功入围国赛。经历暑期的紧张培训,正式的国赛也如约而至。尽管已经有了不少的积累,不再像刚刚参加校赛时那样懵懵懂懂,但是当时内心还是充斥着紧张的情绪,毕竟这是他们第一次参加如此大规模的竞赛。三天的竞赛过程充满曲折,大约第二天中午,他们大致完成前两问的建模和代码部分,负责论文的郑安琪也一直保持在工作状态中。中途,他们遇到过一些小困惑,但整体做题过程保持高效进行。但是,情况随着第三问的开始出现转折,他们从第二天下午开始考虑到晚上仍未完全确定合适的做题方向,其间他和夏智康在具体细节方面也出现了一些分歧。而论文的部分,前两问基本上都已完成,整个做题状态出现了停滞。直到第三天早上 10 点多,他们才最终确定了第三问的做题思路,但是那时做题的时间已显略为紧迫,直到第三天晚上 8 点才基本完成代码部分。可是此时,出现了过程中的第二次反转——通过程序计算出现了不可能的结果——一些负值。大家当时简直有种崩溃的感受,有的人甚至萌生出无法完成题目的念头。冷静下来,他们仔细思考后认为模型没有太明显的问题,只可能是代码出现了问题,但代码部分由于个人习惯他们几乎没有添加注释,一直磨到晚上 11 点才终于找出了问题所在。几经修改,他们得到了最后的数据。这时候,最辛苦的就属论文部分了,差不多到了凌晨1点才完成了第一份终稿。随后他们对论文进行了不断的完善,包括摘要的修改以及格式的规范化,直到凌晨4点才进行提交。当时,他们强行瞪大眼睛对着相机,和他们的论文拍了一张合照,留下了艰辛且温暖的宝贵时刻。

过了一个多月,他们被通知入围高教社杯答辩,急忙收拾行李和老师赶赴溧阳,当天晚上他们进行了答辩。在简单陈述过他们的解题方法后,答辩老师们对他们论文中出现的一些问题进行了提问,让他们现场推导了一遍论文中出现的悬链线公式……好在最后也成功推导了出来。整个答辩过程持续了将近一个半小时,老师们对他们的思路和代码进行了全面的审查。答辩结束,评委老师留给他们一句"你们还年轻,明年可以再来"。"好吧,今年砸了。"他们当时这样想。令人万万没有想到的是,在经过数次蹦极式的起起落落之后,出现了最后的反转:他们赢得了高教社杯!在东南大学的历史上写下了重重的一笔!

数学建模竞赛的成功激发了张滕翔创新和钻研的斗志,使他更加自信。大学的三年里,他的学习成绩绩点4.029。他申报了六项大学生科研训练计划(简称SRTP)项目,在2017年4月份的中期答辩中,一项成功申请为国家级大学生创新训练项目,一项成功申请为省级大学生创新训练项目,这两个项目分别是关于无人机建筑物探伤和大规模MIMO系统的波束成形理论研究,在这两个项目中,张滕翔都处于核心位置。目前,项目均已成功结题,成绩分别为优秀和良好。同时,他还参与了数十项竞赛并获得了许多可喜的成绩。参赛过程,让他学到了很多,团队力量和每个人的专长都非常重要;成果与每个团队成员的投入有很大的关系;组队重要,负责的态度更重要。目前他的SRTP学分达到了55.8分。丰富的课后实践经历培养了他,他很感激当时的自己——永远充满着拼劲,永远年轻,永远热泪盈眶。

■ 感恩

作为东大人,对《礼记》最熟悉的一句话,必定是:"大学之道,在明明德,在亲民,在止于至善。"这句话伴随着每个东大学子度过整个大学生涯,它为他们找到了为人、处事的标准。"止于至善",作为东大的百年校训,熏陶着每一代东大人厚德笃学、慎思敏行、追求卓越、升华自我。

张滕翔家庭条件不是很好,大一时做过很多兼职,一定程度上影响了学习成绩。辅导员和学校了解到他的情况后对他关怀备至,在老师的帮助下,申请了国家助学金、张志伟奖助学金等资助,这使得他能够更加专注于做自己想做的事情,能够在各方面努力提升自己,获得了国家奖学金、国家励志奖学金、曾宪梓教育基金会奖学金等多项奖励,这是国家和学校对他的关怀和支持,也是对他能力的肯定,也是他能够取得较好成绩的精神和物质支撑。滴水之恩当涌泉相报。他深知,作为一名学生,他应该尽自己所能刻苦努力、积极上进,用优异成绩来回报学校、回报社会。

三年中,张滕翔积极向党组织靠拢,大一时的国庆节后递交了入党申请书,大一结束成为入党积极分子,大二下学期成为中共预备党员,大三下学期转为正式党员。在这期间他不断学习,努力实践,希望通过自己的努力为更多的人服务。

张滕翔还积极地参加志愿工作和社会实践活动,在实践中锻炼自己,为社会贡献自己的力量。他多次参加地铁志愿者活动,参加殷巷新寓幼儿志愿者,获得优秀志愿者证书。他广泛参加各种社会实践活动,获得东南大学"感恩母校、携手成长"社会实践活动优秀团队三等奖;连续两年组织"关爱弃婴、关注支教"玄武湖大型公益募捐活动,深受好评;两次参加均和环保有关的暑期社会实践活动,其中一项实践成果获得全国大学生节能减排社会实践与科技竞赛三等奖。在这些志愿服务和社会实践中,他深刻体会到理论与实践结合的重要性,深刻体会到奉献的价值和意义,他希望将来自己能够将志愿服务和公益坚持下去,尽己所能地帮助需要帮助的人,让更多人能够"三冬暖,春不寒"。

 何天宇

师长点评

家庭的清贫并没有阻挡张滕翔同学向上的脚步,他在就读期间,思想进步,生活勤俭,学习刻苦,积极参与学科竞赛和科研项目,先后获得多项奖助学金和荣誉。他的自强努力也鼓舞着身边同学,形成了较好的学风。

东南大学无锡分校辅导员　何天宇

学在东南

志在四方

第二篇

常晓旭
CHANG Xiaoxu

■ 个人简介

常晓旭,女,汉族,1997年8月出生,中共党员,东南大学建筑学院风景园林专业2015级学生。曾获东南大学校长奖学金,社会工作优秀奖;北林国际花园建造节三等奖,东南大学结构竞赛三等奖;东南大学"优秀学生干部"、五四表彰"优秀团干"、中国扶贫基金会"先锋行动家"等荣誉称号。

不完美三面，筑至善一心

——记建筑学院常晓旭

毛遂自荐组织委，半路出家团支书，党团工作牵线人，平易近人集体仆。

这四句是常晓旭对自己三年多大学生活、学生工作的总结。从一名坚定信仰的中共党员到015151团支部的团支书再到建筑学院低年级党支部的组织委员，一年多来她切换三重身份在党支部、团支部与青年群体中游走沟通，用一颗追求至善的心，磨炼着那个曾经并不完美的三面的她。

■ 光鲜面子与细腻里子

常晓旭从不认为自己是一个有天赋的学生干部，如果有优点，那就是用平易近人的性格与不厌其烦的耐心维护着"光鲜亮丽的面子与细腻柔软的里子"，这是她作为团支部建设第一责任人的执着坚守。

她追求集体面子的光鲜亮丽，干净整洁，这是她对外的尊严。

组织支部活动，投身磐石计划，砥砺志愿活动，参与集体答辩，样样精品，是她在追求集体光鲜的面子。"行海丝遗路，扬文明互鉴"磐石计划，她响应十九大"做'一带一路'积极践行者"的号召，设计文创产品新解海上丝绸之路精神，实地宣讲弘扬丝绸之路文化，考察海上丝绸之路遗留的物质文化遗产，体悟丝绸之路承载沿途各国发展繁荣梦想的伟大情怀，为传承

"一带一路"历史文化贡献自己的力量。本次磐石计划获得了2017年"磐石计划"优秀团日活动的荣誉。第三届国际数字景观研讨会，幕后是她们支部志愿者的同心协力、踏实工作。她与班委协作，组织安排同学参与其中。策展、注册、后勤样样能干；前工院、中大院、逸夫楼，处处生辉。为集体不计得失，展笑容与汗水同在。他们的精诚合作赢得了会议执行负责人的肯定与赞扬。"国旗团支部"答辩，他们展现出众志成城、凝聚团结的精神面貌。她与支部同学仔细斟酌每一页PPT的内容与版式，反复推敲每一句班歌歌词的用词与含义，精心挑选每个环节的道具与场景……所有人内心都凝有相同的信念，全体成员前前后后四次往返于四牌楼校区和九龙湖校区之间，不畏风雨，精彩展示。"国旗团支部"，实至名归。"国旗团支部"携手"国旗护卫队"国庆特别升旗活动，她组织支部所有留校同学参与。二十余位同学清晨在国旗下肃立，支部代表飒爽扬旗，支部同学齐唱国歌，致敬国旗。活动吸引到众多院内同学和市民静驻观望，也参与到爱国主题教育的洗礼之中。

她维护集体里子的细腻温情，底蕴深厚，这是她对内的福利。

团支书"新'官'上任"，她没有"三把火"，却有灵活而完备的日常中的"三道温情"，情真意切，让里子热热乎乎，成员团结紧密。会议，不是只有单调的形式。她与班长发起，在支部会议上给每位班级成员发寄语明信片，感恩大家为集体或社会的付出，欣赏大家在工作学习中的亮点，祝福大家在今后生活中的顺意前行。佳节，必须有团聚共庆的欢乐。端午的鸭蛋或粽子，中秋的月饼与明月，冬至的饺子与团聚，众多佳节她给集体献出自己的心意，让求学在外的大家感受到团支部家庭的温暖和陪伴的幸福。升国旗，可以有坚定的陪伴与记录。日常升旗是支部庄严的责任，她每周一都会参与升旗、播放国歌并拍照，记录升旗瞬间，这传递出她对坚定守护国旗责任的赞扬与行为上的陪伴，同时引领支部成员提高国旗意识，增强爱国情感。

■ 躬行实践与反思总结

常晓旭从不认为自己是一个有极高觉悟的中共党员,如果有长处,那就是孜孜不倦的态度与勤于自省的习惯,珍视着"前行实践与总结回顾",这是她作为党支部组织委员的自我要求。

她坚持参与骨干培训、党日活动,用实践检验真理。她担任了党支部的组织委员,知道自己的责任比"完成本职工作,参与党内生活"又高了一点。她参加了东南大学2044期青年师生党员骨干培训班,在井冈山实践中探索新知,锤炼党性。她参与各类学习活动,积极与身边优秀的同志们交流,提交学习感悟,收获颇多。在2018年本科生党支部骨干培训中,她担任一组召集人,组织大家学习讨论,总结成果,在学校提供的实践平台上探索前行。她知晓参加这些实践活动是党员骨干的责任和义务,提升自我,是为了更好地带动集体。

她积极回顾、思考、总结,用所学所悟指导实践。数次经历让她积累了党团活动组织和成果表达的经验,在聚焦乡村发展的"青春热血洒乡村"和关注流动摊贩"城市的角落,流动的盛宴"两次党日活动中,她立足自己的工作,并为活动开展进言献策。在日常党内生活中,她更会反思并总结党支部的建设实践,将所悟所感转化为对党支部建设的建议。她知道支部实践给她的营养,应再度化为党支部发展的力量。

■ 自我提升与携手共进

常晓旭不认为自己是一个具有非凡影响力的青年领袖,如果有亮点,那是止于至善的追求和无私分享的豁达,践行着"自我提升与携手共进"的信念,这是她作为当代青年的不懈努力。

她权衡着学生工作与自我培养的平衡,维护着自己微弱的光芒,并努力使它再亮,更亮。

参与一年学生工作,她的大学生活便显得繁忙而充实,可她却从未在自我提升上对自己放松要求。专业成绩虽不拔尖,但在一年中却也略有提高,排名较前。科研方面,她担任了省级 SRTP 的组长,着重锻炼自己的组织能力和科研意识。作为团队一员参加北林国际花园建造节,并荣获三等奖。暑假她参加了"宁聚青春"大学生进机关实习项目,了解社情国情,体验机关文化,增强社会责任感。

大三,她承担着"薪火相传"的责任,守护着那团火熊熊不息。获得"国旗团支部"荣誉后,为了开展新生团支书、班长的工作,她参与国旗团支部经验分享、新生学生干部培训,把自己的点滴感悟与大家分享,以期携手共进。

止于至善的追求可以弥补自身不完美的缺陷。随着工作的推进,她逐渐发现:她的努力换来了集体成果的丰满,她的收获也便是集体成绩的提升。于常晓旭而言,最大的赞誉莫过于集体战斗力强,风貌昂扬。虽然功劳不全在她,但她清楚这其中有她丝丝缕缕毫不懈怠的努力。止于至善,至善尽美!

 吴洁莹

> 常晓旭同学勇挑重担,担任团支书和党支部的组织委员;思想上追求进步,注重政治素养的提高;工作上踏实认真,尽善尽美,生活中团结同学,谦和友善;学习上认真努力,积极进取。望怀揣梦想,继续努力,再创佳绩!
>
> 东南大学建筑学院　副教授　李　秀

JIA Lesong 贾乐松

■ 个人简介

贾乐松,男,汉族,1997年8月出生,中国共产主义青年团团员,机械工程学院机械工程专业2015级学生。曾先后获得东南大学校长奖学金,海拉奖学金;江苏省机械创新设计大赛三等奖,东南大学机械设计竞赛一等奖,东南大学PPT制作竞赛一等奖等。

爱你所爱　行你所行
——记机械工程学院贾乐松

他曾听过这么一段话：人把自己置身于忙碌当中,有一种麻木的踏实,但丧失了真实,你的青春也不过只有这些日子。什么是真实？你看到什么,听到什么,做什么,和谁在一起,有一种,从心灵深处,满溢出来的不懊悔也不羞耻的平和与喜悦。

他把这段话记在他的日记本上,他很感谢这句话。这句话在他麻木踌躇的生活里给了他一个定义,让他明白什么是踏实、什么是真实,也让他找到并坚持了自己的真实。

■ 繁忙中的踏实

2017年是他最踏实的一年,也是他最迷茫的一年。上半年他的绩点是4.3,这半年的时间他一直把自己丢进盲目的踏实之中,早起、晚归、学习、科研,充实而又踏实地生活着。他推掉了很多活动,没打过几场篮球,更没参加过几场聚会。

看到成绩的时候,他挺开心的,甚至有些窃喜,因为他没想过会有这么高。心里默默地盘算,是不是又能前进几个名次了？应该又能拿到奖学金了吧？买点什么好呢？那个时候他还从来没有想过,他从来没有因为学习的过程而感到开心过,更没有因为科研项目的突破而感到开心过,只是在无比忙碌的过程带来的踏实之下,在结果所带来的自以为辉煌的成绩之下,他才感到安稳和快乐。他不知道,也不愿意去想,他想成为一个什么样的人,他所希冀的未来是什么样的。

其实对那时的他来说,未来的日子像是一本写好的书,偷偷多翻几页好像就能看到实验室中做硕士的自己、读博士的自己、继续深造和做机械设计研究的自己。只是他从来没有勇气翻开过。他觉得,那不是他的真实。

■ 忘却的珍贵

暑假闲暇时候,他终日无所事事,本能地就会去思考。

机械对他来说太冰冷了,他不喜欢数字堆砌出来的严丝合缝的机械结构,他喜欢有温度的东西,他更喜欢那些产品外形所展现出来的设计感、优秀的网页设计中的小细节。学期中的很多时刻,他只能把自己对设计的情怀放在 PPT 的制作上。他知道他可以选择离开机械学习工业设计,但是设计基础的匮乏又让他踌躇不前。

那个假期,他去了景德镇学习陶艺。希望能在真实的设计、制作当中摸索到什么可以给他力量的东西。他当然希望能发现自己对于设计的热爱、坚持和天分,可是并没有,或者说,恰恰相反。学习的第一天,他十点钟才起床,不在学校的日子养成的懒散的习惯并没有因为陶艺的学习而有所改观。单单一个拉胚他学了十天都还没有掌握要领,每天好像小时候一样盼着下课、放学四处玩乐。更让他失望的是他发现自己做的东西抛开形状不谈,釉色的选择和使用上完全不及其他同学,旁边初中小朋友做的物品都比他的更有灵性。

这些让他变得心灰意冷,掐断了刚刚萌生的学习设计的想法。能力之外,他开始质疑自己对设计的热爱,他觉得自己可能和很多人一样,矫情又有点空腹高心倾向,喜欢设计什么的,也许就只是为了逃避繁重学习生活的自欺欺人而已。整个下半年的时间,他都过得极其挣扎,挣扎着说服自己去爱上机械。一整个学期,他没再看过和设计相关的东西。

在自我的否定之中,他忘却了自己的珍贵,也忘却了自己内心所追寻的事业的珍贵。

2018 年 1 月,学院组织参观,他走过唐硕(一家设计公司)颇具设计感的旋梯,真真切切地体会到设计公司的工作环境和工作氛围。哪怕机械类的公司看起来再具科技感,他依然在这里感受到了温度。这勾起了他心里许久未触及的对学习设计的渴望。

■ 内心的选择

大三下学期是他人生的新的十字路口,不确定性把所有可能的选择拉回到同一起跑线上。

这是他最忙碌的一个学期,也是他收获颇丰的一个学期。他的目标中心相比较先前的以课程为主,逐渐向项目、比赛偏移。他参加了三个比赛,全部拿了一等奖,最重要的是,因为其中的两个比赛,使他认清了真实的自己。

其中一个比赛是机械设计竞赛,既然是和专业息息相关的比赛,又是保研时候有力的加分项,他自然尽心准备。从校赛一等奖到省赛三等奖,准备的时间被拉得很长。定方案、画图纸、做仿真,紧接着制作实物、写报告。最忙的时候要早上六点跑到机电平台准备材料,晚上紧接着通宵剪辑视频。得益队友、学长和老师的支持,竞赛虽然结果不尽如人意,但也一直顺利进行到底。当时,他也做得很投入,一点没有往日慵懒的状态。但是他回过头来总结的时候,他不得不承认,整个过程,由始至终,他满脑子想着的都是这一步怎么做评委老师会喜欢,怎么做才能拿到高分。利欲熏心,结果真的迷失了自己。

与前相比较的是他参加学校的 PPT 制作比赛,尽管比赛的周期还算不短,可因为忙碌的学习他只能抽出极少的时间去做,但是这次他真的体会到制作过程中的快乐和喜悦。一张白纸,从无到有,看到一份作品一点点的在自己的手中被制作出来,心里的满足感油然而生,让他难忘。

他终于发现,也终于敢于承认设计才是他的真实,才是真正让他感到满足和快乐的事业。

■ 听从我心　无问西东

当他终于下定决心要面对真实的自己的时候,时间又走到了一个新的十字路口,他通过了学校工业设计专业的保研面试。开始在实验室做一些事情,做一些真正让他感到既快乐又踏实的工作。

虽然大学还有近一年的时光,但是对已经常驻实验室的他来说它好像提前结束了。回头去看大学三年的生活:

他有坚忍执着的学习时光。他的均分是 89.42,排名年级第三,绩点排名年级第四,设计原理与方法三门课程、工程材料及成型等多门课程均为学院前两名。

他有过科研创新的时候。他参加过两项大学生创新创业训练项目,一项教师横向项目。其中的小型陶艺生产辅助设备的设计项目是他在生活中观察痛点并自主提出,设计完成了可调节的拉胚机套筒,并获实用新型专利授权。

他也有过课外多彩的时刻。他曾担任校文化素质教育中心讲座部副部长,参与服务东南大学人文讲座 50 余场,丁肇中教授讲座、新年音乐会等大型活动近 10 场。此外也曾经作为志愿者参与牛首山舍利供奉大典、新能源汽车展等活动。

他曾经陷入麻木的踏实之中,但幸运的是,他最后找到了自己的真实。他很多次回看《无问西东》,回看当时记下的那些句子。他提醒自己不要忘记做设计时那份心底油然而生的欢喜。他告诉自己要勇敢,要坚定,要真实。"静坐听雨无畏,无问西东求真。"

推荐老师 刘文成

师长点评

贾乐松同学谦逊有礼,个性沉稳,有着坚毅的品质和强烈的人文情怀。他面对困难不轻言放弃,敢于正视自己,迎难而上。更可贵的是该生待人接物始终保持着充分的热情,非常乐意去帮助同学,也足够虚心能够接纳各方面的意见。

机械工程学院副教授　王海燕

杜育瑞
DU Yurui

■ 个人简介

杜育瑞，男，汉族，1998年3月出生，共青团员，东南大学机械工程学院2016级本科生。曾获2016—2017年度国家奖学金；2017年、2018年两获全国大学生英语竞赛国家级三等奖，2017年"外研社杯"全国大学生英语挑战赛江苏省二等奖；2016—2017、2017—2018学年两获东南大学"三好学生"称号。

青春不止，奋斗不息

——记机械工程学院杜育瑞

如果把人生比作一条道路，我们或许无法丈量出这条路有多远，但我们可以把握途中的每一站、每件事、每个人、每一道风景。大学这一站已走过两年有余，在两年多的大学生活中，杜育瑞同学一直以这样的态度不断提醒和激励自己，努力成为一名德智体美劳全方位发展的优秀大学生。能够坚定信念，并坚持不懈地去为之奋斗正是这两年的大学生活带给他的最大的收获。

"书山有路勤为径，学海无涯苦作舟"。学习是学生的第一要务，把学习作为一种习惯更是一种积极向上的人生态度。持有这份热忱，保有这份正能量不仅可以充实自己，也能对他人产生一种奋发向上的激励作用。杜育瑞同学所在的宿舍学风优良，每晚六点半宿舍全员准时开始晚自习，大家总能笔耕不辍直至夜深。现在虽已大三，但大家总能保持刚入学时那份学习的热忱，从未懈怠。室友优秀的学习习惯对他产生了深远的影响，学习也成了他必须要认真做好的一件大事。在这两年多的时间里，无论其他事务多么繁忙，学习总是排在他的第一优先级。这两年多的时间杜育瑞的绩点始终稳居年级前10%，这也算是"天道酬勤"在他身上留下的注解吧。

令人印象最深刻的是大二上学期的一个周末，杜育瑞同学作为东南大学校围棋队队长带队征战南京高校联盟围棋组的比赛，同时他需要更新学院网站上近10位老师的个人信息，还面临着校级重大SRTP项目的中期答辩，理论力学的月考也迫在眉睫。这样的情况频频出现，他就在不断的磨炼中锻炼出了化整为零，分析轻重缓急提高工作效率的能力：带队出战南京高校大赛，事关学校荣誉，为期两天七轮的激战必须全力以赴，不容有失；更新网站信息难度不大，唯一的问题是网站后台崩溃，需要从后台代码进行修改，整个过程非常耗时；理论力学则会考查刚讲完的动力学综合分析问题的能力，难度极大，且直接与期末成绩挂钩，断然不可轻视。综合考虑之后，他做出以下安排：联系SRTP项目成员，申请准备中期报告等纸质材料，工作量虽大，但过程中不需和成员随时讨论，故可以在周五提前大致完成。更新网站代码内容可参考网站后台已有代码，将所需模块的代码稍做改动即可；在周五晚确定好所需模块并将相关代码定位，进行复制后保存于电脑，准备在周六晚修改。理论力学新讲的科氏加速度内容安排在周五晚重点复习；于周六去南大仙林校区的地铁上再仔细研究动力学例题，通过心算掌握相关分析过程，也相当于为即将开始的围棋比赛进行脑力热身；在晚上返校的地铁上分析理论力学作业的解题思路，并在周日晚将作业写完。

经过这样的安排，他不仅平稳度过了这个看似噩梦级的周末，还在比赛中获得个人第六、团体第二的好成绩。完成网站更新的同时又在理论力学测验中取得可以令自己满意的成绩。在周二的答辩中也获得了优秀的成绩。

在大学这两年多的时间里，杜育瑞同学常常听到"学在东大"的说法，他认为，"学"在东大是全方位的，不仅局限于具体知识的学习，还要学会合理地规划、安排，这样才能在保证学习成绩的基础上在其他各个方面都做得出彩。两年里，他多次获得"三好学生"和"优秀团员"等称号，这也是对他学习态度的一种肯定吧。

"既然选择了远方，便只顾风雨兼程。"他在大一刚入校时就树立了出国深造的目标,他认为,只有见识了世界的宽广,才能在未来为祖国的建设贡献出更大的力量。于是,他每天上午跑操时坚持用手机收听BBC世界新闻。南京的冬天寒风刺骨,手机外壳拿在手中更是如同冰块,由于经常需要点击触屏,查词翻页,手套也毫无用处。可以说是"冬练三九,夏练三伏"。每天早晨收听新闻的习惯他坚持了两年,从未懈怠,他的英语水平也在持之以恒的努力中有了质的提高。在大一时他就分别以627分和639分的成绩轻松通过了四、六级英语考试;大一大二时,他两度参加全国大学生英语竞赛,尽管两次在考场上耳机都突发事故而不能正常使用,但他也凭借多年积累的丰富经验猜到听力大意而两获国家级三等奖;在大二上学期他通过校内选拔和两位信息学院的大一同学获得了代表东南大学出战"外研社杯"全国大学生英语挑战赛的机会,并最终获得了江苏省二等奖的成绩。与此同时他还积极备战美国研究生入学考试(GRE)和托福考试,为留学深造的目标助力,最终在首考中分别获得了324分和108分的成绩。准备语言的过程是长期的、辛苦的,也是孤独的,但他在这条充满未知的道路上坚持追寻自己的梦想并不断地付诸实际行动,看到自己正在一步一步接近一直追寻的目标,这令他感到十分欣慰。

如今杜育瑞同学已成为一名大三的学长,为了帮助更多的学弟学妹们更快地在大学里找到奋斗的目标,他积极地报名并通过选拔成为02018级3班的班指导。在和同学们的交流沟通中,他鼓励学弟学妹们积极地去树立目标,并不断地提升自己,向着目标不懈前进。他在备考语言时积累的丰富的英语学习经验和学习资料帮助到了很多有志于提升外语能力的同学。看见同学们在他的帮助下能够为自己树立下的远大目标努力拼搏,寻找到自己的位置,于他而言是非常幸福的一件事。

"纸上得来终觉浅,绝知此事要躬行。"杜育瑞在大二上学期开始投入到科研项目的实践中。刚开始做项目的时候他是抱着提高自身的科研能力的态度进行的,但随着项目的不断推进,他和一起做项目的成员都感受到了在过程中的一种纯粹的喜悦。这样的喜悦感来自一个个难题被他们攻克的瞬间,也来自一个项目从无到有再到逐渐成形,直至完成的点点滴滴。每周一次的例会记录了他们充满激情的思维碰撞,学校的各处都留下了他们讨论的足迹。杜同学使用计算机辅助设计(CAD)和 Solidworks 的能力在做项目的过程中变得相当熟练,所学知识在实际应用中也得到巩固与升华。在项目进程中遇到困难时他们项目成员也得到了实验室老师和学长的悉心指导,师长们精彩的点拨常让他们有豁然开朗的感觉。从实验到分析,从设计到制造,一步步踏实走来,整个项目过程让杜同学获益匪浅。

如果说做科研项目让他学会了如何融入团体中做好研究,那么在校棋牌协会担任围棋部部长兼任校围棋队队长的工作则让他学会了怎样充分发挥自身的长处。由于他有着十分丰富围棋的比赛经验(他曾在初中获得四川省青少年围棋锦标赛冠军),他一来到东南大学后便获得了2016年的新生杯冠军,进一步通过竞选,担任围棋部部长一职。在整个大二学年,他协助棋牌协会在校内举办了院系杯、新生杯围棋比赛,并组建校内循环赛和每周研讨会,使得东南大学在围棋项目上保持着较高的竞技水平。他带队出战南京高校棋类联盟大赛并获得个人第六、团体第二的好成绩(这也是东南大学在该项赛事的团体最佳成绩)。与此同时他还大力促进棋牌协会的校际发展,与中国科技大学、哈尔滨工业大学以及华中科技大学等高校的棋牌协会组织了高校交流赛,迄今为止该项赛事已涵盖了全国超过95%的原985高校。本校的同学可以通过这一平台向职业棋手学习和交流,这也是他任职内一项重要的工作成果,他感到十分自豪。

在积极投身科研和社团等实践活动之外,他还在机械工程学院宣传小组担任文字编辑。由于在专业课程范围内接触文字工作的机会十分稀缺,他十分重视和珍惜这样的锻炼机会。宣传小组其他学长学姐的热心指导让他很快地融入这一团体中,他也在工作中不断提升自身的文字工作水平。做好文字编辑,绝不是会用Webplus Pro发布网站信息,或是在文字编辑器上撰写推送这么简单。他需要根据一篇文章的受众群体灵活地转化语言以及配图风格,还要随时关注其他优秀推文的内容,反思自己的不足,追求文章形式上的多样化,以最大限度地吸引读者。在宣传小组里让他感触最深的工作当属撰写学院公众号上的教师专访栏目。为了做好采访工作,他和搭档学姐前期需要收集大量教师资料,有针对性地撰写采访问题,经过送审后才开始正式的采访工作。后期整理采访稿也是对他的一大挑战,由于每一位老师都有着强烈的个人风格和独到的观点,他需要根据每位老师的特点灵活调整表达风格,在保证文章简明扼要的同时最大化地展现老师的个人风采。这项工作不仅使他的写作水平得到了提高,更让他有机会向许多在学术上造诣颇深的老师近距离地学习。老师们风趣而引人深思的言语常常能让他回味良久。能够将老师的智慧传递给更多求知若渴的东大学子,是他担任文字工作的最大动力。

大学以来的两年有余的时光是短暂而又忙碌、充实的。过去的时光里我们或许还有诸多遗憾,但我们可以向杜育瑞同学一样着眼当下、展望未来,像从前一样上下求索,青春不止,奋斗不息。

推荐老师 滕琳

师长点评

杜育瑞同学在学习中,成绩极为优秀,获得国家奖学金;在科研中,成为实验室骨干,引领一个方向;在生活中,积极地向周围传递正能量。都说在一流大学中极少有人能够3S(Sleep、Study、Social)得兼,然而,杜育瑞同学就是这极少3S得兼的佼佼者之一。

机械工程学院教授

GAO Yuan 高 远

■ 个人简介

高远，男，汉族，1997年4月出生，中共党员，东南大学能源与环境学院能源与动力工程专业2015级学生。曾获得宝钢教育奖学金；第十五届挑战杯全国大学生课外学术科技作品竞赛国赛一等奖、江苏省特等奖；东南大学五四表彰"优秀团员"等荣誉称号。发表论文1篇（第一作者）。发明专利4项。

为之"氢"倒
—— 记能源与环境学院高远

直到现在,高远还常常回想起高中时的那个下午,《氢燃料》这本书带给他得震撼。《氢燃料》是一本氢能领域的专著,高二的一个下午,做化学奥赛题做得头昏脑胀的他去图书馆闲逛,看到了这本书,然后花了一个下午读完了。虽然当时有很多内容看不懂,但那是他第一次知道氢能作为一种高热值、无污染的未来能源,却因储氢技术的局限而难以商业化应用。他在那时第一次产生对氢能源领域的向往,这大概也是他选择东南大学能源与环境学院的原因。

大一下学期,高远毛遂自荐加入肖睿老师的课题组,开始了期盼已久的氢能领域的研究,主要研发用于制氢、储氢的纳米材料。刚进课题组的几个月,他体验到科研与想象中不同,有着枯燥、重复的一面。那时他承担了很多实验工作,每个双休日,都要在早上七点从九龙湖校区出发赶到四牌楼校区的实验室,做储氢材料的循环实验。为了精确表征储氢材料的性能,实验开始后需要维持在一定温度直到做完,二十个循环的实验要耗费十一二个小时,高远就一直守在仪器旁边。到晚上十一点左右做完实验,整理好实验室后匆匆赶去地铁站坐最后一班地铁回去。那是一段难忘的时光,他在那几个月里掌握了扎实的实验技能和培养了良好的实验习惯,逐渐了解了储氢材料开发的全过程,耐心也得到了很好的磨炼。除了做实验,肖老师还要求同学们阅读大量的文献。开始的时候,高远精读一篇英文文献要花六个小时,读得多了慢慢就只需要两三个小时。直到现在,高远都非常庆幸自己当初遵循老师的指示阅读了大量文献,因为在阅读文献的过程中,他明白了原来科研并不是过去以为的灵光一闪,而是一个日积月累的过程。只有足够的输入,再加上合理的吸收,才能产生好的想法。

大二开始,肖睿老师成立了一个由6名本科生组成的科研小组,高远任组长,开始研究课题"消纳冗余电能的氧空位储氢技术及装置"。在之后近两年的时间里,高远带领5个组员做出了不错的成果。根据老师提出的"氧空位储氢"理论,他们阅读了100多篇英文文献及多本中、英文专著,完成了开题。大二上学期,他们完成了第一项工作——添加金属对传统铁基载氧体进行改性。由此研发的尖晶石结构氧空位储氢材料因为具有金属协同作用和高度分散的活性位点,稳定性和储氢密度都有了很大的提升,储氢密度可以达到 $80 \sim 90\ kgH_2/m^3$(目前最先进的高压储氢密度在 $30\ kgH_2/m^3$ 左右)。这项工作后来被高远写成论文,发表在2017年中国工程热物理学会的燃烧学学术年会上,高远还作为为数不多的本科生,在会议上做口头报告。

有了一次成功的经验后,高远和组员们的信心更加充足。以这项工作为基础,他们开展了更深入的探索。通过大量的文献阅读,他们提出了不少有价值的想法,陆续又开发了三种高性能的储氢材料。通过这些工作,他们申请获得了四项发明专利。在这个过程中,高远渐渐懂得了,科研需要的是一种博观约取、厚积薄发的学习态度。只有不断积累,每天坚持浏览期刊、读文献,才能产生有价值的想法,解决难题的时候才有灵感来源。记得研发FeMgAl二维片状氧空位储氢材料时,最初的样品性能远未达到预期状态,做了多组浓度、改变各项条件都没有很好的效果。这时高远想到能源领域顶级期刊 *Energy. Environ.Sci.* 上一篇关于铜铝复合载氧体的文章讲到 Na^+ 对铝酸物形成的抑制作用,于是他建议制备时用尿素代替NaOH调pH值。结果这样做出的材料活性和储氢密度都有了很大提高,性能基本达到预期,SEM表征发现材料呈现完整、有序的二维片状结构。

除了在学术方面的探索,在老师的支持下,他与小组的同学们试着将研发的氧空位储氢材料应用于解决实际能源问题。利用大三近一年的时间，他们小组设计了一套氢储能装置并搭建了 kW 级的示范装置。研发这套装置的初衷就是为了解决我国风电、光电存在大量弃电的问题。装置的核心部件——储氢系统——正是采用了他们研发的氧空位储氢技术和材料。因为采用了氧空位储氢技术，装置的能量转化效率提升到 45% 左右，而目前国际上同类装置的效率一般在 40% 左右。南京大学的邹志刚院士在推荐信中评价："材料的储氢密度、储放氢效率等都达到了较高水平，设计的氢储能装置可规模化消纳可再生能源发电产生的冗余电能。"搭建示范装置对于他们来说是全新的经历，相比于研发材料，搭建装置要求具备更强的综合能力。从设计每一个部件、联系厂家制作，再到组装、调试，整个过程让高远受益良多。装置研发成功后，依托于一个大学生国创创业类项目，高远和组员们尝试联系风电场、光电场，把装置推向市场。例如，江苏沿海一个 100 MW 的风电场，如果装备一套 6 MW 级别该装置，按照 2016 年的风电弃电率计算，每年可利用弃电 3 000 多万度，创造 370 多万元的经济效益。研发装置、做市场调查、完成商业计划书的过程中，高远对科研有了更深入的认识。作为一个工科背景的研究者，他明白绝对不能将自己限制在实验室中，而是要考虑到自己的科研成果与能源产业变革的紧密联系，为创造更廉价、更安全、更高效的能源环境献出自己的一份力量。

　　伴随着科研工作的进行，高远也积极参与学科竞赛，请专家和同行来评议他们的成果。他们的研究小组参加了第十五届"挑战杯"大学生课外学术作品竞赛，获得了江苏省特等奖、全国一等奖的好成绩。对高远来说，参加比赛带给他的财富远远不止这两个奖项。在比赛过程中他的个人能力得到了很大的提升。从前的他是一个比较害怕在公共场合演讲的人，在比赛的过程中，他克服害怕的心理，主动承担了答辩和现场讲解的任务。在省赛之前的一个月，每天没有课的时候他都会找一个空教室站在讲台上一遍又一遍地练习答辩内容。最后，当他自信地站在评委面前介绍他们的项目时，他忽然感到自己的努力没有白费。通过参加挑战杯，高远认识了很多志同道合的朋友，大家在比赛的过程中互相帮助，结下了深厚的友谊。

能完成这些工作，同样离不开老师和师兄师姐们的帮助，高远觉得很庆幸自己能进入一个科研氛围浓郁的课题组。高远是一个比较羞涩的人，有时候即使有问题也不好意思请教别人，生怕自己的问题太蠢被人笑话。肖睿老师常常教导同学们要多问问题，课题组的师兄师姐们都非常喜欢和别人交流，他们常常交流自己最近读过的论文、产生的想法……慢慢地，高远被这种氛围带动，也开始主动和大家交流。他逐渐明白了原来在科研中，每一个问题都是值得被尊重的，也体会到了与人交流原来是这么快乐的一件事，通过与别人的交流，能获得新的视角，从而使自己的想法更加成熟。

大学这三年的科研经历，只是高远科研生涯的一个开端。研究生阶段的生活即将开始，他希望通过自己的努力，继续为氢能的广泛利用做出一些贡献。他常常想象一个幸福的场景，就是多年后再一次翻开《氢燃料》这本书时，发现里面提到的很多问题都已经不再是问题，而这些改变中有他自己的努力。

推荐老师　茅　佩

师长点评

我曾担任高远同学"传热学"的授课老师，他与我在课下的交流很多。交谈中他自信、有礼貌、表达清晰。除了课内知识，他也常向我请教科研中的困惑，讨论中能感受到他的基础扎实，具有良好的科研素养和创新潜能。

能源与环境学院教授　佟振博

时 旻
SHI Min

■ 个人简介

时旻,女,汉族,1997年10月出生,共青团员,信息科学与工程学院信息工程专业2016级学生。曾获国家奖学金,校长奖学金,正保奖学金;2017年全国大学生英语竞赛初赛国家二等奖,全国大学生数学建模竞赛省一等奖,美国大学生数学建模竞赛国际二等奖等;东南大学"三好学生""优秀团员"等荣誉称号。发明专利1项。

心若向阳，无畏远方
——记信息科学与工程学院时旻

■ 团支书的成长史

她，是042167团支部的团支书，东南大学成百上千个团支书中极为普通的一个，而于她而言，这却并不平凡，她坚信用心灌溉，在这平凡的土壤中也能开出花来。

除了日常分发、团员申请等事务外，团支书的职务就是带领团支部做好磐石计划。深入研究十九大精神后，她带领团支部进行了一系列团日活动，在这一路中，她收获了很多。

"你试过凌晨四点起床吗？为了别人。"

作为团支书，她带领支部参加了公众号北辰青年提出的"凌晨四点"探访守夜人活动，为保安大叔送上芝麻糊、饼干等食物，对凌晨四点仍然坚守在岗位上的他们说一声"谢谢"；慰问给学生们准备早餐的阿姨；为装车的工作人员送上明信片。虽然只是一些小事，但"凌晨四点"的意义绝不止于此，它对于同学们来说是疯狂而又温暖的，羞于表达善意与感恩的同学们，终于说出了一声久违的"感谢"，送上了力所能及的温暖。这个活动让支部的每一位成员了解到校园中寻常工作人员的艰辛，并应在以后的生活中体谅、尊重他们的工作,予他们以便利。

"你能找来一千个人为你投票吗?"

是的,她做到了。"有故事的照片"摄影大赛呼吁同学们将目光投向街边巷角大家寻常忽视的角落,拍摄那些小人物——平凡的工作者,用拍摄记录他们的生活。不仅是拍摄,她还鼓励大家走上前与被拍摄的对象沟通交流,去发掘照片背后的故事。活动在她的大力宣传下,同学们热情高涨,参加积极,有来自各个学院以及外校的近20位同学近百张投稿。"东大小宝"公众号、"小宝帮推"栏目推送了该活动,浏览量超2 000,影响力遍及整个校园。"东大信息"公众号副推,开放的线上投票通道,浏览量近900,有效票数共计1 026票。桃园食堂线下摄影投票展,参与投票人数近300人,有效票数1 257票,活动调动的群众积极性较高,涉及人群包括学生、教师、职工、家长等,效果大大地超出了预期,作为组织者,这位小小团支书第一次收获了一份成就感。

"你敢花一个月来办一个团日活动吗?"

支部的第一期班刊《柒阅》,全部由同学们的作品凝结而成,或许听起来很简单,但整个制作班刊的过程是艰辛的,从寒假前与大家约稿确认主题,到一遍又一遍地催稿、完稿、交稿,从校验到最后排版出书,时间跨度长、投入精力多,但其成果也是沉甸甸的、可见的,一本班刊,不仅紧贴"十九大"民生主题,也展示了班级同学的精神风貌。总而言之,班级里超过半数的同学都参与了进来,提高了班级的凝聚力,这在学业繁忙的大二,是十分难得的。而这一期班刊,将作为同学们宝贵的财富保存下来,成为一份美好的青春记忆。当校团委的评委问道:"你们制作这样一份刊物,一定花了很长时间吧?"她也能骄傲地说出:"是的,我们前前后后一共花了一个多月。"

她也曾在短短的一周之内,从收集文字图片,到排版制作封面,全程监制,做出一本甲级团支部申请资料。2017—2018学年,她作为团支书一共参加了六场答辩,从院级到校级,从开题到结题,从活力团支部到甲级团支部,最终支部在磐石计划中获得了优秀的好成绩,并当选为全校为数不多的"活力团支部"之一。

如今,她已经从那个上台答辩战战兢兢、语无伦次的团支书,变成了侃侃而谈、经验丰富,并且能与大家分享的团支书,在经管学院和信息学院联合举办的"见贤思齐,继往开来"团干培训会中,她第一次走上讲台,就磐石计划答辩做了一次经验分享,取得了较好的反馈,学弟学妹说,她的分享帮他们打开了新的思路,对磐石计划有了更多的思考。她也为自己能帮助更多的人而感到高兴。

■ 那些幕后的时光

在信息学院的这两年,她还是院学生会文化部的一名干事,几乎院里的每一场晚会她都参与了幕后工作,灯控、音控、催场、追光,制作道具、LED显示屏、微信墙……

或许大家对迎新晚会仍然记忆犹新,晚会的最后是各班班长团支书的走秀,他们各自穿着各国服装,将整个晚会推向高潮,观众在台下欢呼不止,掌声雷动。她作为主要负责人,策划编排了这一台走秀。晚会三小时,她操控微信墙三小时,不曾抬头看过晚会一眼。因为这些,她获得了信息学院文化部"优秀干事"的荣誉称号。

不知大家是否听说过"东南大学第一届冷餐会",它便是由信息学院文化部举办的,没有先前的经验,文化部的成员们积极讨论,终于将整个活动的流程定型。冷餐会开创了东大的先例,参加活动的同学们穿着正装,优雅地跳着华尔兹,享用精美的点心,为以后所有的类似活动提供了极大的参考意义与经验价值。

此外,她还参与举办了校级活动"楼道歌手大赛"(与十佳歌手、似水流年并称三大歌唱比赛)2017年信息学院文化部首次在桃园操场举办此活动,立刻被媒体争相报道,并被誉为"东大第一届草地音乐节",而她作为部门的一分子,感到由衷的自豪,觉得学院小支部能为学校的大型活动贡献一份小小的力量,苦点、累点也值。

或许大家对于文艺活动的印象仅停留在舞台的光鲜亮丽上,而回忆起来,她的记忆中只剩下那些与众不同的片段:凌晨五点多起床从桃园出发去梅园跑操点拉横幅宣传,看朝阳升起;迎新晚会从下午彩排到深夜圆满结束后,文化部的工作人员都疲惫地躺在舞台上,她却再起身去收拾杂乱不堪的后台;毕业晚会在焦廷标馆的二楼打完整场晚会的光,她没有与其他人说过一句话……可想起自己排的一个个节目那样灿烂地在舞台上呈现,想起晚会圆满闭幕时台下爆发的阵阵掌声,她仍然心潮澎湃,从不曾为那些默默无闻的幕后时光而感到半分后悔。

■ 学海无涯勤作舟

本学年她的绩点为 4.117,学习成绩保持在年级前 7%。面对繁多的工作与紧张的日程,这样的成绩其实是来之不易的。就拿上学期来说,平均每周有十几个任务,她较好地安排了自己的时间,平衡自己的学习、竞赛、社交、学生工作、健康等状况,拥有着良好的心态,持之以恒,锲而不舍。落下的课程也不气馁,而是奋起直追,大二下一学期所有的课程中,最终只有一门课在 90 分以下。她严于律己,全面发展,大学以来的体育成绩均分达到了 98 分,宿舍卫生也是全年满分。

同时她也参加了许多竞赛,如智能车校赛,获得了校级优秀奖,全国大学生数学建模竞赛,获得了省一等奖,美国大学生数学竞赛,获得了国际二等奖,全国大学生英语竞赛初赛,获得了国家级二等奖。智能车校赛,获得了校级优秀奖。此外,她还参与了密码学的学习与区块链的研发工作,并申请了专利——"基于 MIME 协议和环签名的限制证明 E-mail 系统"。在以前的学习中,她始终认为自己只能学好课内的内容,并不适合"自学、竞赛、科研"这样的方向,而到了大学,她觉得要勇于尝试,便前后参加了这些竞赛与项目。在参加数学建模大赛中,她学会了查阅资料,分析比较,在短时间内学习海量知识;在参加智能车校赛中,她学会了耐心调试、不轻言放弃;在密码学的学习中,她自学了数论,翻阅了曾经高不可攀的英文论文;在专利的申请中,她自学 html、css 编写出一整个邮件系统的前端与接口……每周一份雷打不动的周报,每学期都参加竞赛。这些尝试,包含"软件"、"硬件"、理论、实践,最终都有了成果,让她突破了自己曾经定下的条条框框。

在东大的三年,她将自己无私地奉献给了班级、学生会和学习,留在脑海中的便是在宿舍做实验搭面包板的每一个深夜,在图书馆度过的每一个周末,改过千遍万遍的一份份材料和在幕后默默地付出的每一场晚会……失败没有击垮她,疾病没有打倒她,成绩没有让她骄傲,成功没使她自大,它们磨砺了她,成就了她。她将过去的缺憾和美好定格在记忆里,再收拾收拾、整理一新重新出发,全力以赴下一项任务。

心若向阳,无畏远方。这应该是她的座右铭。

推荐老师 顾青瑶

师长点评

时旻同学思想积极上进,团结同学,踊跃参加各种活动,为班级和院系做出了很多贡献,同时还在学习方面有自己的探索,是一位在各个方面均衡发展的优秀同学。希望其在以后的工作和学习中,继续保持积极进取的态度,争得更大的成绩。

信息科学与工程学院教授 王海明

吴嘉禾
WU Jiahe

■ 个人简介

吴嘉禾,女,汉族,1998年7月出生,共青团员,信息科学与工程学院信息工程专业2016级学生。曾获2018届全国大学生数模竞赛三等奖,第十二届东南大学本科生数学建模竞赛校级一等奖,东南大学第十二届大学生智能车竞赛校级优秀奖;2017年东南大学暑期社会实践活动"优秀个人";在任040164团支书期间班级荣获2017年度"甲级团支部"和"先进班集体"称号。

从0到1

——记信息科学与工程学院吴嘉禾

与其他同学一样,吴嘉禾也是一个绩点平平、没啥特长的普通大学生,但她也不只是一个普通的大学生,她的生活中没有打不完的游戏、逛不完的街,有的只是各类学生工作带来的忙碌与充实。

■ 从班长到0

从小学一年级起连续担任十二年班长的经历让初入大学的吴嘉禾有了做班级普通一员的念头。没有了班级琐碎事物的打扰,没有了来自老师的紧急任务,没有了无休无止的截止日期(deadline),也没有了身为学生干部而带来的压力与责任,吴嘉禾第一次感受到拥有属于自己的空余时间是一种别样的幸福。大一这一年,吴嘉禾利用这难得的空闲走遍了许多向往之地,看了无数部知名或不知名的电影,重拾起小时候放下的画笔,看了期待已久的演唱会……但这样的生活带给她的幸福感仅仅维持了一个学期,席卷而来的是绝大部分时间无所事事的空虚感与虚度时光带来的愧疚感。在吴嘉禾对自己产生怀疑的时候,她迎来了大学最重要的一课,思修老师邀请了优秀的学长学姐与他们分享大学生活。时任班级班长与学生会文化部部长的凡皓学长在台上慷慨激昂地讲述着自己的大学故事,他所散发出的从容与自信是吴嘉禾一直渴望得到的。凡皓在分享的结尾说了这样一句话："大学的生活不应该局限于书本与玩乐，社团活动与学生工作才应该是你的主旋律。"回顾这一年，吴嘉禾除了还能看的绩点以外似乎什么也没能留下，"0"，并不是一个适合她的状态。

■ 从 0 到团支书

放下一切，从头来过，是组织者也是学习者。

这是大二开学初，吴嘉禾对自己的要求。

大一这一年，班级的团建做得并不理想，同学之间的认识还局限于宿舍周围，班级公众号至今还停留在"欢迎关注040164"。做了许多年的班长，吴嘉禾深知一个班级的好与坏取决于团建做得好不好，但因为缺少组织磐石计划等活动的经验，她选择先学习后实践。在参与了学院组织的各类团支书交流会后，吴嘉禾却发现适合自己班级的团建方式寥寥无几。她意识到找寻属于自己班级的团建理念才是唯一出路。在罗列了班级各项问题后，她参考其他优秀的班团建设，与其他班委商议过后，提出了独属040164的团建理念：家的归属感、小组工作制、人文生活。

大学使他们离开故土，挥别家人，成为肩负责任的小大人。新的环境与新的朋友带给同学们的是生活的新鲜感与家的缺失感，目睹室友与家人视频通话后躲在厕所偷偷掉泪，每逢节假日因无人陪伴而窝在宿舍一整天，吴嘉禾知道让同学们视班级为第二个家，视彼此为家人，成为生活和学习上可以相互依靠的存在是做好团建的第一步，而这一观念的形成离不开各类特色活动的举办。除了完成每学期必做的磐石计划外，她几乎每个月都会策划一至两个符合大家兴趣的团队活动，从"素拓"到露营再到班级电影院等等，因为有了更多的相处时间和共同话题，那些以前连话都不说的同学却能因为电影的彩蛋聊上一个下午。而到了节假日，为了缓解那些未能回家的同学们的孤独感,吴嘉禾总是会召集他们一起聚餐,并通过抽奖等形式为他们送上属于他们家乡的特色食物。所谓家的归属感,就要先有家。

有了家,就要考虑如何有归属感了。

仅仅只是以活动的形式并不能够真正让大家融入集体,在班级这个大家庭中找到自己的位子。早在竞选班委时,吴嘉禾就发现有才能、有想法的同学有很多,愿意将这些想法付诸行动的同学也有很多,但班委职位有限,不能做到人人都是班委。为了让每一位同学都能够拥有展示自己的机会,也同样为了鼓励大家加入班级建设中来,吴嘉禾在第一次班委会上大胆地提出了小组工作制这一想法。将班级事务分成若干小组,由班委担任组长,召集班级中对某项工作感兴趣或是有想法的同学组成工作小组,这样一来不仅减轻了班委自身的工作压力,同时也给那些有想法的同学一个可以展示自我的舞台。和兴趣相投的朋友共同做着自己喜欢的事,在班级这个大家庭中找到适合自己的位子,归属感在不知不觉间悄然而生。

经过大一一年的观察,吴嘉禾将工科生的生活归纳为上课、实验、做竞赛,人文情怀对所有人来说是一种奢侈。吴嘉禾在暑假时曾与在上海交通大学读书的高中同学有过一次交谈,同样是工科学生,上海交通大学的学生对于人文情怀的重视是远超她的想象的。人文情怀的养成绝不是通过上课可以得到的,而是通过日常生活的点点滴滴积累而来的。如何利用好现代网络社交平台,以同学们可以接受的方式去传播文化是吴嘉禾当团支书以来遇到的第二个问题。

在那段时间,妈妈突然问吴嘉禾:"看你每天忙忙碌碌地也不知道你们一学期都做了什么活动。"她猛然意识到班级缺少一个可以传递信息的平台,而这个平台不仅仅是传递消息,也同样可以是传播人文情怀的平台。于是,尘封已久的微信公众号重新焕发了生机,QQ 公众号也跌跌撞撞地成立起来了。考虑到两个社交平台的使用对象不同,吴嘉禾将两个公众号的推送内容作了区分。微信作为各类活动的总结推送,意在向家长、老师提供一个了解班级的平台,而 QQ 公众号坚持每日一推,除了日常生活的小贴士外,还会定期推出关于文化方面的信息,例如好书推荐、电影赏析、讲座预告等等。这些推送均由班级同学投稿,将自己曾经看过听过的值得分享的书、电影、音乐等介绍给更多的人去享受,而在推荐的同时也接受来自别人的分享。这不仅丰富了自己的生活,也同样丰富了他人的生活,于人于己都是一种人文素养的提升。

这一年里,为团建工作的顺利进行吴嘉禾做了很多努力,而吴嘉禾也同样收获了很多。在今年的"五四表彰"大会上,她所在的班级凭借丰富的磐石活动与良好的团建氛围荣获了"甲级团支部"的称号。吴嘉禾在会议结束后发了一条朋友圈:"今日领奖是以 040164 中的一员上台而非 040164 团支书,所有荣誉都是大家共同努力的结果,作为团支书,我做的还远远不够。"

因为 040164 还没有完全变成她想成为的那样,因为还有很多新奇的想法没有实现,因为还想和班级一起并肩作战,所以,吴嘉禾又一次站上了大三团支书的竞选舞台。

■ 从干事到部长

如果说竞选团支书是她大学里做的第一个不后悔的事情,那第二个不后悔的决定就一定是加入学生会。

大一军训期间坐在学生会招新的宣讲现场,看着众多诱人的部门介绍,吴嘉禾毅然选择加入文化部做一个舞台幕后工作者。经过两轮面试艰难进入部门后,她才发现自己所要做的工作不只是搬搬道具、催催场,它涉及人际交往、策划撰写、现场统筹等极考验综合能力的工作。而那个曾经毛毛躁躁的、遇事慌乱的小女孩,在经历过迎新晚会、"楼道歌手大赛"等众多大型活动的举办后竟也学会临场不乱、随机应变了。大一时很多工作都是一些没有技术含量的工作，但吴嘉禾始终抱着"哪怕是借个凳子、搬个椅子也有值得她学习的地方"这一想法努力做好每一个工作。在这一年里，她养成了每次做完工作都进行总结并整理成文字分享在群里的习惯，也许是对于每一个细小工作都抱有巨大热情和真诚，她连续两年都被评为"优秀干事"。

不知不觉，吴嘉禾也到了该选择去留的时候了。

以干事的身份她学会了身为任务执行者所应具备的能力与品质，而现在，她想以任务分配者的身份去学习管理与领导的能力。在经过各方考察与投票后，吴嘉禾有幸继续留在这个她所热爱的部门，与新鲜血液一起学习，共同成长。

从干事到部长的转变不仅仅是简单的身份的转换，更为重要的是责任的承担与思维的拓宽，吴嘉禾开始考虑一句话如何表达才能使不同的人都能理解和接受，她开始学习一件事如何才能锻炼和两年前的自己相仿的新生们，她开始注意自己的一言一行是否会给部门给学生会带来不好的影响……她在任职报告中曾写下这样一段话："于大一新生们是一场历练，同样于我也是一种成长。"

"以身作则"是吴嘉禾对自己最基本的要求，小到每次例会结束后收拾房间，大到联络团委老师，每一件事她都会和他们一起去完成，在放手让他们去尝试时静静观察有待改进的地方和值得鼓励的做法，在适当的时候给予帮助与建议。

"以友待之"是吴嘉禾处理与他们关系的准则，虽然是一部之长，但在她眼中吴嘉禾与他们并无区别，年龄相仿兴趣相投。舞台下他们是并肩作战的战友，会议桌前他们是各抒己见的辩手，校园中他们是彼此熟识的朋友。他们从来不叫吴嘉禾"部长"，总爱戏称她"吴老师"，嫌弃她个子矮，却总在需要帮助时第一个想到她。

无论是团支书还是文化部部长，抑或是其他的一些学生工作仿佛已经成为吴嘉禾生活中必不可少的一部分,她很享受它带给她的忙碌与充实,也很感谢它教会她的方方面面,这其中的每一项她觉得都不算做得很好,但她问心无愧,她希望在两年后毕业时,她能骄傲地说:"那美好的仗我已经打了,当跑的路我已经跑尽了,所信的道我已经守住了。"

 顾青瑶

师长点评

该同学在学生工作上展现了良好的组织与合作能力。在各项工作中尽职尽责,望今后能保持对工作的热情,带动更多的同学。

信息科学与工程学院教授　俞　菲

刘嘉欣
LIU Jiaxin

■ 个人简介

刘嘉欣，男，汉族，1999年3月出生，共青团员，土木工程学院土木工程专业2017级学生。曾获校长奖学金；江苏省高等数学竞赛本科一级组一等奖，东南大学第十七届结构创新竞赛三等奖；东南大学"优秀学生干部""优秀团员"等荣誉称号。

寻求初心　砥砺前行
——记土木工程学院刘嘉欣

白驹过隙，时光荏苒，如今已然是他在东南大学的第二个年头了，回首身为大一新生的一年时光，不禁感慨万千。风风雨雨接踵而至，无数坎坷波折让懵懂的他跌跌撞撞，他对世界的认识也在跌跌撞撞中深刻。而寻求初心的信念一直在帮助他对抗困难，磨砺自身，不断成长。

■ 疑问·尝试

仍记得初入大学的时候，早已习惯了高中学习生活模式的他，对一下子进入了一个自由、开放的精彩世界有点兴奋不已。流动化的上课模式、宽松自由的课余时间、丰富多彩的社团活动给了他丰富的选择，让他有机会去自由安排时间。加之老师和学长学姐的帮助，使他迅速适应了环境，开始井井有条地打理起自己的生活。生活很充实，可他心里却总有一个疑问消之不去：进入大学之前，路是清晰的，他为了取得一个好的成绩而孜孜不倦，无须左顾右盼做出其他选择。而在进入大学后，在有了学校提供的各种丰富资源后，到底应该如何做，才能找寻到他自己最向往的方向？

"纸上得来终觉浅，绝知此事要躬行"，理论源于实践。眼界不够、阅历不足的他选择用一次次的尝试来寻找心中的答案。一方面，通过新老生交流会、线上联系等方式，他接触到了许多优秀的学长学姐，他们分享的经历让他明白：学习是一切长远发展的基础。另一方面，为了服务同学，锻炼自己，他迈动因紧张而颤抖的双腿，人生中第一次走上讲台竞选班长。在他怀着激动的心情讲完了精心准备的竞选词后，他充分意识到了表达能力对交流和展示的重要性。

他始终从最基本的学习抓起，严格以高中的学习方式要求自己，课余时间他参加了三个学生社团，积极参加了所有班级活动和各项学生活动，努力地抓住每一个机会接触、感知这个全新的世界，探索一个又一个全新的领域，哪怕学习和活动的压力叠加时常令他精疲力竭，他也一直坚持尝试各种各样的经历，因为他坚信：真正的机会永远留给想要把握它的人。而他也在一次次尝试中，生涩地翻开了大学生活的序章，满眼期待地张望着新的世界。

■ 思考·积淀

大一学年他作为班长，积极寻求和各方组织合作交流的机会。第一次和学生会合作举办诚信励志活动"诚信状"，牵头三个班级演绎出大型校史舞台剧"至善东南"，组织参观南京市建筑设计研究院，邀请王景全院长和同学们就"我想成为什么样的人"为主题进行了班会讨论，和同学们一起在活动中明悟优良品质，在了解校史中感悟历史印记，在参观中认识自己的专业内涵，在讨论中思考自己的人生方向。

他任劳任怨工作，以身作则，在聚餐、春游、秋游、团日活动中和同学们一起把班活动开展得轰轰烈烈，组织同学们建立了班级微信公众号、成立学习小组、着手设计班歌，组织班级同学代表土木学院参与了"阳光伙伴体育竞赛"和"春到九龙大型体育竞赛暨风筝节"活动，并在风筝节中勇夺第一。班级获"优秀团支部"荣誉称号，同时他也荣幸地被授予东南大学"优秀团员"称号。回顾在班长任职期间克服的困难和取得的成果，他有一种小小的自豪感。在一年的积淀中，他对责任、担当有了更多的理解。

即便活动再多，他也从未放松自己的学习。对情怀、责任的理解需反复思考、认真体会；对专业知识的学习，无用多想，那一定得努力汲取和积淀，因为知识是一切课余活动和竞赛的基础，因此他认真踏实的把握每一次上课的机会，坚持"学习存在于生活的方方面面"的学习理念，不放过每一个细节，不放过每一个验证知识的机会。课余生活中，他参与十余项竞赛，SRTP累计4分，从每一次竞赛中获取学习全新领域的思考方式和学习方法，不断提高自己的学习能力。

在寒假，他积极地参与了：回校宣讲，并担任了"回校宣讲"活动的省市负责人。在和高中的学弟学妹的分享过程中，他从他们眼中的新鲜感看到了他们对东南大学认识的匮乏，但也看到了对东南大学的向往。在侃侃而谈之余，除了东大的形象在他的心中越来越具体之外，他对"东大人"这三个字也有了更多的自豪感和认同感。传承和奉献让他感受到了浓烈的自豪感和光荣感，让他由内而外地充满了动力，继续坚持着"积淀"下去。

大一下半学年，在高校中开展教育思想大讨论，他也参加了学院、团总支、班级组织的大大小小的教育思想大讨论，在无数思想的碰撞下，他开始思考"东南大学需要培养什么样的人才"这个关乎学校发展、学生成长的问题。

总结往昔的"积淀"，志愿服务和"回校宣讲"带给了他个人情怀的感悟，学生活动、前辈引导和讲座开拓了他的眼界，提升了个人的格局，而班长的细致工作让他深刻领悟了一个人有担当、有责任的重要性，于是，他觉得他应当成为一个"有情怀、有格局、有担当"的人才。但仅仅止于理论的结论，无疑是难以传达出其本义的，而单纯的理论知识不与学科发展方向结合的思考结果，也难以令他满意。他便继续思考，耐心积淀，把握着每一次机会，静静地等待着心灵由内而外、难以言喻的领悟……

■ 明悟·突破

土木工程学院学生会是他大学生活中一个很重要的集体，在他的记忆中留下了许多美好的画面。他和小伙伴们一起策划、宣传、准备活动、讨论方案到深夜，为学生会做力所能及的贡献，收获的不仅仅是组织能力，更是友谊和感动。作为外联干事，他积极和各大商家、各院主席进行联络。在和无数形形色色的人打交道过程中，他接触到了许多截然不同的价值观，更是了解到了各种不同的发展可能。

大二，他被选为土木工程学院学生会外联部部长，学生会对资金和交流的必要需求使他的工作变得无比关键，从而使他感受到了和班长截然不同的更加强烈的使命感。他坚持脚踏实地的作风，在半学期以来的活动中，为学生会的各项活动提供了人力、物资、资金的完善保障，至今拉取赞助近1.5万元人民币，并正在与研究生会合作筹办与清华、同济、浙大等土木强校的多校论坛，2018年10月他被授予东南大学"优秀学生干部"荣誉称号。

他参与了院排名第三的"'豫见'河南留守儿童调研"社会实践活动，犹记得孩子们天真的眼睛，干净得让人心疼。透过留守儿童问题看到了现行教育和扶贫制度当下存在的不足，更是让他感慨扶贫工作的必要和刻不容缓。

他把握住机会，参与到"大国砼心，凝心聚力"天眼FAST暑期社会实践活动中，在亲身接触天眼的过程中，在和工程师、科学家面对面交流中，他感受到了和个人情怀完全不一样的情怀，那种舍小他而成大他、个人理想和国家目标相结合的家国情怀。在参观烈士墓、遵义会址以及教育思想大讨论后，他感受到了革命前辈们抛头颅、洒热血的精神，感受到了他们崇高的价值观和伟大格局，更是感受到了身为当代大学生，应当背负起的社会责任，应当成为什么样的人才。因为活动效果显著，他们"大国砼心，凝心聚力"天眼FAST暑期社会实践活动被评为"东南大学暑期社会实践十佳团队"。

与此同时，他担任了第四期东南大学大学生骨干研习营的小组长，和学校中的精英学生干部们一起学习讨论，让他从另一个角度明白了家国情怀、崇高格局、责任担当的深刻含义。他同时担任了大二年级的团总支副书记，以希望能从更高格局的角度，对土木学院做出更大的奉献，除此之外，他兼任了新生班级的学习督导一职，他认为这是身为一名学长，在受到学长学姐的帮助之后,应当担起的传承的责任。看着他们成长,和他们一起喜怒哀乐,为他们整理资料、谈心聊天,不仅是完成一种使命,更是一种情怀和感恩。

他一直最为重视的专业学习,用最直观的成绩告诉他努力并不会白费。他获得多项单项奖,大一学年绩点 4.114,专业排名第 6,获得校长奖学金,这些绝不仅仅是对他各方面发展的肯定,更是进一步推进了他对发展方向的思考,让他向着成为"有情怀、有格局、有担当"的复合型人才不断奋斗。

■ 静心·前行

确定了方向,便一往无前。他参与了多项 SRTP 项目,主题涉及各个不同方面。同时他积极向党组织靠拢,提交入党申请书后积极参加党校培训,时刻以一名优秀共产党员的标准严格要求自己。大一至今,他的组织能力、宣传能力等都得到很大的提升,无论在学习、工作还是生活中,都起到了良好的模范带头作用。

诚如莎士比亚所说:"凡是过去,皆为序章。"在寻求到初心,明晰了方向之后,他牢记"止于至善"的校训,牢记初心,他暗下决心:在接下来的三年里,对学校做出更大的贡献。

静心做,一步步前行,征途尚远,但未来可期!

 李忠伟

> 师长点评
>
> 刘嘉欣同学曾任丁大钧班班长,该同学成绩优异,思维活跃,学习刻苦努力。具有明确的自我发展理念,努力争做领军人才;深入天眼体会大国重器的意蕴,怀有着浓厚的家国情怀;身为学生干部积极寻求交流合作,为人踏实负责,是一个"有情怀、有格局、有担当"的复合型人才。
>
> 东南大学土木工程学院院长、教授、人事处处长 王景全

刘粲然
LIU Canran

■ 个人简介

刘粲然,女,汉族,1998年3月出生,共青团员,土木工程学院土木工程专业2016级本科生。曾获东南大学土木工程学院"东大设计院"奖学金；东南大学大学生英语竞赛暨2017年全国大学生英语竞赛国家级三等奖；2016年度校"优秀团员"称号,2017年度校"三好学生"称号,2017—2018年度校"优秀学生干部"称号。

始于初心，止于至善；
初心不改，薪火相传
——记土木工程学院刘粲然

■ 始于初心

刚步入大学的她，怀揣着所谓的遗憾来到东大，然而幸好，那些所谓的遗憾、不甘和尚存的倔强没有使她沉沦，反而催生了她想去尝试、想去改变的念头：变成外向的人、变成有用的人、变成不一样的人。所以怀着这样的初心，她大抵是付出了之前这小半生从未有过的勇气，开始了漫长的尝试与改变的路程。

大一的她似乎变成了对各种机会亟亟可待的觊觎者，也成功变成各类面试的"炼狱者"。从军训编辑部文字编辑部成员、军训联络人开始，到考入丁大钧班，到成为2016级丁大钧班团支书，到加入土木工程学院宣传中心记者团，到成为土木工程学院学生会外联部干事，到加入ACE艺术团声乐部、器乐部，到加入土木工程学院排球队，再到加入东南大学学生会办公室，她极力地抓住一切可尝试的机会。

在军训编辑部以及记者团里尝试去写作各种不同风格的稿件。第一次尝试主动带领班上的同学排练班级的军训慰问演出节目，站上2016年军训慰问演出的焦廷标馆舞台。从这里开始走到ACE小专场演出的圆形报告厅舞台,再走到 2017 跨年演唱会体育馆的舞台。从尝试作为外联"圣战联盟"活动的策划参与人,到尝试成为办公室"历史追溯"活动的负责人。参加新生杯排球比赛,参加院系杯排球比赛,参加院运会、校运会,参加各色志愿活动,参加各类学科竞赛。无论错了多少次,无论跌到多少次,她都可以重新站起来,去改正、去成长。因为,不去尝试如何知道不可能,不去尝试如何能做到无悔。

■ 止于至善

"一件事要么不做,做么,就要做到最好。"完美主义者、强迫症……这些被身边同学以及朋友贴上的标签,其实都来自自己几近"病态"的倔强。七个组织:三个事务性组织,两个表演性部门,一个体育类组织,一个团支书,同时加上课程任务不算轻松的大一学习任务,再加上参加的各种考试以及竞赛。但她仍然去参加结构竞赛、创新体验竞赛、全国大学生英语竞赛,并且成功在大一考完 CET4 级以及 CET6 级,顺利带领支部同学完成"与校徽合影,为母校献礼"的一年期磐石计划,成绩依然能保持前列。

她的学习督导曾经调侃道:"你现在相当于做了两个人甚至更多的人的工作。"但他的另一句话却更让她记忆犹新:"这会很苦,但只要你熬过去,回来再看的时候其实发现它会变得非常美好。"她的学习督导可能没想到这句话将会成为支撑她熬过这近三年来的精神支柱,也是她一直坚守着东大校训"止于至善"的支柱。

■ 初心不改

回顾那段时间,的确觉得非常美好,支撑她熬过这些那些种种的是她的倔强,而支撑着她的倔强的是她所遇到的人以及点点滴滴的感动。作为团支书的她,第一次带领大家做磐石计划不知所措的时候,当时大四丁大钧班的孟畅学长伸出了援手帮助她们,并联合2013级丁大钧班一起开展了长期的计划,一点点地领着她们去摸索属于2016级丁大钧班的特色。她尽力将巨大的项目划分成零碎的板块,并落实到每位同学,保证每个同学的工作量平均且让他们的才能得到施展。这是一次很好的团结支部同学的机会,也多亏了这个庞大的任务,让她用一年的时间将支部每个同学的性格、特长摸清并记在心里。当每次布置下零碎烦琐的磐石计划任务时,支部的同学都踊跃参与,在寒假仍然能准时完成任务。每周的文化沙龙,她精心准备的十分钟"团支书分享"也都会得到同学们积极的反馈。她组织大家一起为"阳光伙伴"绑腿跑比赛练习,虽然遗憾因为中途受伤没能亲自参与比赛,但当最后看到同学们一起冲过终点,取得第三名的成绩的时候,那份感动告诉她这些付出都是值得的。

当因班级事务而烦躁时,看到同学们的笑脸和对她毫无保留的支持,一切烦躁都会烟消云散;当她觉得自己不能做到的时候,部门的小伙伴鼓励说"然姐很优秀的,什么事情都一定可以做好";当她日出而作、夜深而归、快要累垮的时候,回到宿舍发现桌上摆满的室友分享的零食便又活力满满;当她开始害怕改变想要放弃的时候,学长学姐们总会劝慰道:"不用太累了,做不好没关系,只要你们开心就好,事情有我们帮你们扛着。"

■ 薪火相传

大一的一年里,学长学姐们给予了她很多温暖,于是她想将这份温暖传递下去,让她的学弟学妹们以及身边的人也被这星星之火点亮。所以她做了大学以来最为艰难的一个抉择,在众多的社团组织里选择了留任校会主席团助理一职,并暗下决心,在这里她要将她所得到的那份温暖传递到更多更广的地方。

此时的她也有了自己的"小孩",而且是两百多个"小孩"。当自己真正成了别人的学长学姐的时候,才会有一种似懂非懂的所悟。

这一年,她协助东南大学学生会评选上江苏省"优秀学生会",又担任"2018东南大学最具影响力毕业生"评选活动监票人,还组织参与第二十六次学生代表大会。有和人力资源部一起为招新以及见面大会奔波的时候,有和另一个主席团助理彻夜赶工作报告的时候,也有和办公室的小孩一起通宵做策划的时候。看着像自己大一时的他们,走她走过的路,一点点成长成她的样子,也在点点温暖着她,她自己从曾经的那个依赖自己部长的"小刘同学"成长成了可以给自己的小孩依赖的"然姐"。这才发现,这种温暖是相互的,成长也是相互的,所谓的干部和干事其实没有什么不同,除了比他们多了一年的经验之外,其实都一样。所谓"干部"需要去做的,是以身作则、去引导、去鞭策,是支持鼓励、去包容、去关怀,是默默付出、去让他们收获,是去给他们送去温暖,是让他们的生活有一点改变、有一点不一样,是希望他们也能像自己一样继续将这温暖薪火相传。

学生干部,是学生,本职任务是学习。所以大二的她坚持去参加一个国创以及一个省创共两个SRTP项目,参加物理论文竞赛,参加结构竞赛,参加江苏省、全国C语言二级考试,参加韩语TOPIK等级考试,参加吴健雄学院的外教领导力课程。学生干部,是干部,需要去"干"事,宗旨是全心全意为同学服务。所以她作为ACE的老成员再次参加2017军训慰问演出,作为女排正式队员参加院系杯排球比赛,作为前任团支书继续为下一任班委出谋划策。她仍然有那种乐观以及笃定的态度,做到有所得、有所付出就好,责任使然,情怀使然。

深谙此理的她在大三的时候,选择了继续留在学生会,成为新一任学生会副主席。从办公室做起,到主席团助理,她又开始了新的尝试,分管生活部、学生权益服务部与治保部,看似三年完全没有重合,也开始质疑自己是否会在其中跑偏。扪心自问的刹那间,她发现她的选择并没有跑偏,因为这既是责任,是情怀,也是初心。

这里让她懂得了作为学生干部的责任:学生骨干们必须扎根立足于学生,走"群众路线""学生路线",以全体学生的利益为根本,建设学生身边的学生会;必须全心全意为同学服务,取信于同学,立信于同学,为同学发声,增强同学对她们的理解与认同感,建设学生信赖的学生会。

这里让她蒂固了一种情怀:去创造"家文化",去温暖更多的人,去将这温暖代代相传。当年"老大"们会在她烦恼时陪她聊天,现在她也抽出尽量多的时间去找"小孩"谈心,为他们排忧解难;当年部长们会扛下他们的失误为他们补上不足,现在她也耐心地包容学弟学妹们的失误去引导他们去看他们成长。她自己完成着学长学姐们没有完成的梦想,学弟学妹们也终会继续完成着前辈没有完成的梦想。他们有着同样的情怀,完成着共同的梦想。

这里让她明白了初心的本质:或许他们本着不同的初心,但都从对学生工作的兴趣开始,到热爱,再到情怀,最后转变为同样的责任、使命——为更好地服务同学而一起努力。去做出改变,哪怕只有一点点也好。

始于初心,止于至善;初心不改,代代相传。

 林榕

师长点评

刘絮然同学在本科学习期间,学习成绩优异,乐于助人,积极乐观,能力突出,在同学们中能起到很好的标杆作用,是一名非常优秀的当代大学生。

东南大学土木工程学院教授　2016级丁大钧班班主任　范圣刚

XUE Zhongqin 薛忠琴

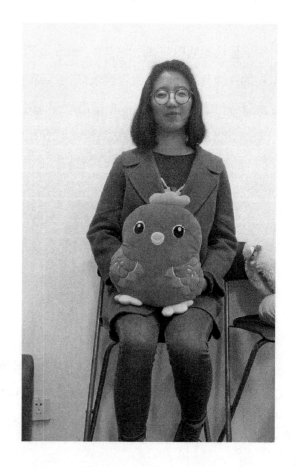

■ 个人简介

薛忠琴,女,1998年4月出生,汉族人,共青团员,东南大学数学学院统计专业2016级本科生。曾获文艺活动优秀奖,社会实践优秀奖,社会工作优秀奖;东南大学暑期社会实践校级二等奖;东南大学"优秀学生干部"荣誉称号。

以终为始　不忘初心
——记数学学院薛忠琴

小的时候，每个人都会想象着自己长大的样子，也会对大学有过幻想与憧憬，想象着将要进入的大学是怎样的，想象着大学中会发生怎样的故事，那时候薛忠琴总单纯地觉得大学充满着自由的气息。但是实际上，高中时候，她的不同于别人的老师总拿自己家孩子的例子告诉他们其实大学一点都不轻松。致使那时候的她对大学的情绪变成了既期待又惧怕。

后来，当薛忠琴真正步入大学的时候，她发现原来大学是这样的：大学校园有天南地北与社会方圆，其中有来自四海八方的同学，有形形色色的活动，可以说大学校园融入了中学时代的纯真，更包罗了世间百态、人间万象，形成了独有的校园文化，是学生走向社会的最后一站，也是走向未来的第一站。当然，这座"象牙塔"也是有棱有角的，会面临着各色各样的挑战与诱惑，一不小心就有可能迷失。

大学气质，以学为先，大学最重要的事情就是学习，英文中"university（大学）"是由拉丁文 versus（趋向）和 unum（一）合成，是"合众为一"的含义。可见大学是"知识分子"集结的地方，是"先知先觉之士"坐而论道的地方。它的基本特征是学术共同体。其实，从小到大，一直以来，薛忠琴对数学是既敬又怕的。高考机缘巧合地使她来到了东南大学数学学院。她有些心虚，她总害怕自己学不好。初来乍到，听着数学分析、高等代数，看着书上密密麻麻的证明公式，真觉得蛮有挑战的。经过一学期的学习，她也逐渐在数学学习上积累了一些经验。薛忠琴感受到大学数学和中学的学习是不一样的，尤其是当自己处在一个大学的数学学院。在之前初中、高中的学习，都是老师在黑板上写满各种结论，他会告诉同学哪种类型的题目用哪个公式、哪条结论，一一总结出来，大家只需要在笔记本上记录下来，然后课后像背单词一样，把一堆的公式和结论死记硬背下来，应对考试的时候，只要将其对号入座，便可以将问题解答出来。而大学数学不一样，它更要求理解。充分理解了各个知识点，遇到问题自己分析出正确的解题思路。学习数学分析、高等代数，更多的是思维的要求，每一次数分、高代课，都是一次大脑的思维训练，都是一次提升理解力的好机会。有时候，有些地方比较艰涩难懂，她便反复思考，或是请教老师、同学。尽管这个过程并不轻松，但她认为非常值得。只有通过自己去探索的知识，才能够掌握得更好。享受每一节课，这不仅仅是对老师的尊重，更是自我的提升。

在薛忠琴看来，大学这个词语说来沉重也轻松。撇开学习，大学生活还有很大一部分属于学生工作和社团工作。她在大一的时候选择参加了至善文宣校园文化宣讲队，主要负责校园内的参观接待工作，还是大一小萌新的自己，尝试着为同为大一的新生担任导游，讲解四牌楼校区。她秉承着"立至善人文之本，扬东南文化之魂"的理念，立足校园，讲解校史，弘扬东大文化，立志成为东大名片，让更多的人认识东大，了解东大，感知东大。始于南雍，止于至善，作为至善文宣的成员，她努力做好至善校训的传承者，做传播东大文化的先锋。可能也恰是成为一名讲解员的契机，让她变得更加的自信，在生活学习上更愿意去表达自己的想法。

其实，薛忠琴一直有的一个理想便是希望在自己力所能及的范围内去帮助其他人，秉持着这个为同学们服务的初衷，她大一时还加入了数学学院学生会志愿服务部。志愿服务部让人很有归属感，在那里，她认识了一群可爱的小伙伴，他们一起开会探讨各种问题，一起举办活动，一起聚餐旅游玩耍。一份份的策划，一次次的志愿活动，一次次的交流。清水亭志愿服务活动、中山陵志愿者、南京南地铁志愿者，志愿服务部的大家除了为院系同学提供一个做志愿活动的平台，部门里的干事们也会以志愿者的身份参与志愿活动当中，他们乐此不疲，收获颇多。此外还会协助学生会各个部门举办大型文化专项活动,如迎新晚会,朗读者,"赢在东南"。薛忠琴也在一次次活动当中开始明白办一场活动的种种流程,开始以一个组织者而不仅仅是一个参加者的角色去体验。真实的实践给她带来了丰富的经历,而所有的经历都是人生的财富。数学学院学生会"优秀干事"的称号,便是对她最大的认可和前进的动力。大二的时候,薛忠琴选择继续留在了学生会,成为志愿服务与实践部的副部长,身处位置不同,看问题的角度也渐渐成熟,目光会更长远,她和部员们一起,拓展新的志愿服务活动,如九如城养老院志愿服务活动;江宁区图书馆志愿服务活动。还组织部员们一起举办了母亲节亲子读书活动。这一年的经历,让她又从一个只会单纯被动做事的部员成长起来,学会去从以一个团队领导者的角度去思考处理事情。有这样一句话:"既然是花,我就要开放;既然是树,我就要长成栋梁;既然是石头,我就要铺成大路。"大三这一年,她怀着对学生事务的热爱,选择继续留任数学学院学生会副主席,继续为院系、为同学发光发热。

此外,古人云"读万卷书,行万里路",知行合一,知于学术,而行于江湖,莘莘学子当有济世情怀。大学里,让薛忠琴感触比较深的还是属大一结束时那个夏天的暑期社会实践:作为"斐波拉契和他的兔子们"的队长,他们小组进行了为期一周的关于养老院与幼儿园相结合,这样一种"1+1"养老模式现行状况及其可移植性的探究。他们的申报获得校级立项,最后取得了校级二等奖的好成绩。那几天他们顶着烈日,走访南京市多家养老院、幼儿园;在江宁街头分发问卷,微笑面对拒绝;采访师生、家长,聆听别人的声音;一起在梅九熬夜整理当天成果,推送微信、微博……那个蝉声躁动的夏天,是属于他们的。

在今年这个夏天,薛忠琴还参加了第四期大学生骨干研习营。那里不仅讲红与专,还讲家国情怀,讲网络舆论,讲止于至善,讲青年担当,讲青年责任,讲社团学生工作……后续的学习还有主题调研分享活动,"青年议事厅"专题研讨,实践观摩……在一次次讲座、素拓、讨论、实践中,她感受到了每一位大学生骨干迸发的青春的力量。从前的她活在小我的世界里,囿于当下,不期未来。而大学生骨干研习营让她遇见更棒的人,看到更大的世界,在共鸣里成长。所谓家国情怀,精英气质,责任担当。她也望自己能铭记,所在之处,即为东大。

作为一个大学生,薛忠琴一直渴望乐观积极而不是盲目冲动,大胆而不大肆妄为,敢说敢想而不空想,深思探究而不乱想钻牛角尖……恰同学少年,风华正茂,指点江山,激扬文字。让生命之花因为年轻而生彩。做自己的主人,不乱于心,不困于情,不畏将来,不念过往。意志坚定;理性对待问题,不感情用事;对未来充满信心,有着必胜的信念;不让往事成为自己的牵绊,束缚自己的思想。要相信,生活是自己选择的结果,少说多做永远是正确的方法,想要什么样的生活就得为之努力。

两年多来,她觉得大学更多的像是人生路上十字路口处的一个路标,让她不至于在人生的十字路口处迷失自己,让她慢慢学会定位自己,从而能够寻找到真正的自己,找到自己的追求。一个大学,一个路标,一个茫然的人,一个理想,创造出的却是一座金碧辉煌的殿堂。追随自己内心的激情,勇敢闯。

胡汉辉教授在大骨班开营仪式上有这样一句话:一个人的理想决定他的生活方式、工作态度;只有那些疯狂到认为自己能够改变世界的人,才能真正改变世界。而他们要做的就是梦醒东南。

 蒋丽怡

> 薛忠琴同学勤奋刻苦,表现优异,在学业成绩上和个人综合实力方面均较为突出,在服务学生工作的同时注重个人时间管理、社交能力、沟通技巧的养成,有理想、有抱负、有担当,展现了良好的大学生精神面貌和综合素养。
>
> 数学学院讲师　胡建强

师长点评

胥凯林
XU Kailin

■ 个人简介

胥凯林,男,汉族,1998年1月9日出生,团员,自动化学院机器人专业2016级学生。曾获东南大学2017—2018学年校长奖学金;2018美国大学生数学建模大赛国际级一等奖;2017—2018学年东南大学"优秀学生干部"、2016—2017学年五四"优秀团员"称号。目前担任机器人班班长。曾任东南大学自动化学院文化部部长。

大学之思
——记自动化学院胥凯林

"大学之道,在明明德,在亲民,在止于至善。"从进入东南大学起,胥林凯就一直在思考如何成为一名合格的东大人。

■ 往昔时光

文章的一开始要从胥林凯成长轨迹说起。

胥林凯出生在成都周边的一个小县城。在 2008 年,他的家乡受汶川大地震影响,全班同学正在教室准备上课时,突然地动山摇,整幢楼摇晃不定,瞬间胥林凯感觉到地震就在身边,生命是如此的脆弱。在这之后他决定将每天活得更有意义。在接下来的小学时光里,胥林凯时刻严格要求自己,充实自己。初中开校运动会时,作为校学生会的一员,同时也是班长,他组织班里几个同学,一起到县城乔丹专卖店里拉赞助,奖励运动会上成绩优秀的同学。同时在他的沟通下,美利达自行车、步步高等店也在接下来的几年里陆陆续续加入了学校运动会赞助。高中时,作为成都市树德中学实验班的学生,作为篮球队队员,在年级篮球赛中,在班上同学的一遍鼓舞和呐喊声中,以超常的毅力,获得年级第一。作为班长平时也积极配合老师的工作,用心于班集体的管理,将班级在各方面的成绩都维持在年级第一。大学时,他走进了东南大学,更找到了属于自己发展的空间和时间。他一直遵循着东南"止于至善"的校训,以入党积极分子的身份,在生活、学习中严于律己。学年绩点为3.748,大学期间获得五四"优秀团员"等荣誉,竞赛方面目前取得美国大学生数学建模大赛国际一等奖,智能车校内赛光电组第16名的成绩。他多次代表院系参加学校性的羽毛球、乒乓球比赛,并且在大二前期担任羽毛球领队。在班级里,他担任班长,为同学们的学习和生活给予力所能及的帮助。081161团支部成功入选国旗团支部提名团支部。在自动化学生会中他曾担任文化部部长。在小伙伴们的支持下,他组织策划了包括似水流年校园歌手大赛、自动化学院迎新晚会在内的多场晚会,受到了老师和同学们的一致好评,丰富了东南学子的校园生活,也更好地体现了东大学子的风貌。其中似水流年校园歌手大赛的报名人数达到了500人,其中包括本科生、研究生和留学生;似水流年校园歌手大赛决赛现场的观看人数接近1 000人。整个比赛过程中,线上参与人数突破4 000,在学校的各种晚会中占有一席之地,对东大人文环境的营造也起到了不可或缺的作用,也很好向外界展示了东大学子的精神。

■ 学于数模

在大学时光中,胥林凯对数学建模大赛的感触尤为深刻。

第一次听见这个比赛的名字是在初中数学课上,当时老师的描述就让他对这个竞赛倾心神往,而大学经历的数学建模培训及最后的比赛过程确实令他感触良多:比赛带来的不单是一些数学方面的知识,更多的其实是综合能力的培养、锻炼与提高。比赛培养了胥林凯全面、多角度考虑问题的能力,能够将现实生活中的问题抽象成数学模型,也让胥林凯了解了多种数学软件,以及运用自己的编程能力对模型进行求解,并且提高了他短时间查找资料、获取知识的能力。

数学建模的产生是时代发展的必然结果。在日常生活中有许多需要数学建模的问题：怎样选择搭乘方式可以使自己上班耗时短、花费少；如何对城市的轨道交通进行规划以避免城市的拥堵等问题，这些和建模有着无法割舍的联系。在查阅资料中，他还发现在一般的工程技术领域，数学建模仍然大有用武之地。工程中的问题不同于以前在高中时学过的简单的线形规划，并不是在列解出方程后通常只有两个未知数，因此就要用到数学模型与计算机相结合来处理了。在没有系统地学习数学建模以前，面对这些问题主要是依靠于自己感性的认识，凭借自己的经验选择出一定的方法。而现在胥林凯会对这些现实问题进行一定的调研，获得有效的数据，把所遇到的问题根据所能收集到的数据搭建和现实问题匹配的模型。他将更多地利用计算机上的软件帮助他来分析问题，得出切实可行的答案，最后对个人的理解加以哲学化、数学化的描述。在胥林凯看来：数学建模是现实生活在数学这一维度上的解答，它相较于现实更加理性，也更具有归纳性，但是它毕竟无法涵盖现实中的种种因素，只有当它的结果能经受住现实的考验、真正能够指导人们的生活时，它才是成功的，也就完成了从现实到理论再到达现实的这一循环。

数学建模的学习不再同于传统的学习方法，不再需要拘泥于某本教材，也不用局限于某种方法，在这个过程中，胥林凯感受到了自主学习的趣味，对一个问题往往有很多个角度的思考，这也意味着运用不同的方法从不同的层次上去思考同一个问题。在学习过程中，可以很快地将所学运用到问题中，加以创新和修改，这是平常学习所无法体会到的。

经过数学建模这一整个过程的学习，深切地让胥林凯明白现实问题的解答绝不是靠单一学科的知识就能够解决的。刚接触到数学建模时，他曾天真地认为数学建模主要考查的是对数学知识的运用。但是深入学习后才发现，对现实问题的解决往往需要多学科、多技能的交叉与配合，发现问题的能力用于对现实问题进行剖析，查找文献的能力用于问题的前期调研，数学能力用于模型的建立，编程能力用于模型的求解，归纳概括的能力用于对自己解答的表述等等。每一个能力都很重要,每一个能力都缺一不可,但是人总是优点与缺点并存,所以才有了团队,他很庆幸能和自己数模的两位队友一起完成比赛。大家相互帮助,相互扶持,每个人都尽可能地发挥着自己的作用。

在短短几天里,团队完成了对一个庞大的现实问题的分析,每一天都在头脑风暴,为每一个新的问题而懊恼,又为每一个新的想法而喝彩。多次在深夜里苦苦思索着模型而不得,抑或建出模型却又无法对其进行求解,所幸团队一直都从未想过放弃,无法建立模型就换个角度重新思考,无法对模型进行求解就更改模型重新再来,每一个深夜里都记录着团队的汗水,每一个模型都凝结着团队的心血,大家一起努力,一起奋斗,相互信任,又不互相抱怨,大家分工明确,各司其职,一起为着同一目标而奋斗。倘若最后没有什么成绩,胥林凯也无怨无悔,他觉得这段时光所带来的将会远远超过数学建模所得奖项本身。他非常感谢数模,这让他能在这一段时光里迅速成长。

■ 无用之用

数模的时光只是大学生活学习的一个小片段,还有另外一个小片段是在学生会的时光。

在学生会的工作算是胥林凯在大学除了学习以外的第二要事吧。在这里面他学到了很多待人处事的道理。胥林凯相信这些必将是他的终身财富。有些人对胥林凯说学生经历是无用的,但是他却不以为然。易中天说:"当你发现一个东西,百无一用却又不可或缺时,则必有大用。"胥林凯觉得,自己不应将眼光局限于绩点,局限于大学四年的发展,局限于九龙湖,要看出去,去看看世界是怎么样的,看其他高校的学生、其他国家的学生又是怎么做的。在大骨班培训时,他庆幸自己可以与徐德旺学长交流。徐德旺学长是工科出去的高才生,本有着很好的薪资岗位,可是他选择了去招商银行实习。胥林凯很不解,但是许德旺的回答是,未来的时代必然以有多学科交叉知识的人才为尊。他在有了工科知识的基础上,再以四年换取金融方面的知识,他相信这一定是值得的。有人曾说,走大多数人的路便注定碌碌无为。大学,需要有自己的想法,走出自己的路。

■ 幸尔为伴

转眼间,胥林凯已成为东大学子两年了。这两年他曾为难以负担的任务而崩溃过,也为生活中的失意而伤心过,所幸生活中一直有老师和同学的陪伴,为他鼓劲,才有了成长的充实和收获成功的喜悦。两年的经历,他自己也受益颇多,从刚入学时的迷茫和不知所措到现在对自己的发展方向已经有了清晰的认识;处理问题时,也由手忙脚乱到现在的胸有成竹,井井有条;对生活、学习、科研都有了自己的一番看法。胥林凯很感激这两年的时光,让他拥有了大步向前的勇气以及底气。他很感谢身边有这么一群优秀的朋友、一群负责任的老师。

 李 俊

> 我了解胥凯林同学,他少时经历了汶川地震,较早理解了生命的价值,早早立志。大学以来,他不仅学业成绩优异,还有很强的组织能力,带领班级屡创佳绩。2018年将是他的新起点,冀望他由此出发,活出精彩人生。
>
> 自动化学院教授、2016级机器人工程专业班班主任　李　俊

董沛文 DONG Peiwen

■ 个人简介

董沛文,男,汉族,1997年9月2日出生,共青团员,计算机科学与工程学院、软件学院计算机科学与技术专业2016级学生。曾获国家奖学金;东南大学第十二届数学建模竞赛校级三等奖;创维集团第一届"大学生AI技能大赛"一等奖;东南大学"三好学生",计算机科学与工程学院、软件学院"优秀学生"等荣誉称号。

追求成功的自己

——记计算机科学与工程学院、软件学院董沛文

两年前,和所有同学一样,董沛文同学怀着敬畏而憧憬的心情,迈入东南大学这所高等学府的大门,那一刻迎接他的是一个广阔而未知的世界。奋斗、成长、享受、爱情、自由……曾经别人口中的大学,曾经自己向往的大学,当真正触手可及的时候,他的心中却弥漫开不安与疑惑。"大学里究竟要做什么?这四年中我究竟能有多少收获?我究竟要成为什么样的人?"他一遍遍地问自己,也一次次地在深夜思索。

■ 恪守本分

董沛文一直告诉自己,作为一个学生,提高学习能力是自己的本分。

从中学到大学,相信没有人能一下适应学习环境与学习方法的巨变,董沛文也不例外。仿佛就是一瞬间,没有了高考带来的强烈的竞争压力,没有老师手把手为他解决所有的难题,没有人在他耳边叮嘱要努力学习、要取得好成绩,一切都显得那么的悠闲自在。中学带来的学习习惯一直持续了一个学期,听老师讲课,完成布置的作业,似乎这就是完整的学习过程了,生活中也因此多了很多自在的时光。但享受完舒服惬意的一个学期之后,他却得到了令自己失望的结果,中学时的骄傲在一刹那不复存在。

当发现用中学的老方法无法适应新的环境时,董沛文开始反思自己的学习方式,并逐步改变。他试着课前了解课时内容,面对大学课程的快节奏,在有大框架的前提下更加容易将所学融入体系之中;他试着花更多的时间反复理解所学内容直到融会贯通,而不是仅仅止步于一知半解,止步于会写作业题;他试着减少娱乐的时间,适应更加自律的学习节奏。在大一的最后时刻,他终于使成绩大幅地提高,排名上升了十几名,一跃进入年级前十。紧接着的大二,在课程难度上比大一更深,他依然保持着自己的学习节奏,不敢有一丝懈怠,而且付出了更多的努力来理解这些深奥的内容。功夫不负有心人,大二一年他维持着年级第六的成绩。在学习的过程中,董沛文也乐于和同学们一起进步,尽自己所能帮大家解决问题,不少课程的项目中他作为组长,和大家一起攻克一个个难关。

在课外,董沛文同学也坚持不断提高自己,参加了"高等数学竞赛""数学建模竞赛""程序设计竞赛"等。虽然他的能力不足,很多比赛是空手而归,但他相信那仅仅是空手而已,对他来说每一次尝试都是对自己的一次锻炼与提升,同时不断地警醒自己仍有许多不足,他还需要继续向上。

之后董沛文参加了学院的实验室计划,也通过选拔进入了强化班,开始在导师的指引下接触比学校课程更深的内容。在学习中他意识到了自我学习的重要性,那些课本以外的,不能再奢求学校了,自己付出了多少,便能收获多少。尤其在计算机这个日新月异的领域中,只有始终保持着热情,紧跟时代前进的潮流,才能不断地看到新的风景。

■ 全面发展

董沛文一直告诉自己,要全面发展,不能只成为一个会走路的大脑。

全面发展从培养身体素质开始。中学的压力使董沛文的身体有些虚弱,对运动神经不强的他来说,体育算是半个噩梦。在大一的第一个学期,他的体育成绩甚至没能达到80分,也因此丧失了许多评优的资格。但他告诉自己不能自暴自弃,哪里短了就得把哪里补上,于是他开始了长期的身体锻炼。在暑假期间,他去学习了网球,并坚持运动了整个假期。直到大二结束,他把体育成绩提高了十分。

董沛文平时比较内向,不擅与生人交往,但渴望融入集体,与同学们打成一片的意愿促使着他去主动地参加集体活动。无论是运动会、集体出游、聚餐、轰趴,还是团支部磐石计划的集体表演,他都积极参与。这些活动给他留下了深刻而宝贵的回忆,让他看到了他们是这样一个可爱的大家庭,让他深感幸运能够遇到每一个人。

在学习之余,董沛文也不忘发展兴趣爱好,在大一时加入了网球与台球两个社团,参与了许多社团活动,认识了不少的朋友。大二时学业繁忙了许多,他更希望加入一个和自身专业学习相关的团体,于是他选择加入了学校的创维俱乐部。俱乐部内举办了许多活动,作为一个喜欢玩游戏的人,他从零开始做出了自己的第一个小游戏;他也在不到一个月的零散时间里,自学了一门新的语言、一个新的平台,做出了第一个简单的手机应用。他也因为所做出的成果而跻身技术部。俱乐部负责承办了创维集团的活动,他作为工作人员出席宣讲会,更是近距离接触了集团的创始人,被其演讲深深打动。在这个团队中,他结识了很多优秀的人,在和他们的交流与合作中,他看到了自己的不足,并下决心努力向他们学习。从始至终他都觉得自己很幸运能够拥有这段经历,能够和这么多优秀的人成为好友。

在砥砺前行的同时,董沛文也喜欢亲近自然,拓宽阅历。过去的两年,他和朋友们去全国各地游玩,厦门、成都、黄山、哈尔滨,从南到北都留下了他们的足迹。他见识了不一样的风光,遇见了不一样的人,了解了不一样的文化。他惊异于自然造化,感叹于先人智慧。

■ 走进社会

董沛文一直告诉自己,不能固守象牙塔,要与社会和外界交流。

在大一时董沛文同学参加了学校的回访母校活动。他曾无数次听别人传授人生经验,却从未料到这一天来得这样快。这一天他作为学长站在讲台上诉说着自己的故事,诉说着东大这所优秀的高校的故事,诉说着和它的邂逅。这一天让他感慨万千,他终于意识到自己不再是那个听着童话故事安然入睡的小孩了,他已经走在了渐渐成为他们的路上,成为他的老师、他的父母,成为支撑起社会的一分子,而他所要做的便是努力让自己变得更加优秀。他不知道是否感动了学弟学妹,至少他感动了自己。更让他开心的是下一届的学弟学妹们有十余人录取了东南大学,比起他这届的三个人实在是巨大的飞跃。他也为母校拿到了东南大学优质生源奖,陈列在母校的展览台上。

假期里他与几位同学一起进行了社会实践活动,他们走访了苏州的几个著名古镇,调查在这个经济快速发展的城市中的古镇样貌。结果虽令他有些失望,但又在情理之中,这些古镇依然保持着古色,可其中却融入了大量现代商业元素,让他们感到古镇文化正渐渐流失。最后他制作了一份调查问卷,收集大众对此的看法。他们发现:大家都希望能够减少商业元素,使古镇文化能够被更好地保护、传承、弘扬。

暑假期间,董沛文参加了半个月的实习。每天一大早他便爬起来从学校赶去公司,光路程就要一个多小时。一起实习的有本科大三、大四的,也有研究生快毕业的,学校不同、学历不同,却丝毫不影响他们之间的合作。在一起学习的过程中,大家都成了很好的朋友,在公司导师的指导和自我学习中一点点进步,一点点地做出一个完整的项目。最后他所在的小组完成了一个电视端的基于智能语音的游戏,并在最终的展示中脱颖而出,获得了比赛的一等奖。这是一段令他铭记的时光,回忆里工作的辛苦被大家在一起的快乐抹得一干二净,同时也意味着他在人生旅途中又向前迈开了一大步。

■ 渴望成功

董沛文一直告诉自己,努力追寻成功,成为一个真正的成功者。

"很多人说想要取得成功,但实际上只是有点想而已,他们对成功的渴望甚至比不上对睡懒觉的渴望。如果一个人曾有过哮喘的感觉,他不会在意电视正播放着什么,他不会在意有谁打电话给他,他唯一要做的就是吸取新鲜空气,当理解到对成功的渴望就像对呼吸的渴望时,他便能获得成功。"当董沛文第一次看到这段话时,就被深深打动了。他告诉自己,他会像渴望呼吸一样渴望成功。他告诉自己,他会拼尽全力,勇往直前,只为成就一个成功的自己。

 张文青

> 董沛文同学在大学期间的进步是巨大的,在所有人进入大学都有的困境中,他一步一个脚印,用自己的努力和汗水不断地证明自己,同时也向大家证明了,即便在大学伊始有诸多的不适应、迷惘和困惑,只要努力,就能遇见更好的自己。
>
> 计算机科学与工程学院讲师、博士 皋 冯

王朝晖
WANG Zhaohui

■ 个人简介

王朝晖,男,汉族,1998年7月出生,中共预备党员,东南大学物理学院物理学专业2016级本科生。曾获校长奖学金,东南大学教育基金会奖学金,恽瑛奖助学金,社会工作优秀奖;东南大学"三好学生标兵""优秀团干"等荣誉称号。主持国家级大学生创新创业训练计划项目一项。

不负青春，砥砺前行
——记物理学院王朝晖

恽瑛教授说过这样一句话："要明白自己想要做什么，在做什么，想明白了就要朝着它一直努力下去。"找到自己人生方向并为之奋斗，为即将到来的幸运做好准备，是他一直以来的人生信条。

■ 刻苦钻研　　潜心修炼

他是王朝晖，是一个平凡但拒绝平庸的东大学子。

回想过去，觉得有些不可思议，王朝晖最开始对物理、对科学的热爱源于语文老师的一句话："所谓物理，乃万物之理，是我们了解这个世界的方法。"从那时起，他便对物理产生了崇敬与憧憬。从那时起，他便想做一名物理学家，想要了解这个世界。高二时的分科他很自然地报了理科。高考填报志愿，他没有听从亲戚的建议，只听从他的内心，选报了物理学，再次与物理结下了四年之约。力热光电的基础物理让他加深了对世界的认识，玻尔兹曼打开统计力学大门，麦克斯韦方程组揭示电磁场的完美对称，薛定谔的猫永远生死不明，拉格朗日力学的巧妙运算，都让他重新建立起对物理世界的认识。他会彻夜刷题只为了考试取得好的分数。物理真正吸引他的是它的简约，是一个个简单公式背后隐含的物理规律。练习题能够带给他的只是运用这些知识，而真正把握物理的精髓,需要认真的思考,而他正走在这思考之路上。

学习之余,他还参加了一些科研项目,这也是他第一次接触物理科研。刚开始,他茫然无知,一篇文献要看一个星期,在老师的指导下慢慢掌握到物理模型建立的方法,然后开始逐步探索一些高分子物理领域中比较有意思的事情。一步步走来,他都觉得不可思议,又觉得顺理成章。当看到自己得到的模拟数据与现有理论几乎相符,当课题又有了新的突破之时,他内心的愉悦无以言表,而想到科研成果能够发表在物理学术期刊上,浑身又充满了动力。说来也幸运,他有幸带着科研成果前往华盛顿2018AAPT(美国物理教师协会)夏季会议作交流。经过14小时的长途飞行,身体已然疲惫不堪,但内心却十分激动。从慌张,到坦然,从刚开始不敢说话,到后来享受和当地老师交谈,这短短一周的交流时间使他收获颇丰。聆听NASA的天文报告,通过交互式教学感受引力波的奥妙,聆听年会大奖获得者的演讲,这些都使得他又加深了对物理、对科研的兴趣。

■ 乐观开朗　　向阳而生

平常的他,也是一个精力充沛的运动男孩。"无兄弟,不篮球",他热爱篮球,和兄弟一起在球场挥洒汗水的感觉令他沉迷。他的加入也为新生队、为院队注入新鲜血液。大一的他在院系杯赛场上守着饮水机,抱着毛巾为队友呐喊助威。而今年作为高年级学长的他,也势必要带领球队冲击优异成绩。除了篮球,跳高也是他的一个小特长。高中时候代表班级出战运动会,拿到银牌。2017年的学院联合运动会,他就为物理学院拿下了一块金牌。2018年的校运会上,他又拿下了一块历史性的跳高金牌。据说这是物理学院近四年来唯一一块校运会上的金牌。除此之外,他还擅长打羽毛球,在学院的"羽化登仙杯"比赛上取得第三名的成绩,也因此结识了不少好朋友。另外,大二期间他还作为篮球新生队、羽毛球新生队的领队,和学弟学妹一起冲击学院历史突破性成绩,在平常训练、玩耍之时,也和新生相处十分和睦。大学期间,他也接触到了另外一种运动——健身。他喜欢锤炼自己身体的感觉,每次锻炼完之后手臂的无力感和肌肉的酸痛感都使他倍感满足。因为他知道,他又进步了。也正是这项运动使得他脱离了"瘦麻秆"的称呼,使他变得自信,变得自律。与此同时,他还组建了健身小组,与队友们相互督促一起健身,将这种相对更健康的生活方式分享给更多的人。

除了运动,他平常也喜欢看电影。《肖申克的救赎》教会他无论在什么样的境地下,都要保持坚强的内心和不屈的灵魂;《大话西游》让他更加深刻地理解爱情和羁绊并去思考何时放手何时紧握;当然漫威系列的大片必定也是他的最爱,那一个个英雄的故事不仅让他向往也让他懂得了去理解一个人在光鲜亮丽的表面背后的无奈和心酸。从一部部电影中他了解了不同的人的故事,也让他对生活、对人生有了更深的体悟。

■ 恪尽职守　尽职尽责

入学伊始,他便竞选到班长一职,而同学们也都给予他十足的信任。作为班长,他深知肩上的那一份责任。平日里大家一起上课,下课了串着宿舍一起交谈。虽然同学们都来自祖国的五湖四海,但在物理学院里,找到了家的感觉。有的时候不需要说话,一个眼神的碰撞就知道对方的想法。大家都身处异地,最重要的就是给予足够的归属感。为此,他组织班委开展了以"家文化"为主题的系列活动,让大家充分了解到家的含义,也让大家在物理学院2016级本科生的大家庭里找到自己的位置。

非常幸运地,他得到学院的推荐,参加第三期大学生骨干研习营,那时的他还只是一个刚升大二的学生,身边却坐着各个学院、各个社团的精英,难免有些自卑。在"大佬班"中,他也找到了属于自己的位置,和大家深入交流。经过课程学习,实地调研这几道"小火慢炖,大火焙烧"的工序,他也逐渐吸收

"鲜美汤汁",和大家一起,熬制出了一锅喷香美味的"大骨汤"。领略陆挺书记"无用之大用"的魅力,感受张少卿学长的"家国情怀与担当",一堂堂生动的课程,都极大地开拓了他的眼界,为他打开了一扇新的大门。他平凡,但他拒绝平庸。他明白,他需要不断突破自己,锤炼自己,虚心听从别人的教导,这样才能将想要的人生抓在手中。

大二一年可以说是最忙碌的一年,他很荣幸地得到了院团委的赏识,担任物理学院2016级本科生团总支部书记的职务,联合两个团支部开展了"清风满东南""筑梦南华"等一系列非常有意义的团日活动。支部也在这些活动中收获了很多。国旗团支部的竞选,他们支部积极踊跃,而经过他们几天几夜的共同奋斗,斩获了国旗团支部入围奖以及人气奖。在整个准备过程中,大家像一家人一样为了同一个目标而奋斗,那种感觉,是一生的回忆。他所带领的班级还获得"江苏省省级先进班级"荣誉称号。为了这份荣誉,班委呕心沥血,废寝忘食,整整四天,每天都是凌晨三点收工。回顾两年来班级做过的活动,整理他们班级的活动材料,过程是难熬的,但结果却是令人十分开心的,班委成员们望着那50页的申报材料,扬起了最会心的微笑。

现在的他,也完成了自己的一个梦想,成了物理学院100182班的班指导,帮助学弟学妹更快更好地融入大学生活,并把他初入大学的各种困惑诸如SRTP学分要求,人文讲座聆听要求以及绩点的计算方法等内容一一给他们解释清楚。他时时刻刻在用自己的一言一行为他们做表率。听着他们一声声"王导"的呼唤,看着他们能够快乐地开始他们的大学生活,满心的成就感油然而生。

■ 不忘初心 砥砺前行

不管是在学生工作、学习科研,还是平日生活,他都有条不紊地张罗着,在这些角色之间来回穿梭,在忙碌中寻找平衡,在平淡中找寻自我。人生漫漫,大学四年不过如同白驹过隙,这些也只是他人生道路上的小小插曲。命乃弱者借口,运乃强者谦辞,现在得到的成就不过是运气降临,放下荣誉,放下身段,潜心修炼,刻苦钻研,才能更上一层楼。他相信每个人都能走出属于自己的人生之路,也相信每个人都有属于自己的精彩人生。

未来的路还有很长,需要去经历的还有很多,让永不失去的斗志继续陪伴他前行,坚守永不言弃的信念。

 梅仂盈

王朝晖同学学习勤奋刻苦,工作尽职尽责,有着较强的工作领导能力;注重自身综合能力尤其是团队合作精神的培养,在各项工作中起到中流砥柱的作用。希望他再接再厉,取得更大的成就。

物理学院副院长、教授、硕士生导师 戴玉蓉

师长点评

段秋怡
DUAN Qiuyi

■ **个人简介**

段秋怡,女,汉族,1998年10月出生,共青团员,东南大学生物科学与医学工程学院生物医学工程(本硕连读)专业2016级学生。曾获国家奖学金,吴健雄·生医奖学金,联众奖学金;全国大学生艺术展演一等奖,江苏省高等数学竞赛二等奖,数学建模竞赛江苏省一等奖;东南大学校"三好学生标兵"荣誉称号。

兰茝幽而独芳

——记生物科学与医学工程学院段秋怡

《九章·悲回风》云："兰茝幽而独芳。"

兰茝这些香草虽然生于幽僻之地，但依然散发芬芳。不需要别人的瞩目，不会因外界而随意改变，无论有无文人墨客的褒贬，芬芳就是芬芳，客观存在，不可否认。

她的高考因差一分而难以进入理想的大学和理想的专业。报考这样一个专业完全属于意料之外。出于对化学的热爱，仅仅因为招生通知上"生物科学与医学工程"那栏下面的"化学"二字，她阴差阳错地来到了这样一个从未了解过的专业。

她吭哧吭哧地啃着从未接触过的、晦涩难懂的工科数学分析、几何代数、C++程序设计课本，什么也不懂，对着辅导书抓着头发，开始了同她预想完全不一样的大学生涯，正应了那句话——"理想太丰满，现实太骨感"。

从一个较为熟悉的环境突然孤身来到一个陌生的环境，这种感觉早在她高一时便感受过一次。既认不清自己的定位，又不知该是自信还是自卑。周围都是各大名校的尖子生、竞赛大神，而她反观自己，似乎什么也不是，似乎卑微如一粒尘土。

可是，所谓的"定位"真的那么重要吗？一个人的心态应该因为所谓的"定位"而改变吗？似乎不是。后来的她逐渐领悟到，无论在任何情况下，一个人都应该不卑不亢,都应该胸怀坦荡,都应该有一种"我自风情万种、与世无争"的心态。

外界的"定位"没有那么重要。就像山间的一株兰花,"兰之猗猗,扬扬其香",兰香自有其一番风韵;"不采而佩,于兰何伤",她不需与百花争那一丝骚人墨客的赞赏,也不需要在那些人的心里求得一席之地。因此,一个人的努力,也不应以"我想要被别人看到很努力"的目的而存在;一个人的努力,最好是以一种"兰茝幽而独芳"的心态;一个人的努力,应该只为了散发自己的芳香;一个人的努力,自然会有让他拥有"居高声自远,非是藉秋风"的能力。

■ 平凡的事情做到极致就是不平凡

努力是一件很平凡的事情。抱着"尽量努力"的心态,她开始把学习习惯调回到高中模式,课上尽全力去听,课下追着老师问问题,课后泡在图书馆找辅导书、复习、预习,周末不是图书馆就是教学楼——因为她还没有懂,所以她要尽力去弄懂。慢慢地,她在拿到大一上学期期末的成绩时,有点开心——专业第四名,似乎还不错,但也还是有些遗憾——她觉得工科数学分析和 C++ 程序设计或许还可以做得更好。在日复一日对工科数学分析的学习中,她突然发现自己居然开始有那么一点喜欢这个令大家都嚷嚷着掉头发的家伙了,课堂变得可亲起来,作业也变得似乎不是那么像天书了。在和工数老师的交流中,她了解到她们学校每年还会有高等数学竞赛。高数竞赛?听起来似乎有点可怕,但也有点诱人,不妨花点心思准备一下然后参加一场?既然参加了就一定要尽力,于是她在"解题""问题""整理错题"的路上越走越远,终于,在校赛上拿到了三等奖的成绩。但是赛后回想起赛题,她还有好多不确定和不会解,似乎还没有尽力。幸运的是,通过这场校赛她拿到了江苏省高数竞赛的名额,似乎又可以再拼一场!于是,在这样的心境下,她努力再努力,最终拿到了江苏省二等奖。遗憾是不可能被根除的,重要的是,她尝试过将对高数的学习这一平凡的小事向极致推进,尝试过将它变为不凡。奖项此时已经不重要了,对于曾经"怕"数学的她而言,这已是不凡。

就这样,尽管曾经她和很多人一样,由于某些学科上标着的"必修"的字眼,被迫着接受了它们,开始了她平凡的学习生活,但是,正是抱着"她可不可以做得更好的心态",她从高数校赛三等奖走到省赛二等奖,从数学建模竞赛校一等奖走到江苏省一等奖,从英语写作竞赛校三等奖走到在TOEFL考试中拿到了还可以的成绩,从绩点专业第四名走到年级第一名。在这个过程中她曾经畏惧的学科,最终都变得有点和蔼可亲;在这个过程中那些平凡的小事,最终都变成了她心中不凡的记忆;在这个过程中她的那些犹豫彷徨和畏缩不前,最终都慢慢失去了抑制她前进步伐的能力。这时她就想起了高中班主任的话:"把平凡的事情做到极致就是不平凡。"她还没有到达极致,她还可以更加努力,但是她创造了自己心中"不凡的自己"。

■ 与其临渊羡鱼,不如退而结网

她曾经也很羡慕化院的同学,羡慕他们可以泡在化学实验室里一直做化学实验,可以开发出新的分子、新的材料,那她自己呢?"交叉学科"的标签总是让人有点不解。

大一的生物医学工程概论课上,她了解到,她选择的专业方向可以偏电,也可以偏化学和生物,"交叉学科"的特点注定他们要广泛地学习电类、化学类、生物类、医学类的知识。而作为一个工科学科,他们所做的更加偏向于应用、更加贴合实际需求、更加容易创造价值。张宇老师在他的讲座中提到:"我们做交叉学科的,一定要有一个基点,从这个点发散出去,与其他的学科交叉。"于是,作为一个冲着"化学"二字而来的人,她心里不禁有些痒痒,能否将化学作为她在这个学科学习的基点,进而延伸出去呢?不去发现,怎能对一个新事物有所发现呢?

"与其临渊羡鱼,不如退而结网。"于是在大一结束的暑假,她就去找了学院生化方向的吴富根老师聊了聊,发现原来光化学居然还可以被应用于癌症诊疗和消毒杀菌,她便欣然在吴老师的实验室待了半个暑假,学习一些生物材料的化学合成、结构表征和细胞、细菌实验技术。学习了之后又觉得"绝知此事要躬行",想找一些练手的机会,于是在大二初找了两个小伙伴一起申报了一个SRTP项目。就这样,她从一个拿着移液枪都有点不知所措的实验室小白,成了一个SRTP项目小组的组长。后来本着"既然做了,就尽力去做吧"的想法,他们一路上克服各种困难,把它变成了一个中期优秀的校重点项目。

现在,她常常在想,或许进入这样的专业是冥冥之中注定的吧——能够进入一个研发型的专业方向,用化学的知识去解决医学中的难题、提升病患的存活率和舒适度,这不正是和在她填报高考志愿时给了她无限勇气和热情的,与青蒿素研究者、开发者屠呦呦相似的工作目标吗?这样的一个专业方向不是很有意思、很有价值吗?这不是当下她可以用来实现人生价值的最佳路径吗?

很多人的周围都有一些"时运不济"的朋友——他们才华横溢,他们志存高远,他们就是运气不佳,她的周围也是。她有时也会劝劝他们:"运气"这种事情,至少会有一半的原因在于自己,如果只是一味地给自己找借口,不去抓住时机反而怪罪没有机会,纵使才高八斗,也无处施展啊!一位已被"授之以渔"之人,"临渊羡鱼",这才是其无尽懊悔之源吧,她常这样想。

■ 心有猛虎,细嗅蔷薇

在平时的学习生活中,她可谓"心有猛虎",可是在课外活动中,她会也有"细嗅蔷薇"的一面。

因为学过乐器,所以常常参加各种文艺活动。因为沉醉于和声美妙的心灵共振,所以加入了东南大学 SEU 室内合唱团。在军训合唱比赛前的排练中,辅导他们唱歌的学长们给放了本校十佳歌手陈亮均的《唱到世界颠倒》,这是一首由他们自己作词、作曲、编制伴奏、混音的歌,刚把钢琴的前奏听完,她便有一种莫名的感动——这首歌唱的大概就是青春的模样吧!于是她更加坚定了努力成为他们一员的决心。渐渐地,她从连发声都漏气的声乐小白,到能够比较正确的发声,再到能够通过团内的考核进入江苏省大学生合唱展演比赛的准备团,再到和团员们一起成功拿下江苏省大学生合唱展演的初、决赛特等奖,最后,一路过关斩将,和大家一起站在复旦大学相辉堂的舞台上拿到比赛的一等奖,这可能就是源于她自己对爱好的追求吧!

此外,虽然大学时并未参与竞选文艺委员一职,但十二年的工作惯性拉着她一马当先地参加了院内外的许多演出。这两年来,她曾和几个朋友组成了一个吹拉弹唱几乎全了的小组合参加迎新表演,也曾和另一个同学担负起了班级合唱教学以准备"魅力团支部"的评选,也曾在新生文化季的舞台上作为当时团内唯一的生医人唱响过校歌⋯⋯

因为喜欢,所以追求;因为喜欢,所以绝不放弃;因为喜欢,所以要尽力去做好一点一滴。这是她的信念,也是她的行动。

■ 赠人玫瑰,手有余香

志愿活动就是这样一件事情——"赠人玫瑰,手有余香"。在志愿活动中,大概最能感受到最真挚、最温暖的人情。

她在初中时就曾幻想过成为 2014 年南京青奥会的志愿者,然而最终因为学业繁忙而不得不打消这个念头。大学则刚好给她提供了这个机会。

给她印象比较深的一次志愿活动是在南京南站做地铁志愿者的时候,她的工作是辅助行人使用售票机购票,而那时来了一个白发苍苍的老奶奶,一个人拖着三个大口袋,加起来可能有整个人的两倍大,说是进城找她的儿子,可是又不知道该买什么票、坐到哪一站下车。老奶奶大声地跟她说了一个含糊不清的地名,于是她问了老奶奶儿子的联系方式,帮老奶奶问到了车站名之后,看老奶奶一个人拎着那么多袋子步履蹒跚,又过不了地铁闸机,就又决定帮她送进车站,把她交付到了站内负责指路的志愿者手上。看着南京南站熙熙攘攘、川流不息的人群,想到那每日几万甚至几十万人次的南京南站,总会有几个或几十个人,接受到了她的帮助,或是更快地买到了票,或是避免了排错队的麻烦,看到他们对她致以的微笑,回想起那些或是普通话,或是带着些方言口音的致谢,她觉得心里有一阵暖流经过。

吕碧城说过这样一句话:"我到人间只此回。"她说,她到人间也只此回,故而要活出自己的风景,不以平凡而不去努力;如兰蓝散发自己的芬芳,不以他人评价而轻易改变本心。她,还在路上;她,未达极致;她,尚可成为更加理想中的自己。

 李冬梅

师长点评

段秋怡同学勤奋踏实,好学上进,业余爱好丰富,对待学习和工作都一丝不苟;她为人谦虚,敢于尝试,面对困难迎难而上。希望她能够保持对学习和科研的热情,坚定自己的信心和目标,争取获得更好的成绩。

生物科学与医学工程学院党委副书记兼副院长、副教授　周　军

刘志康
LIU Zhikang

■ **个人简介**

刘志康,男,汉族,1996年4月25日出生,共青团员,东南大学材料科学与工程学院2015级本科生。曾获2017—2018学年东南大学"三好学生"荣誉称号。

志愿青春永无悔
——记材料科学与工程学院刘志康

　　大学生活，与之前的学习和之后的工作相比，拥有最多自由的黄金时光。在入学前，他就仔细思考过如何让这令人兴奋而又充满挑战的自由变得更有价值。我们或许听到过在大学四年里自甘堕落的悲剧，或许敬仰崇拜过那些能践行"自律使人自由"这一信条的佼佼者，所以，在他预想的大学生活里，他想要在学生组织一展拳脚，想要在实验室里刻苦钻研，更想要热心公益，奉献青春。所幸，在今天看来，这些事他都做到了。

　　刚入学就加入院学生会，以及后来有幸留任院文化部部长的这一经历，既让他结识了第一批志同道合的友人，也确确实实锻炼了他的工作能力，这种工作能力不在于专业技能的培训，而在于心态、思想的匡正：如果你想要做好一件事，无论是在大学里还是在以后的社会里，好的态度和端正的思想一定是必不可少的。在这一过程中，他感触最深的就是学生间的代代传承——那是中华民族最独特的精神。在他还是干事的时候，他主持了院的迎新晚会，当时他为此天天东奔西跑，却也乐此不疲，全身心的投入换来的必定是好的结果和难忘的记忆；而在他成为了文化部部长之后，他策划了下一年的迎新晚会，这时他才真真体会到原来办好一场活动是如此不易。也就是在这样一个过程中，他才越发喜爱院文化部的工作，越发能感悟到一件事需要全方位考虑的道理。

进入大三,他退出了学生会,并不是因为对繁忙工作的厌烦,而是想要全身心地投入校园梦爱心社的社团建设中。下此决心是因为他在大二的暑假参与了由该社团组织的"筑梦黔行"暑期支教活动。而这21天的经历,注定成为他大学四年里最宝贵的记忆。

时光回溯到2017年3月份,社团支教项目负责人找到他,想让他担任第一期"筑梦黔行"支教队的副队长,地点是贵州省黔东南苗族侗族自治州天柱县桥坪村——一个交通闭塞,方圆20里仅有一所小学的村庄。而他与桥坪,与那些可爱的孩子们的缘分,也正是从那声毅然决然的"好"开始的。支教之路固然曲折难走,幸运的是他的家人对此举大力支持,作为教师的妈妈甚至想亲身前往小学,献出自己的爱心。从3月至7月,支教队从一正一副两个队长,发展成了一支由21名成员组成的队伍。在这期间,夜跑、培训、备课、街头募捐,每一件事都是围绕着远在千里之外且素未谋面的孩子们,而这一切,他都觉得值得。7月4日,队伍在经历了30多个小时的颠簸后,终于来到了桥坪小学。

为了欢迎远道而来的志愿者老师,村委会在学校里挂起了横幅并召集了前来报名的120余名学生在操场上举行了欢迎大会,刘志康在脑海中幻想了无数次的相遇场景,就在烈日下的快门声和学校教务处陈主任略显生硬的讲话中开始了。村里的乡亲们也非常热情,他们把村里一半的两年老鸭做成最美味的菜肴来招待他们;看着越来越多的学生把教室塞到坐不下,看着门窗外那一双双充满托付与希冀的眼睛,刘志康感到了一丝紧张,责任感和使命感油然而生。而当真正开始授课时,情况却又出乎了他的意料,惊喜而又感动。六点,不知疲倦的孩子们聚集在校门口叽叽喳喳,把一群正在睡梦中的老师吵醒,起床气很重的刘志康却在奶声奶气的孩子们面前妥协,于是怀着对美梦的恋恋不舍,起床洗漱,去食堂,抢着馒头、榨菜、"老干妈"。看着匆匆吃几口的英语老师去班里默单词,听着没有见到肉和鸡蛋的数学老师嘲讽那些吃多了好东西的人长不高的碎碎念,生活的紧凑推着周围的人快步向前走,而他也在想着讲台上该怎样组织语言,才能让台下的目光更明亮。七点,一阵朴素而急促的铃声响起,世界安静了,只剩下朗读声伴着夏日的慵懒和悠长,又一阵朴素而急促的铃声响,世界又恢复了欢笑与喧闹。太阳下,日子就在秩序与混乱的频频交替中度过,直至月圆变成月缺,却又不再希望月缺变成月圆。每一天,他都在盼望路的另一边广场舞音乐响起的那一刻,那些曾经"低俗"的音符竟成了大家不约而同的暗号,默契的是,等待也是相互的,每次他都能看到大妈见到他们时慈祥而又轻快的微笑,于是他便带领着大学生团队加入大妈的阵列里去,从手脚生硬到游刃有余,从小心翼翼到落落大方,那些简单而又随意的动作成了身心共同的记忆,好看过世间最美的舞蹈。洗过澡,与飞蛾、蚊子、蜘蛛的斗争是永无休止的,好在他无暇顾及这些来自简单生命的"友好",这个村子是世界的中心,它周围有太多美的东西等待你去感受,甚至和同为"钢铁直男"的队友一起看星星也是件浪漫的事,当没有了电脑、手机的捆绑,生活需要这些消遣;夜深到可以睡下了,疲惫,满足而又安稳,再次醒来,又是一个令人期待的周而复始。只可惜,时间经不起周而复始,一天天的周而复始,一周周的周而复始,汗水洒过了,梦想说完了,舞台落幕了,没有课要备了,没有事要做了,合照拍完了,人去楼空了,烟花也放完了,离开的大巴车也终究要转过那道弯。

  从贵州回来的他并没有满足于一个月的支教体验,大三一年,他在社团的主要工作仍是筹备第二期的暑期支教。在最应该沉下心权衡是该工作还是该考研时,他却选择了再次前往贵州省天柱县带队支教。而这次,前往桥坪却让他承受了或多或少的压力:一来,家里人不甚了解他在考研这个节骨眼上为什么重复选择一年前的经历,到底意义何在;二来,曾经的队友都已经有了更重要的事情要做,他实在不知道他是否能带动新的队友把事情做好;三来,他自己也纠结过很多次,身为队长,他究竟能挑拣去年支教的哪些精彩片段、精美瞬间或者一些小失误、小失败作为筹码,来碰撞新队友脑海中树起的那份美好或者犹豫。但终究,执念战胜了纠结,或许是因为想念那个要强的五年级小姑娘,或许是因为想念那里的老师和老乡,也或许是因为想念那个叫天柱的小县城——那是他心里的第二故乡。

就这样,揣着比其他队员更复杂的心情和更明确的目的,他踏上了征途,像是去拜访一位只相处过一个月却朝思暮想、无比熟悉的老友,他的憧憬中少了些许新奇,却多了些缅怀。要感谢之前的经历,除了申请校级项目失利之外,其他的事进行得都很顺利,至少在到达天柱之前是这样的:二十几个小时的车程于他而言似乎不再那么难熬,众筹、赞助、街头募捐等等虽然有些磕绊,但毕竟有了经验,所以效果也都还不错。然而,自从到了天柱便状况百出:队员发烧严重不得不回家治疗,学校里六台教学电脑只剩一台能用,暴雨引发泥石流导致没有清水……他不会治病,不会修电脑,更阻止不了泥石流,这些问题带给他异常沉重的无力感,也让他的第二次桥坪之旅,一开始就处于情绪崩溃的边缘。

他努力想找到去年支教队的影子,却发现这两批人的生活模式大不相同,大家不喜欢去柴房后看星星,不喜欢跳广场舞,不喜欢去三楼备课……不喜欢他曾经当作快乐源泉的一切事物。他竟然在本该热闹而愉快的集体生活中感受到了一点孤独,他甚至自问是不是同样的快乐不可能体会两次。他想照顾好所有人的情绪却往往适得其反,他在该树立必要的威严时却表现得怯弱,他面对问题优柔寡断而且顾虑太多……

所幸,人是懂得自我调整的动物,痛苦和快乐一样,都不会永久地延续下去。到了第二周,当真正放下"队长的担子"时,他才渐渐发现,大家对每天去井塘洗衣服然后提一桶清水回来洗澡这样一套"复杂的流程"乐此不疲,大家不在乎少了人而授课压力变大,不在乎没有多媒体而只能用嗓子来上课;他才渐渐发现,原来油麦菜也是非常好吃的食物,原来每天睡个午觉也是件极幸福的事;他才渐渐发现,坐在星空下,与彼此说着真心话其实也是一件很浪漫的事情。他认识到了自己的错误,他太在乎回忆中的美好,于是把自己囚禁在"找也找不到,活也活不好"的笼子里,却忽略了这支队伍无论男女每个人都很可爱、好看又尽职尽责；他太在乎队长的身份，于是刻意地把一些莫名其妙的压力硬往自己身上扛，毫无意义又把自己弄得狼狈不堪，一步一步落在其他人快乐生活的后面。人生中的事，极少能以好坏评判，更多的只是不同。所以当他慢慢融入这支新队伍的时候，他才完成了梦了良久的重逢：与孩子们重逢，与天柱和桥坪重逢，以及与自己重逢。

第二次告别桥坪，伤感还是有，但更多的是一种圆满的幸福，就像他在明信片中与一年级的小朋友说的那样：不要忘记我，我会再回来。

所以，大学三年，他的时光在"支教"中度过，他的青春也为志愿奉献，但他无悔，当他某年某月某时静静地回忆往事之时，他一定会感激自己曾经的决定。

 杨 吉

> 刘志康同学在较好完成本科生学习任务的同时，还能够积极参与院学生工作和社会志愿活动，这是非常值得大家学习的。大学最主要的任务不是教会一个学生多少知识，而是帮助学生选一条能实现自我价值，为国家和社会积极奉献的道路。
>
> 东南大学材料科学与工程学院讲师 晏井利

师长点评

徐潇航
XU Xiaohang

■ 个人简介

徐潇航,男,汉族,1998年8月出生,共青团员,东南大学材料科学与工程学院2017级本科生。曾获校"文艺活动优秀"奖学金,光华奖学金;校军训合唱比赛特等奖与最佳指挥奖,校"拾舞度"大赛季军,"沙场点兵"校创业大赛冠军,第十一届"中华赞"朗诵大赛一等奖,江苏省"军训之星"比赛一等奖与最佳表达奖等奖项;曾获东南大学"优秀学生干部"、"优秀团员"、军训"优秀学员"、校主持人大赛"十佳主持人"、青少年高校科学营江苏科学营活动"优秀志愿者"、东南大学第四期大学生骨干研习营"优秀营员"等荣誉称号。

前行者
——记材料科学与工程学院徐潇航

一个乐观向上的学生、半个拼搏奋进的创业者；

一个敢改变的创新者、半个外向赤忱的艺术者；

一个会思考的材料生、半个因爱发声的演说者；

一个有能力的引领者、一个愿竭我才的东大人。

这，或许是我的概括。

我是徐潇航，一个不止步的前行者。

我有平凡而有趣的故事，希望说与你听。

这个故事该从何说起呢？

■ 是为彷徨人，挣于荆棘前

不知道十多年前你是否知晓一位口吃的大嘴男孩，他并不是天生结巴，而是年幼由于太过于调皮，一不小心便在幼儿园同学们的玩闹中学来了这个"技能"。他说话几乎没有利索的时候，到嘴边的第一个字总是卡壳得说不出来，以至于和任何人交流都要憋红脖子和脸蛋；以至于他一想到要与人说话就会战战兢兢；以至于他开始不敢与人交流、开始变得轻微自闭。那时的他虽然比较瘦弱但嘴巴较大、嘴唇肥厚，显得整张脸庞有一种异样的"美感"。所以之后不管是在小学还是初中，"结巴""河马"等戏称一直伴随在他的身旁。

他从记事起，哭的次数便很有限，但是几乎七成的原因来源于此。

他渴望不被人嘲笑，渴望受到他人的认可，渴望不再软弱。然而他渴望的越多现实对他打击的越大，他因此失去了许多提升自我、展现自我的机会。他囿于现实的牢笼，疯狂挣扎，那时陪伴他挣扎的只有四件事——学习、朗诵、画画、舞蹈。

因为不太敢与他人交流，所以他便经常沉浸于学习中，从学习中寻找安全感；每当口吃严重，说话缺乏自信时，他便会记起父母督促他的朗诵，在心无旁骛的情形下进行顺畅的朗诵，听到自己每个字都可以连贯在一起从口中说出的感觉是美妙的，那时的他是快乐自由的；每当自己受气，而不敢诉说时，只要他提起水彩笔、铅笔、水笔等画笔，他的内心总能够找到一份平静；每当他囿于现状、想爆发情绪时，他都想去和别人吵一架或者打一架。然而当时软弱的性格为他寻到了音乐中的舞动，只要心情不舒畅便会打开老式的 DVD 播放机，去听各种国际标准舞的音乐，随音乐舞动，思考如何才能将老师上课讲的舞蹈动作融入身体，思考该如何发力才能够更好地带好舞伴，思考如何才能克服害羞的毛病。

多次细心锻造的铁终究能够变成好钢，有时候痛苦更能够锻炼一个人的能力。他在现状中挣扎着，挣扎着。终于，石头上挣扎出一条裂缝，开出了一束小花，他的口吃开始渐渐减弱；他的成绩一直名列前茅；他的绘画技巧越学越多，从卡通画到水粉画，到线描再到素描；他虽然是同一届跳国标舞中舞蹈资质最差的那个，但是他对现状的挣扎让他的舞蹈基础得以不断锤炼，他开始不再害怕与他人接触，并能够与他的舞伴默契配合，他成了进步最快的那一个，并参与了许许多多的比赛。天赋不行，后天历练，最终在初二的暑假中他在一次全国比赛中斩获金牌，之后凭借此份殊荣通过了上海戏剧学院的考验，获得了上海戏剧学院少年生的资格。

然而，生活可笑。人在成功那一秒都会膨胀，少年心性的他更是如此。

那时正好赶上叛逆期,他感觉事情开始变化,认为自己十分了不起,可以好好地放纵甚至不用读书。这个时期他几乎以一种游离人的姿态生活着,不知道给他的父母招来了多少烦恼。直到有一天,家里出现了变故,在他的父母想与他深入沟通时,他选择了拒绝,父亲第一次打了他。正是那一天,他与父母促膝长谈直到天亮,明白了许多从来不曾知晓的"大人"的道理,意识到了自己举动的愚蠢。天亮之时,不知他脸庞的泪已干了多少遍,只知他的眼神中开始出现一团火,一团向上的火。只可惜,由于当时家中经济拮据,他没有走上上海戏剧学院少年生的道路,却依旧凭着顽强的韧劲考上了当地最好的高中。

高中时的学习压力,使得陪伴他一起挣扎的四件事只剩下了学习,他虽然努力学习,但却希望做一些不一样的事。于是他在一次同自己亦师亦友的街舞老师交流后,对共同利用所学舞蹈扩大授课、吸引同学、进而创业的想法一拍即合,他开始了自己半创业的高中生活。那段日子是辛苦的,却也是冲劲满满的。他们不知道被多少人"放过鸽子"、受到过多少白眼,他在这段日子中遇到了很多很多,他开始愈加明白了生活的无奈,明白了做成任何一件事都不容易,明白了有时候社会的确是"残酷"的。所幸的是他们招到了一大群街舞爱好者,并和一名财务共同创办起舞蹈培训基地,一切终于走上了正轨,开始了良性运转。这段时期的他一直庆幸着自己的成绩还一直稳在前列,还一直没有被父母唠叨说他为办这点小事情而耽误学习,还一直以为万事均能如意。

直到高考时,老天给他开的巨大玩笑才让他猛然惊醒,万事古难全。他的高考分数很微妙,正好离本省的重点线差了一分,他恍然间明白自己时间分配的不正确性。舍得,有舍才有得,但本质却是舍了不能舍的,得了不应再此刻得的。他花了好长一段时间终于想明白和接受自己接下来应该走的路——复读,重来一年。他开始了"炒冷饭"的一年。这一年,他渐渐淡出了他和老师、财务所创办的舞蹈培训部,只知道它变得越来越好,他又开始变得沉默了,此刻的他却不再是因为恐惧交流而沉默,而是体会到了鲁迅先生笔下的刘和珍的沉默,那种不在沉默中爆发就在沉默中灭亡的沉默。沉默中他仿佛看到了一步步前行的自己,彷徨而期待着。

■ 幸可入东大,当倚高歌行

一年后,他参与创办的培训部成为了家乡最好的舞蹈培训部。一年后,所幸美味的炒饭是需要用冷饭才能炒出的,重来一年的积淀没有辜负他所做的决定,他有幸被东南大学材料科学与工程学院录取,开始体会何为"嚼得菜根,做得大事",何为"止于至善",何为"东大人"。

进入东大的他,用自己曾经的所感所悟开始他的大学生活。因为过往的经历,他清晰地意识到思想于物于人于社会的重要性,他知晓了一个好的组织者对于团队的重要性,他明白了一个合格的引领者能够给人带来的精神力量。主观能动性能够极大程度地影响客观世界,他想要用自己的所感所悟在东大这个大舞台上成为一个好的组织者与引领者。

于是他在保证学业的情况下积极主动地参与到了各项学生工作中:

大一军训中他主动担任一营二连九排副排长,在高强度训练的同时承担起与教官互相接洽的任务,每日需要用自己最大的声音带领起整个队列的训练,每次训练出错受到的惩罚都是他人的双倍,但他却乐此不疲,既然想成为一个引领者,那么多于他人的努力与昂然干练的作风态度就必须谨记于心。

因为军训时的工作得到了大家的肯定,军训后他被推举为120172班的班长,成为了班级的服务工作者,各种琐碎的基础性事务时刻考验锻炼着他的耐心。

之后他在院学生会、校舞蹈团、校团委文体部等学生组织中且歌且行。在这个过程中学生工作事务经常会与学习任务挤在同一时间段,他不知熬了多少个夜晚,写了多少个文案,做了多少个报告,此此种种无不在抑制着他的精神,打压着他的积极性。但是既然自己选择了这样一条道路,怎能因为困难便半途停下?更何况不经历各项基础工作的洗礼怎么能够对成为组织者与引领者有着一份更好的思考?他一直保持着"认真的态度是做好任何一件事情的开始"的想法,对日常工作中各项事务负责任的处理办法与点滴积累的努力,使他赢得了部门同事老师们的信任,成功在选举时被选为材料学院学生会副主席与校团委文体部中心主任。

他更是在开拓创新上高歌猛进。在获得江苏省"军训之星"一等奖之后,他结识了许多当兵光荣退伍的东大人,在与他们深聊对于当下大学生的思考时,都发现了当下大学生存在的拖延症、自我意识强烈等问题,发现了彼此许多相同的认识观,都想为东大做出一份贡献。为了提升东大人的军事素养,形成昂然向上、锐意进取的精神风貌,他们合作创立了东南大学第一个军事志愿服务类社团——"东南大学国防军事实践团",吸引了大批退伍老兵的加入。他更是与所有第一批入团的退伍老兵共同作为东南大学自己的军训教官与陆军工程大学的军训教官一起,在学校武装部的领导下,圆满完成了2018级新生军训的任务。"东南大学国防军事实践团"在第一年的百团大战招新中就获得百余名学生的报名参与,在经过面试等筛选环节后从原本仅有几人的社团发展为当下规模近百人的大型团体。当下的"国防军事实践团"已经逐渐走向全面发展的正轨,但是身为创始人的他却知道这其中所蕴含的困苦艰辛——长达2个月的带训培训、4个月的前期准备,内存达到25G的活动安排资料的整理,近2万份实际兴趣、对待认识等方面的调研报告,2万多枚在耳边呼啸而过、带来严重耳鸣的子弹,以及不知多少次从天亮讨论至深夜的会议。此类种种才是这个社团成立背后的真相。

有些事总需要有人来做,就算再苦再累,你不做,也总会有人去做的,因为时代需要它,更因为它可能还是一份精神的传承,就像我们守卫边疆国土的战士们,他们的血与泪我们未曾经历过的人岂能懂得,但我们不知晓并不代表它不存在,我们总是会有好男儿前仆后继地奔赴挥洒这份炽烈而旺盛的血与泪。他虽未能成为如边疆战士们一样的人,却心向往之,所以即使他知道要成为一个好的组织者与引领者需要有坚定的信念、付出巨大的努力、承受诸多各个方面的压力,他还是会毫不犹豫地选择坚持。这或许是他曾经的经历使然,但我想更或许是他也想要去继承那份"去带动更多人向上奋发奋进"的精神。

他每天的努力只是为了证明他是在认真地活着,在且歌且行,在高歌猛进。

■ 既有至善心,思作引领者

他不断前行着,想要真正成为一个引领者,想要真正体会"止于至善"的精神内涵。前前后后有三段经历,他或许真的体会到了"止于至善"的内涵。

一段是他作为竞选者竞选学生会副主席的经历:

那天,他第一次在大学穿上自己的西装马甲,在一个宽阔的场地中央,在两百多人面前分享自己积累了将近一年的"七进七出"——对于目前学生会发展状况下存在的七个主要问题以及七条相应的解决办法。每当他简略地阐述完一个问题和对策时,他都会稍稍将目光向四周看去,他看见了台下许多同学或老师在若有所思,抑或是点头的情形,在他说七个问题和对策之时,这样的情形他重复看见了七次。说完最后"谢谢"的那一刻,他的喉结开始有点控制不住地微微颤抖,他激动于自己努力的成果被他人所接受,激动于自己的思想能给人以启发,激动于自己起到了一个引领者的作用。

那天,他获得了全场最高的票数。

另一段是他作为志愿者参与青少年高校科学营江苏科学营的经历:

当科学营志愿者的一周是有趣充实而忙碌的,来自五湖四海的各地高中生们汇聚于东大九龙湖畔,提前感受着大学浓烈的学术氛围以及开放自由的文化气息,他们或古灵精怪,或活泼有趣,或搞笑可爱,总之个性十足。

他身为志愿者时,成为了这群稚气未脱尽的学生眼中的大哥哥、一个幽默的年轻老师。为了确保他们在这一周能最大化地感受到东大的魅力,他与其他志愿者们放弃放假的休息时间,每天六七点起床带他们去食堂,询问他们的生活情况,带他们去听一场场诚意满满的讲座,陪他去参观东大的各个校区以及实验室,解决他们所遇到的所有突发情况,熬夜为他们排练最后的结营演出。所有的这些在这一周不断地重复,但他与所有志愿者一样一个个都对此充满激情,因为他们想把东大最好的都展现给这群可爱的学生,让他们体会到东大人应有的气息与品质。

有件事情让他印象特别深刻。由于他之前有舞蹈学习和举办节目的经历,他所在班级学生结营演出的重任便交给了他,每到半夜当班主任给他们开完班会之后,他总会立马换上一副严肃的面孔安排监督所有人的排练进程。结营的前一天晚上,可能是由于这群学生们太兴奋了,也可能是由于时间太过仓促思想没有统一起来,排练的效果一遍比一遍差,他在心里为他们干着急。很久不生气的他,在排完倒数第二遍的时候只能故意提高声音假装发火以提起他们的精神,当时所有人都懵了,看着他就仿佛看一个陌生人。在当晚排练快要结束前他向他们所有人鞠躬道了歉,和他们说起了他对他们排练的着急与心疼,分享起了他这几天带他们的心路历程,同时向他们传达了"在正确的时间做正确的事情""不管任何事情都要认真对待"的思想认知。在说完的那一刻,他仿佛从他们每个人身上都看到了一团燃起向上的火,那一刻他做到了带动更多的人向上奋发奋进。

"凡我所在,即为东大。"这应该便是他和所有志愿者最想对这群可爱的学生所说的话。

最后一段是他作为军训教官的经历：

在经历了前前后后总共两个多月的培训，他在校武装部正式接受了教官聘书。

依旧是与他大一时同样的 21 天军训时长，依旧是队列动作的教授、军事技能的指导、军事理论的学习，然而这次却是换他站在了队列的最前面，一遍又一遍不厌其烦地说着队列动作、军事技能的要领，用从胸腔发力而出的最大声响进行一次次的军容风气、队列纪律的整顿，时不时地从队列中拉出不认真的学生来单练。

之前的他一直认为当教官是多么轻松的一件事，因为不需用训练，但直到他真正体验这个角色时，才发现这个角色所要面对的沉重责任与诸多困难：保质保量完成军训团所布置的全部任务；需要以身作则，在训练场上可以让学生们休息，但是自己的精气神一定要一直保持昂扬的状态，不能有所松懈；需要时刻让自己严肃起来，惩罚学生的时候陪他们一起接受惩罚和他们一起经历觉悟；需要和学生们拉近距离又要让大家感受到距离感；需要有成为精神传递者的领悟；需要有对队列中所有人负责的态度。这些责任和困难时刻在给他压力与考验。

早上 5：50 起床带训，中午做实验，下午和晚上带训，傍晚做实验、设计程序，晚上 12：00 左右睡觉，是他这 21 天中几乎每一天的常态，但他却依旧乐此不疲，因为还有学生们在等他，因为这份教官的责任需要他成为一个超人，所以他必须要坚持。

期间他故意发过两次火——一次是有许多学生早训迟到，另一次是走队列时有学生说话。他惩罚了几乎所有人，站军姿、做俯卧撑或平板支撑，那两次的讲评他每一次都把喉咙喊到沙哑，只是希望能将他自己从教官们那传承来的精神品质继续传承下去——"时间观念很重要，需要一直重视""什么时候做什么事情，训练就是训练，生活就是生活""不行咱就练"。

时间总是会在不经意间悄悄流逝，以至于当你回望时，你会发现眼前的已是另一番风景。

21天的微风吹散在最后会操表演时的汗水中，当他说完最后那声"解散"时，他看见了他带出来的兵所凝结出的昂然向上的精神，他笑了。

是为彷徨人，挣于荆棘前；

幸可入东大，当倚高歌行；

既有至善心，思作引领者。

说了这么多，现在问题来了——"他是谁？"他正在同你说一个平凡而有趣的故事。他是徐潇航，而我就是他。感谢你静静听完了我的故事。

我是徐潇航。

一个乐观向上的学生、半个拼搏奋进的创业者；

一个敢改变的创新者、半个外向赤忱的艺术者；

一个会思考的材料生、半个因爱发声的演说者；

一个有能力的引领者、一个愿竭我才的东大人。

一个不止步的前行者。

感谢。

推荐老师　王泽曦

师长点评

初见徐潇航,是在新生报到的时候,一个瘦高的男孩,充满热情,不见胆怯,成熟且单纯。

再见徐潇航,是在新生军训完成时,被评为军训优秀学员,被推荐参加校军训之星评选并获得一等奖,随后代表学校参加江苏省军训之星比赛荣获一等奖,在这段路上他用军人般的干练挥洒汗水、点燃激情。

三见徐潇航,是在第一次期中考试后,参与社会活动的热情并没削弱课程学习的成果,他证明了他能做到。

又见徐潇航,是在学院的各项学生工作中,他用他的热忱、能力和主动思考博得同学们的信任,当选为院学生会副主席。

徐潇航来到学校已经一年半了,在学习中,在社会服务中,在社团工作中,在创业中……他在各条路上前行、采撷、收获。

徐潇航在努力探索着他的人生之路,在未来,他也许会功成名就,他也许会一路坎坷……但我相信,只要徐潇航保持初心,他的人生必将精彩。

东南大学材料科学与工程学院党委副书记　李　磊

廖 霞 LIAO Xia

■ 个人简介

廖霞,女,土家族,1997年12月出生,共青团员,东南大学人文学院旅游管理专业2016级学生。荣获国家励志奖学金,校长奖学金;暑期社会实践校级一等奖,远洋之帆公益基金会全国二等奖;东南大学"三好学生""优秀团员""社会实践优秀个人"等荣誉称号;"爱从家开始"暑期家访优秀志愿者。

你若盛开,清风自来
——记人文学院廖霞

■ 宁聚阡陌,从心开始

2018年的暑假,她选择留在学校,一边实习一边准备由东南大学资助管理中心和东南大学唐仲英爱心社联合推出的2018年暑期家访活动。之所以选择组队参加这个活动,一方面是想提前给学弟学妹们送去东大的爱心物资和帮助,另一方面则是想通过这种方式感恩回馈东大曾经带给她的所有温暖。

上百场的名家讲座,各种各样的学术活动,各式各样的科技竞赛,严谨踏实的治学之风,走心的节日送温暖活动,每年的最具影响力毕业生,一切的一切,都让她铭记于心,五四表彰大会上,她从没有过那样一刻,觉得自己是如此幸运与自豪,在东大的滋养哺育中度过人生最美的四年。所以,当看到这个活动时,她毅然决然地参加并担任了队长。在走访新生家庭的过程中,她遇到了很多优秀的学弟学妹,他们坚强乐观、独立自主,学习成绩优异,她为能有这样一群优秀的学弟学妹们而骄傲。

当然,走访的过程也是异常艰辛的,从南京出发的时候是半夜12点,拖着疲倦的身躯,和车厢里熙熙攘攘的人群们挤着那一方狭小的空间,凌晨4

点蜷在麦当劳的一隅等待最早的一趟早班车,只为早点赶到受访家庭;临时改签更早的火车票,被告知只有站票,依旧选择了改签,因为下一班火车抵达时间是晚上10点,为了不麻烦和打扰受访家庭,她毫不犹豫地和队友们选择站了过去。就这样马不停蹄地赶往下一家,站在走走停停的火车上吃泡面,充当午饭,被来来往往的小孩不断踩脚,抱怨与难过一时弥漫在大家心头。

但所有的心酸都在遇到那些受访家庭时瞬间烟消云散,她以为他们只会简单的寒暄一下之后就不会再有过多的交集,哪曾想到那些家庭会在她们到来之前就杀了家里养了好久的大公鸡,准备最丰盛的饭菜给他们;提前用自家的粽叶包了好多粽子给她们带回学校吃。他们用最真诚的方式,温暖了她和她的队友们整个艰辛的旅途。她之所以给他们的队伍取名"宁聚阡陌",就是想用他们在走访过程中的行动凝聚起四面八方的学弟学妹们。而事实也确是如此。

实地走访完之后,她便开始整理撰写报告,以及帮学弟学妹上交相关材料,在之后和学弟学妹们的交流往来中她也被这一群零零后所感动,她说他们会在请她帮忙之后给她带一些好吃的,有时候哪怕是一杯奶茶,都能让她感动很久,不是因为这些物质,而是因为小小年纪的他们会如此心细,这与他们的独立自主和家庭环境培养出来的成熟密切相关。这种成熟又是当今多少"巨婴"应该认真学习的。

■ 远赴石门,为爱唱响

2014年8月1日,北京大学陈浩武教授在一个公开讲座上分享了"石门坎的故事",他说:"石门坎是一个信仰与文化改变社会的样本。"2017年6月份至7月份,她和一群来自各个学院的大一的朋友们远赴了这个中国西南边陲的小村庄石门坎,开辟了一条关于大花苗族服饰文化和当代石门坎文化发展之路——建设乡村图书馆的探索之旅。他们在路途中遇到过怀化的大雨,这场大雨导致绿皮火车停运9小时,在艰难的等待加上拥挤潮湿的车厢,即使被冻得瑟瑟发抖也未曾有过放弃的念头;在云贵高原陡峭险峻的盘山公路上险些因车抛锚迷失在雨雾迷蒙的大山里;在泥泞不堪却又焕然一新的村寨里四处走访,探寻寂静到近乎诡异的寨落背后的秘密;在多方利益相关者协商未果的情况下,四处奔波往返于政府与学校以及教堂之间多次,最终敲定乡村图书馆的建造方案。

她印象最深刻的是那一群朴实无华却又欢腾热情的孩子,她和她的小伙伴们给他们只是上了一个上午的课,但她说,就在接触他们的那一瞬间,注定了此生永不会忘记他们。让她最感动的是当她们一行人即将要离开的时候,一个小男孩低着头默默地塞给她的队友一个鸡蛋,小男孩很害羞,一句话也不说,两只眼睛就像清澈见底的池塘一样,明明应该是最天真的孩童,却有着超越一切的善良。她说那一天和孩子们在一起的时候,笑了好久;那一天,和孩子们分开之后,默默心痛了好久。那一天之后,只要看见和石门坎相似的山,和石门坎相似的蓝天,总是会想起他们。

石门坎最主要的难题是人口稀少,空巢老人与留守儿童较多,经济欠发达,交通不便,与外界的联系较少。当地有些老人从未离开过石门坎。虽然近几年来石门坎在外界的高度关注下逐渐发展起来,但大部分人仍然选择外出务工。留下来的人在无意识中维护着原来的生活方式和民族特征,他们并没有意识到本民族文化的独特性,也没有保护和传承的自觉意识。而且当地部分居民对教育并不支持,存在较大的认知偏差。想让民族文化教育在当地落地生根,存在着较大的困难。一些人将少数民族文化难以继承的症结归结于少数民族的现代化教育中没有很好地渗透少数民族的文化传统与风俗习惯。一个民族的文化之所以有可能继承下去,并且保留着它们固有的民族精神或者民族文化,一定是因为他们兼顾了"民族文化教育整体性"。而目前大花苗族对本民族文化教育整体性的重视程度并不高,想从根本上改变当地人对教育和本民族文化可持续性发展的认知还有一段路需要走。另外,留守儿童与空巢老人是美丽的石门坎背后深深隐藏的一个谎言。让人可怕的不是贫穷与落后,而是那种企图用富丽堂皇的水泥砖瓦来掩盖落后的虚伪。

耶稣说:"我实实在在地告诉你们,一粒麦子不落在地里死了,仍旧是一粒,若是死在了地里,就能结出许多籽粒来。"柏格理这个将生命与爱洒在了这片洪荒之地上的人,这个首创老苗文字的外国人,牵引着他们来到了这个充满了曲折的历史发展轨迹和矛盾的内部自我构建的民族。她和她的队友们循着柏格理的历史之引,不断前行。面对石门坎潜在的教育危机以及民族危机,文化层面的脱钩与冲突,她和队友们选择踏上这片美丽却又悲凉的土地,用他们的一己之力帮助这个少数民族唱响他们自己的文化未来。

■ 拼搏奋进,不忘初衷

她不仅在大一和大二的暑假完成了社会实践和志愿者活动,与此同时还分别在两家公司进行暑期实习,充分利用空闲时间,不断丰富自己的社会经验,不断充实完善自己。在校期间,她担任过行者无疆研学会会长,带领成员赴同里进行过研学调研,组织过读书会等活动;担任过人文学术实践部部长,为院里同学的 SRTP 答辩、社会实践答辩付出诸多努力;参与组织过长三角社科社团联盟活动、郭秉文班社会研讨活动等。她还在图书馆、就业指导中心任职过。

当然,学习是当代大学生的首要任务。她专业排名第五,参加过 2017 年的冬季创新创业夏令营,并取得了良好成绩;参加过第八届大学生红色旅游创意策划竞赛,获得华东赛区的一等奖;参加过中山大学的世界遗产保护大赛,获得本校区的三等奖等。

结尾:你若盛开,清风自来。只有让自己先盛放,才会与最精彩的际遇之风相迎而上。从踏上黔西南的那个边陲小镇时起,她就已经下定决心乘风破浪,即使尘埃飞扬,也会追寻逆翔,踏遍黄沙海洋,不负青春里的一次次勇往。

 付 林

> 廖霞同学学习认真,勤于思考,成绩优秀。通过她的事迹介绍可以看出她是一位富有爱心,热心公益事业,具有坚强的意志,能吃苦耐劳,脚踏实地,勇于探索和实践,细腻且具有组织协调能力的优秀青年。她是具有人文情怀的东大旅游学子的典型代表。
>
> 东南大学人文学院旅游学系副教授 宣国富

师长点评

李路遥 LI Luyao

■ 个人简介

李路遥,男,汉族,1998年5月出生,共青团员,东南大学经济管理学院物流管理工程系2016级物流管理专业本科生。曾获得国家奖学金,"422001/2校友奖学金","陆梓瑜奖学金";江苏省第三届"互联网+"三等奖;东南大学"三好学生"、2016年度五四表彰"优秀团员"等荣誉称号。

竹的三厘米
——记经济管理学院李路遥

在中国的最东边生长着一种竹子,名叫"毛竹"。据说,毛竹在前四年的时间里也只不过长 3 厘米。然而,在第五年里,竹子以每天 30 厘米的速度生长,因为在前四年的时间里,毛竹在地下积蓄了足够的力量。成长,或许就是这样一段需要不断努力破土而出的过程。

■ 初入大学的灯塔与方向

2016 年 8 月,南京的热气已开始慢慢退去,东南大学也迎来了一批新的学生。李路遥,一个刚刚从高中毕业的、略显木讷的小伙子来到了东南大学,来到了公共卫生学院劳动与社会保障专业,开启了他的大学时光。

初入大学的他,凭着曾经当过班长的自信报名并有幸成为了军训联络员,军训的 21 天里,他每天负责查寝、收集同学们的军训感想。还记得有好几次,他为了能及时收集完同学们的军训感想,一直等到夜里 12 点多才休息,正是因为这份认真负责,他获得了同学们的支持与信任,在军训结束后他成为了班长,同时也加入了公共卫生学院的学生会,成为了体育部部长助理。

在他初入大学的时光里,辅导员钮老师曾经告诉他在大学里不仅要努力学习,还要把握各种机会参加各种活动、比赛,多多锻炼自己。钮老师的话就像一颗种子,在他的心里渐渐生根发芽,为懵懂的他指明了方向。

凭着修学储能的信念和不怕苦不怕累的精神,初入大学的他负责了联盟杯、院系杯、环九龙湖自行车赛、拔河比赛、院运会、校运会的报名和组织工作。很多时候,报名的人数不够,尽管有些体育活动他并不擅长,但是为了院系的荣誉和自己的使命担当,他都会踊跃地报名参加。也因此,他获得了 2016—2017 学年公共卫生学院的"体育活动突出贡献奖"荣誉称号。同时,作为班长的他也积极带领班级同学圆满举办了"一起有爱 一路无艾"防艾活动并获得多家媒体报道;在冬至与兄弟班一起组织"饺子宴"活动,营造班级的家文化氛围。在一次又一次的锻炼中,他更加自信地去组织一些大型活动,自己也由原来那个略显木讷的李路遥变成了同学们口中的"社会遥"。

除了对自己组织力、领导力的锻炼与培养,他也在兴趣方面广泛探索。他曾羡慕辩论队的学长学姐在台上口若悬河、滔滔不绝的口才,也曾自己参加"至善杯"辩论赛并获得"最佳风度辩手"荣誉称号;他曾折服于舞台上主持人优雅的风度举止,也自己曾主持江苏省"真爱健康杯"演讲大赛决赛;他曾热爱飘若浮云、矫若惊龙的书法作品,也曾自己在书画社努力学习楷书书写……

或许,他的大学生活看起来就是这样,在自己的班级、院系里野蛮生长。然而,一个社团的选择在他的内心埋下了另一颗种子。

"对一切未知报以力挽狂澜的自信!"横幅上热血沸腾的标语吸引了他,他选择了申请加入学生创业协会并有幸成为外联部的一员。作为接受过创协内训的他,参加了"校庆杯"创新创业大赛,和小伙伴们一起通宵达旦地设计方案、撰写商业计划书并最终获得了江苏省第三届"互联网+"创新创业大赛三等奖的成绩。参加商赛的经历为他打开了一片新天地,撰写商业计划书的经历也让他对商业模式尤其是供应链与物流产生了极大的兴趣。

在大一学年快结束的时候,他选择了转系,然而,没有学过高等数学的他,能通过转系考试吗?

■ 面对未知的坚定与勇敢

选择了转系的他面前的第一个困难就是高等数学的考验,本来并不擅长数学的他只能选择从头开始一点点自学。为了能更好地准备转系考试,李路遥暑假没有选择回家,而是在学校认真地记下一个个公式、计算一道道习题。很多时候,面对模拟试卷上惨不忍睹的分数,他也曾怀疑自己,但是,每当他担心考不过时,他都会想起在创协换届大会上自己在大家面前确定的目标和那个标语"对一切未知报以力挽狂澜的自信"。有志者,事竟成。转系考试结果出来的那一天,正在九龙湖校区迎新的他病倒了,可能是因为长期绷着的神经突然松了吧,他只记得,那天很累,但很开心。

然而成为经管学院物流班的一员后,李路遥并没有感到轻松。因为在大二一年的时间里,并不是特别聪明高效的他不仅要学好专业课,还要补修大一的课程。

大二的一年,兵荒马乱。

他应该记得课程冲突时课下自学抓狂的时刻,他应该记得考试周面对十几门考试时的崩溃与恐惧,他应该记得社团工作与学习时间冲突时的无奈,他应该记得那一个个在通宵自习室奋笔疾书的夜晚,他应该记得风驰电掣地奔向教室的身影,他更应该记得每一位同学和老师的支持与鼓励,他知道,即使不为自己,也要为相信自己的人而努力一把。

大二结束的那一刻,就像心里的一块石头落地,他也不知道结果如何,但他付出了自己的努力,他也明白"尽吾志也而不能至者,可以无悔矣"。

然而,大二成绩出来的那一刻,他惊了,因为他没有想到,他竟然是第一名。

■ 社团组织的努力与收获

李路遥也曾经想过,如果大二专心学习,是否成绩会更好？然而,他没有选择天天学习,而是选择继续在社团、在学生组织中锻炼自己。

大二的他选择了留在学生创业协会并有幸成为外联部副部长,从大一做干事开始,他多次参与怡宝、京东、苏宁、腾讯云、国金投资等赞助洽谈,累计赞助数额达3万余元；同时多次接待外校来访,从起初的躲在大家后面不敢说话的腼腆男孩到后面侃侃而谈的"传销遥",周围的人都见证着他的成长与蜕变。在做副部长的一年里,除了日常的赞助洽谈,他还多次组织部门成员去外校参观交流,同时作为腾讯校园大使,他尝试构建南京高校创协交流圈并圆满组织举办了"沙场点兵"模拟创业大赛。一年的部长经历,让他对团队领导有了更深刻的认识,也对创业这件事有了一定的认识。他明白作为创协人,不一定要去创业；他也明白,创协不是鼓励所有人去创业,而是为创业的好种子寻找好土壤,让更多的东大人了解创业,提升创业素养。

创协之外,他还选择了加入经管学院2016级团总支,因为他一直记得一位学姐曾经告诉他的话："无论你以后在哪个学院,希望你都可以努力为自己的院系做出自己的贡献。"在团总支的大家庭里,他有幸成为了团总支文体部副部长,与团总支的小伙伴们一起组织筹划了"瞬间"摄影大赛、"垃圾下楼"倡议、"我要成为什么样的人"征文演讲比赛等活动,为院系做着他能做的贡献。

其实,除了是创协与团总支的一员,他还是截拳道协会的一员,因为他一直秉持着"文明精神,野蛮体魄"的精神。尽管经常看到他训练完之后一瘸一拐的走姿,也经常看到他手背上渗血的伤口,但是他不曾放弃,因为他的教练曾告诉过他："我不希望你向任何人、任何困难低头,如果困难就是你的敌人,那么你有多大的力量,就都给我打出去！"

他就是这样,在自己喜欢的组织里,像毛竹的前三厘米一样,默默地在土地下野蛮生长。

■ 大山深处的相遇与成长

在李路遥的内心深处,也曾有一个支教的梦想。这个梦想源于大一时他参与的一个"我的讲台我的娃"讲座。在听闻了"小蜗牛奇遇记"和"至善高芒7.0"的故事后,一颗支教的种子埋在了他的心里。有幸,他成了"至善黔程"高武队的一员,与队友们奔赴黔东南的大山深处,为那里的孩子带去知识与欢乐。21天的支教生活让他深深地爱上了那里可爱的孩子们。他永远记得第一天到那里时孩子们争先恐后"围攻"的场景,他永远记得孩子们"挂"在他身上开心的画面,他永远记得自己的耳朵被马蜂蜇破后孩子们的关心与问候,他永远记得走的那天脖子上的彩蛋,他永远记得上车前孩子们痛哭的场面,他永远记得热情淳朴的村民,他永远记得……

21天的支教很短,但他的内心却很丰富,他看到了中国最偏远最贫困地区的生活状态,也对生活与教育有了更深刻的体会。回到南京后,他依然参与着日常支教活动,因为他觉得,做志愿,是一件会上瘾的事。

■ 雄关漫道真如铁,而今迈步从头越

两年的"野蛮生长",让他有幸获得了东南大学"三好学生""优秀社团干部""优秀干事""优秀团员""军训优秀学员""社会实践优秀个人"等荣誉称号,也曾获得国家奖学金,"422001/2校友奖学金","陆梓瑜奖学金",课程奖学金。但是他自己常说,自己做得还远远不够,他深知自己在学习、科研、领导力培养上仍有很长的路要走。

大三的他,在努力学习专业课程的同时积极参加各类专业竞赛,他希望在竞赛中提升自己;同时,作为学生创业协会第十九任会长,他积极筹办

各类活动,希望通过创协人的努力弘扬创新创业精神,传递创协态度与价值观,让更多的人了解创业,提升创新创业素养,为双创事业、为培养领军人才做出创协的贡献。相信创协在他的带领下将更加优秀,将帮助更多创业的好种子找到好土壤!

路遥知马力,日久见人心。他的两年成长经历就像毛竹的三厘米成长,虽没有一日数厘米的高度,却有着默默坚持拓展的深度。

学习、科研,从转系初的压力山大到现在的柳暗花明,成绩给了他努力的回报;社团活动,从干事到"领头羊"的过程见证着他的成长,也见证着他努力的汗水;志愿服务,他在奉献自我中更好地认识世界、认识社会;修学储能,他在磨炼自身软实力的同时也磨砺着自己的身体。

竹,坚忍不拔、蓄势待发、宽容谦谨,竹的三厘米成长,很漫长,也伴随着痛苦,然而待到破土而出的那一刻,它将爆发出更加蓬勃的生命力。

 杨 艺

> 李路遥同学思想端正,积极向上,学习刻苦努力,成绩在班级名列前茅。他在学习中具有创新探索的精神,开拓进取,探知学习和研究中的新问题。课外他积极参加学校的各种活动,发挥了较强的组织作用,为团队工作奉献了自己的力量。
>
> 东南大学经济管理学院物流管理工程系主任　李四志

师长点评

MENG Yazhi 孟雅之

■ 个人简介

孟雅之,女,汉族,1998年7月出生,预备党员,经济管理学院信息管理与信息系统专业2016级本科生。曾获国家奖学金;"互联网+"创新创业大赛省二等奖,全国大学生数学建模大赛省三等奖,"立邦为爱上色中国大学生农村支教奖"国家银奖;东南大学"优秀学生干部""优秀团员""优秀团干"等荣誉称号。

敢为人"先","锋"华正茂

——记经济管理学院孟雅之

"各位尊敬的老师、亲爱的先锋学员们,大家晚上好。我是共青团东南大学经济管理学院委员会学生理事会会长孟雅之。"

从初来乍到的稚气到如今熟悉的开场白,她经历过少不经事的懵懂,初出茅庐的意气风发。"'锋'华正茂"是她去年主办的经济管理学院"先锋影响力"优秀本科生评选的主题,很巧的是这个词语恰好出自《沁园春·长沙》。她是有着强烈家乡自豪感的湖南长沙人,一直秉持着"敢为人先"的长沙精神。今年已经是她在学院团委的第三年了。她一路走来,始终坚守着一些信仰,始终沐浴着一些阳光,始终酷爱着一些氤氲在空气里的小美好。

■ 学生工作"先锋"——瑰梦团委耀时光

天气转凉,夜里的空气比平时都要更寒冷一些。在从经管楼出来的小路上,孟雅之一身正装,外加一件暖和的外套,正在和一群小伙伴们谈笑风生。

两年前,怀着高中积累下的"愿得团委心,白首不相离"的眷恋,她再次填写了团委组织部的报名表。刚刚来到远离家乡的陌生城市,学姐学长的温暖关怀让她感到轻松和愉悦。她还记得当初为了当好第一次活动的主持人,特意去市中心买上一件新的毛衣,以及盘起头发时的激动心情。不过一切并不都是轻松快乐的,她也曾经一边经历着期中考试,一边为主办的科协 SRTP 讲座跑上跑下;一边准备着下周的支教课件,一边又要参加礼仪协会的大型颁奖彩排。但她没有觉得累,满满当当的生活反而让她感到充实和有意义。虽然团委活动占据了她大部分时间,使得她不得不经常通宵去自习室学习,但她觉得当一块时刻被人们需要的砖块也是一种幸福和积累。当上部长以后,她细心观察团委的方方面面,为了系统化现有的各式各样的培训、分享类活动,她改革创新了学院的先锋学校;为了让活动更加有温度、有新意,她开创了诸如"先锋青年荟"毕业去向经验分享交流会等走心的新式分享活动;为了扩大"经管先锋"的品牌影响力,她将原有的"先锋影响力"优秀本科生评选从教室搬到了润良报告厅,将宣传方式从单一的海报推广到每个宿舍的选手写真、食堂和图书馆的 LED 屏等等,同时还拉到了团委的第一笔赞助。"说到底,团委一直以帮助学院成长和评优为定位,一直默默无闻。"她说,"但偶尔也可以从幕后走出来,办一些有品牌和口碑的大型活动"。如今当上了学生理事会会长的孟雅之,除了日常的管理和引导,她更加希望能把自己变成一个更好的、更有思想引领作用的学姐,因为她面对的已经是比自己小两届的学弟学妹了。

当然,"砖块精神"使她并不止步于此。除了一直钟爱的团委,她也曾在世界 500 强企业湖南中冶长天国际工程有限公司人力资源部实习过,在东南大学学生处担任过学生助管,在年级团总支心理部当过部长,此外作为 14B186 班级班指导的她,更不忘为大一的学弟学妹指点迷津。她并认为大三已经是激情褪去的时候了——不久前,她当选为 141161 团支部的团支书,仍然用新生一般的热情誓要办出精彩的活动。开门红的是,141161 团支部顺利评上了校先进班集体。

■ 国际交流"先锋"——优雅远航风采扬

"本科从来只能说明高中的成绩如何,而不能定义你的大学。"这是她常常和身边的同学说的一句话,她始终觉得大学生要扩宽眼界,去外面的世界看看。为了提高自己的 Cross-culture Quotient,2017 年暑假,孟雅之申请参加了美国佐治亚理工学院的 ASP(Atlanta Summer Program)暑期交流项目,在那里,她第一次亲身体会到了纯正的美式文化。她在没有任何信号的田纳西郊外和朋友睡帐篷,看天上的银河;她在原奥林匹克赛道上体验了四个小时的惊险漂流;她在回来的飞机上,看到了正在经历极昼的北冰洋——一望无垠的冰盖宣告着造物主的伟大,衬托出自己的渺小。她十分享受不同文化的碰撞所带来的新鲜感和冲击感,而且她还结交到了很多重要的朋友。经过约一个月的学习,她得到了佐治亚理工 GPA4.0 的成绩认证。

就在前两天,她收到了台湾的朋友给她的微信,感谢她寄去的礼物和祝福,那是她在香港参加夏令营时认识的室友。今年依旧对国际交流有着极大兴趣的她通过多轮面试,成功申请了香港岭南大学的阳光国际交流营,那是一个可以自由表达爱与被爱的地方。夏令营的标语是"培养以诚信为本的仆人式领袖",营会上,她结识了来自世界各地的有着不同宗教信仰的朋友。她和她的朋友们每天早起击掌跳舞,在欢快的音乐中和身边的人手拉手,做游戏;他们在那里听来自各界的领袖人物讲述他们的故事和经验。在那个乌托邦一般的地方,她学会了领导力和服务精神,学会了诚信和包容。

■ 社会实践"先锋"——感知暖意归湘豫

东南大学要求每位本科生至少拿到 2 个 SRTP 学分才能顺利毕业,而如今她已经得到了 13.5 个学分。她参与了国家级创新训练项目"田园综合体模式下的江宁美丽乡村建设发展对策研究——以溪田农业生态园为例",担任了"江苏研行天下文化传播有限公司研学旅行平台"创业类 SRTP 项目队长,并参与了 SRTP 基教项目"待办任务理论在科技成果商业化中的应用研究"等等。暑假期间,她所在的团队"仿生自清洁纳米涂层的商业策划与市场推广"获得了江苏省"互联网+"大学生创新创业大赛二等奖,她也在全国大学生数学建模比赛中获得了省三等奖。"数模的那段日子并不好过。"她回忆道,"到最后能做的就是相信队友。"

大一的寒假,孟雅之回到了母校长沙市雅礼中学,宣传东南大学,给对大学充满期待和疑问的学弟学妹们答疑解惑。一位学妹在活动结束后特意找到她,"上午听了你的演讲,非常感动"她说,"学姐,来找你就是为了好好谢谢你。"回到东大,在"感恩母校,情系东南"评选中她代表团队答辩获得了"优秀团队一等奖"的好成绩,并得到了相应的社会实践学分和一千元的奖金。暑假她也同样没有停下实践的步伐,在全校开始申请社会实际项目时,她再次燃起要尽最大努力完成项目、保护家乡文物的决心,并召集到了 10 位来自经管、交通、人文、建筑学院的志同道合的同学组成了团队。于是,作为校级重点社会实践团队"湘豫古今"的队长,她带领队员在湖南长沙和河南鹿邑开展了不可移动文物实地调查,开展了访谈长沙市政府、郑家集乡中心小学支教等活动,深入了解了两地的不可移动文物的保护现状和其背后的文化价值,并提出了可行性建议。这次活动得到了湖南红网、搜狐网、团学苏刊、鹿邑县电视台等媒体的报道,并获得了"立邦为爱上色中国大学生农村支教奖"全国银奖(8 000 元奖金)的好成绩。在学院社会实践答辩中,她带领团队获得了"一级社会实践团队"称号,并以院级第一的成绩参加"双十佳答辩",获得了"十佳个人"提名奖,其团队获得了"东南大学暑期社会实践活动优秀团队二等奖""优秀调研报告"奖等荣誉称号。这些奖项的背后是很多个挑灯努力的夜晚,"考试周那会儿,半夜十二点还在和同学打电话策划小学支教的事儿"。她笑着说:"我们没有任何后台支撑,十名普通的同学就这样踏上了乡村支教的征程。"但这些经历给予孟雅之的是难以忘怀的体验和真挚的友谊,同时也大大提升了她对人文社会的关注。

■ 志愿服务"先锋"——心予公益留沁芳

公益总是能给人绵绵的温暖。孟雅之对志愿活动也有着极大的热爱,付出总是能使她感到幸福,体验到别样的人生精彩。2016年冬天,她参加了东南大学支教协会的活动,赴江宁特殊教育学校参与了支教,在那里她见到了一群智力上有缺陷但心灵美好的儿童,看到他们在绘画课和户外活动课上的笑脸,心中涌动出了暖流。于是,2017年她正式加入了东南大学支教协会和青年志愿者协会。她随支教协会参加了南京婷婷幼儿园支教活动、将军山小学支教活动,幼儿园的小孩子们虽然听力和智力有缺陷,但他们却非常活泼可爱,而且聪明乖巧,尤其是将军山小学四年级的小孩子们特别活泼。第一次站上三尺讲台,她激动之余还有一些小紧张。孩子们回答问题的激情和单纯却不失思辨的想法中使她若有所思,她深刻地感到,最不能低估的就是小孩子的智慧;她还随青协参加了南京南地铁站志愿者活动,因为自己的方向感并不好,为了帮助来往的旅客她努力地记忆站牌,每帮助到一位旅客她都感到非常有成就感。2017年冬天,她通过面试成为了东南大学"一起摇摆"跨年演唱会志愿者,虽然每天排练完都要到凌晨两点,但这也最终成就了跳跃着熠熠生辉的橙色志愿者服装的新年第一个节目。

除了这些志愿类社团,她同样在其他地方以不同的方式默默付出着。2018年东南大学校运会上,她是鲜花队的总负责人;在礼仪文化社她坚持参与了每一次礼仪培训和化妆讲座,并作为礼仪小姐出席了东南大学学生代表大会和"东南脊梁,中华担当"颁奖典礼等等。

在刚刚来到经管学院的时候,孟雅之就听闻了"经管先锋"一词,一开始并不能意会,但在后来生活不断的磨砺之中她渐渐把这种"先锋"精神纳入了自己的标签里。其实忙碌和充实一直都是她大学生活的主打色,"有时候有些事情,并不是如同最初那样因为新鲜和热爱而坚持。"她说,"而是因为责任感,或者说在坚持的过程中,才渐渐找到了坚持的理由。"

推荐老师 杨 艺

师长点评

孟雅之同学在学习上勤奋努力,力争上游,成绩名列前茅,同她时积极承担班级和学院内的学生工作,具有较好的责任意识和服务意识,为支部和班级的发展做出了一定的积极贡献。此外该同学热心公益,乐于助人,努力追求"先锋"精神。

东南大学经济管理学院教授　赵林度

张妮妮
ZHANG Nini

■ 个人简介

张妮妮，女，汉族，1996年11月出生，中共预备党员，东南大学交通学院港口航道与海岸工程系2015级本科生。曾获东南大学校长奖学金，中交路桥建设奖学金；第四届"互联网+"创新创业大赛省级三等奖；江苏发展大会"百佳志愿者"、高校科学营"江苏省优秀志愿者"、东南大学"三好学生""优秀团员"等荣誉称号。

平凡之路　不甘平庸

——记交通学院张妮妮

2015年，张妮妮如愿进入东南大学交通学院学习，初入茅庐，她意识到大学里应不断地发掘与突破自我，树立正确的人生观与价值观。2018年是她大学的最后一个学年。大学四年时光蓦然逝去，她仍然在不断摸索着"止于至善"的校训精神，虽然一路跌跌撞撞，兜兜转转才发现即使是平凡之路，只要不甘于平庸，就可以拥有不一样的精彩。这些美好记忆和精神启示将不断地激励她在以后的道路上，不忘初心，砥砺前行。

■ 初入大学　遇见你真好

大学之道，在明明德，在亲民，在止于至善。一直以来，张妮妮立志在大学里提升学识，做有价值的人，成为国家的栋梁之材。大学刚开始，她经历了一次又一次的碰壁与失望。作为班级里的一位普通同学，她申请竞选了班级团支书，但是初次表露的丝微紧张与不自信，让她与团支书失之交臂。在整个社团招新季"百团大战"中，她一次次被拒绝，她不断地在自身上寻找原因，最后成功加入了圆梦爱心社以及校主持人协会。在开学两个月后，她主持了交通学院的新老生联欢会，参加了诵读经典比赛，获得了校级三等奖,并主持了诵读决赛。同时她代表院系参加了啦啦操大赛,获得了校级第四的成绩。大一学年结束,张妮妮在暑期报名参加了田纳西英语夏令营,在那里她结识了许多的朋友和老师。在学习上,她的大一成绩并不突出,但她并没有否认自己,回想初入大学时的斗志昂扬和满心热血,一个学年的成绩给原本放松下来的她敲响了警钟。她才意识到努力决定了你的收获和成长。

强者兼顾,次者从本,她明白了自己在学习上的疏忽和不严谨的态度,是造成自己成绩不好的重要原因。萧伯纳说:"一个人只有经过东倒西歪的、让自己像个笨蛋那样的阶段才能学会滑冰。"痛定思痛,她开始认真学习,往返于图书馆、教室与宿舍之间,终于,大二时期的她,成绩上有了一些起色,并且拿到了土木工程材料的课程奖,同时通过刻苦的学习和努力,她拿到了中交路桥建设奖学金和东南大学 2017—2018 学年优秀团员。

大二时期,在重点把握课程学习之外,她再次参加了校啦啦操大赛,和大一的学弟学妹们一起,拿到了校级三等奖。再次参加中华赞诵读比赛的她,总结去年参赛的经验,经过一次次的排练,一次次的改词,她和队友们终于以最高分拿到了中华赞校级一等奖。同时她加入了共青团东南大学委员会,并留任了东南大学主持人协会活动部部长,任职期间,她积极承担校园晚会的主持工作,积极举办了主持人大赛,最终使主持人协会成功评为"十佳社团"。她意识到,只要初心不变,在认真学习的同时,也可以兼顾很多社团工作与社会工作,只不过需要付出更多的时间和精力。而她也庆幸,在万千几率中,与东南相遇,于万千缘分里,和朋友们相逢。

■ 不忘初心,必有回响

大三,是张妮妮整个大学生活的转折点,她找到了自己想要做的事情,也发现了自己可以做好的事情，同时她还收获了一批又一批的朋友。虽然平凡，但不甘于平庸的她，终于在大三得到了自己想要得到的成绩，不忘初心，砥砺前行。

进入大三后，在班级里，张妮妮成功竞选为班级学习委员。作为学习委员她不敢有半点松懈，努力完成老师布置的任务，做老师与同学们之间的纽带；在学院里，她担任了21A174班班指导，作为比他们大两个年级的学姐，她努力用正确的思想和方法带动刚进入大学的他们，少走弯路，做好自我定位，把功夫放在平时；在学校里，她担任了共青团东南大学委员会文体部的副部长，跟随部长老师一起组织和举办了2017东南大学新生文化季、2017东南大学新生文艺汇演、2018年五四表彰大会等大型活动和系列讲座。在大学生活动中心，在焦廷标馆，在人文大讲堂，他们穿梭在后台，只为了呈现出最好的晚会效果与校园文化。

大三时候的张妮妮，每天都会和她的大一同学们一起上晚自习，从周日到周四晚上，每天上完课后，她都会跑到晚自习的教室再踏着星光回宿舍。教室、宿舍、食堂三点一线的生活对于她来说不是枯燥乏味的，这反而让她感受到了希望和动力，除了专业课程的学习，她还积极参与科研项目，除了跟着土木学长一起做了《小型黏弹性减震框架结构模拟地震对比试验和动力分析》的基教项目，她还接触了本专业的SRTP项目——《江苏省沿海港口一体化保障措施研究》，并完成了相关研究性报告。她和大一同学之间形成了一种默契，每次的班会、集体活动、聚餐和晚自习，都是他们美好的回忆。她完成了自己想做的事情，而他们也在大一这一学年里，做到不后悔、不彷徨。最终，大家都进入了想学的专业，如王箬雨同学以综合第一的成绩转入东南大学建筑学院，班长谢凝以交通学院年级第一的成绩进入交通工程茅以升班，谢雯同学在大二也成为了港航专业的班指导，带领着新的一批大一学生一起学习。每当她和别人分享这段经历时,她都是骄傲的,因为他。

周一晚自习结束后,她会去大学生活动中心,开校团委文体部的例会。例会上,部长罗澍老师总是给她们分享很多他的故事。同时她还参加了德国亚琛大学的交流分享会、"我想成为怎样的人"分享会、央视《经典永流传》观后分享会等等,她在一次次的分享中,明白了自己的内心,明白了只有坚持自己的信仰,只要不顾困难,一路向前,才能不负韶华,不负时光。在所有的活动中,她最难忘的是他们一起组织举办的东南大学新生文化季闭幕晚会暨新生文艺汇演,一次次的彩排、改稿、整合节目信息以及对现场的把控使她和小伙伴们建立了良好的默契和难得的友谊。全息投影的使用更是焕然一新,也让那年的新生文艺汇演受人瞩目。她与文体部的2017级骨干们形成的"革命友谊",让她在大学时光里多了许多追求和值得珍惜的东西。

回想一下,她在大三遇到了许多优秀的人,这些人会在她满足于自己现状的时候出现,或是激励她或是感染她,让她努力跳出自己的舒适圈,让她在安于现状中明白她需要做的还有许多。所以,大三时候的她没有放弃,也没有自怨自艾。最终大三她的绩点为4.532,首修均分为94.65,并成功保研直博至东南大学交通学院交通运输工程专业,跟随徐宿东教授继续学习。人生没有停靠站,只要你准备好了,那就向着自己的目的地前进,路上会有加油站,只要你还乐于谦逊地接受别人的建议,那就行驶吧。

■ 止于至善,回报社会

正如褚如辉所说:"有一种生活,你没有经历就不会知道其中的艰辛;有一种艰辛,你没有体会过就不知道其中的快乐;有一种快乐,你没有拥有就不知道其中的纯粹,人生活在一个有氧的环境里,燃烧是一种氧化,生锈也是一种氧化,但她选择燃烧。"当今大学生可以在参与志愿活动的过程中释放自己的能量,践行志愿精神,传播先进文化,从而帮助他人,完善自我。

张妮妮也和好多人一样,她喜欢参加集体活动,喜欢做自己力所能及的事情给别人带来温暖和快乐。可能是因为大一时期加入了爱心社的原因,他们当时组织了新街口的募捐活动,虽然参与的人并不是很多,但是你可以看到那些参与的人的善良,只要有一个人参加,这种活动就是有意义的。只要是献爱心,总会有人接收到这份暖意。大一元旦,她也报名加入了跨年演唱会的志愿者,在后台对接主持人,往返于九龙湖、竹山路和新街口之间,负责他们的服装和首饰。当跨年倒计时在屏幕上显示时,当落幕后她站在一群主持人之间合影的时候,当她受到老师们、学长学姐们认可的时候,她觉得她做的一切都是值得的。

志愿服务的乐趣就在于你不仅帮助了别人,而且自己也得到了成长。大二时期,张妮妮成为江苏发展大会的一名"小流苏",作为普通志愿者的分队组长,除了结识到了很多朋友之外,她还体会到了志愿活动的辛苦劳累和收获。在大会当天,许多来自江苏或是与江苏有着不解之缘的人来到江苏大剧院,在她与他们交流时,她把自己的热情传递出去,也感受到了他们的关心。

大二暑假,她在学校里担任了高校科学营的志愿者,不同于江苏发展大会,这次,她面对的是一群青少年学生,一群对大学无限向往的高中生。她和其他几名志愿者积极协助班主任老师的工作,他们负责这群学生每天的讲座、课程,每天深夜去他们宿舍查房,关心他们的生活。从这些学生的眼里,她看到了他们对各自的梦想的追求,而她,也收获了纯粹的欢乐和友谊,就算是已经一年多过去,他们也还会有很多联系。穿越众人的目光,他们彼此关爱,也许这就是他们宝贵的财富。

除了参与志愿活动,张妮妮在思想上积极向党组织靠拢,不断学习和提高自己的政治素养。她参加了学校组织的入党积极分子培训课程,接受党的熏陶。她热心帮助他人,关注时事,关心国家大事,并成为了一名光荣的中共预备党员。四年间,她虽历经弯路却不忘初心,用汗水和欢笑在这方天地写下自己的奋斗故事。

 罗 磊

师长点评

张妮妮同学思想道德端正,积极上进,思维活跃,具有良好的创新潜力和探索精神。她积极参与校级、班级活动,是一名全面发展、品学兼优的新时代大学生。

东南大学交通学院副教授、硕导　耿艳芬

XIANG Yichen 项奕晨

■ **个人简介**

项奕晨，女，汉族，1999年6月出生，共青团员，东南大学仪器科学与工程学院测控技术与仪器专业2017级本科生。曾获东南大学校长奖学金；高等数学课程奖；东南大学"三好学生"荣誉称号。

感念与成长是青春的诗
——记仪器科学与工程学院项奕晨

青春,是纸墨和汗水的味道;青春,是九龙湖校区的每一盏灯;青春,是我们行走的每一步。

大学生活有无数种可能,或饱览群书,或恣意潇洒,或埋头苦读,或广交挚友。对项奕晨来说,学在东南,她从未后悔,因为常怀感恩之心,在奋进与奉献中不断完善自己。

■ 高山流水

在学长学姐的影响和带领下,2017年9月大一新生项奕晨作为一名干事进入了仪器科学与工程学院的学习部。刚进入大学尚处于孤立懵懂的她在学习部结识了大学生活中重要的朋友,他们共享工作的快乐,在学习上互相督促和提醒。文天祥曾说:"高山流水,非知音不能听。"部门里的学长学姐总是会以亲身经验来提醒她学习中一些需要注意的事情,也会在她自由散漫怠于学习的时候严格督促她,这对还是大一新生的她来说,受益匪浅。

大二伊始,她担任了新一任的学习部部长,部门里的小伙伴尽心尽力地协助她完成部门内的事务。就在她刚上任之初,部门就迎来了第一个大型的活动——学习经验交流会,他们一次又一次地陷入了困境。小干事们不会制作宣传单,副部们和她一起指导他们,即使快到零点,仍然有人坚守在答疑岗位上协助他们完成宣传单的制作。又比如说,请宣讲嘉宾的时候,大家为了给学弟学妹们请到最合适的经验分享人都花费了极大的精力。在大家的共同努力下,她所带领的学习部成功举办了学习互助小组等活动,创办了属于学习部的公众号,给院里同学们的学习生活带来了很多便利。她很庆幸,也很感激,能够遇到部门里的伙伴,在学生工作的道路上与他们一直同行。

知音难寻,亦师亦友的知音更加难寻。部里的学姐总是关心着她的学习状态,耐心地解答她的问题。在一些问题的探讨上她们也常常有相似的观点,学姐总是主动地教给她一些学习的经验,让她少走了很多弯路。她也一直是一个温暖的人。她尽己所能地去帮助身边的同学,向下一届的学弟学妹传授学习的经验,将自己所收获到的感动与温暖传递下去。在这样一个温暖又团结的学生组织里,她更觉得责任之重大,在挚友的陪伴下,她也更加有信心和力量去服务和帮助同学们。

"子期死,伯牙破琴绝弦,终身不复鼓。"知音于她而言既是她的朋友也是老师,就像是生命里不可缺失的水分,知音在她学习和成长的道路上也是不可或缺的。

■ 书香纸墨

项奕晨有一个特点:爱看书。她常说:"书中自有黄金屋,书中自有颜如玉。"爱书也是她加入学习部的一大原因,她希望把她对书的喜爱传递给所有人,让大家都能感受到读书的快乐。借由学生会的平台,她希望通过自己的努力使同学们的生活有更多乐趣的同时建设更好的院内氛围。

她爱书,爱书中的人物,爱每一个鲜活的故事,爱书中的道理和知识。最近,她在一场讲座中偶然结识一个东南大学的老学长,就活动的主题关于中国的历史和政治展开了讨论。在那之前她对历史和政治了解不深,在两人的探讨中,她的知识、想法和学长的相形见绌。这让她深深了解到,流于表面的知识和浅薄的认识总是立不住脚的。于是在学长的推荐和分享下,她开始研读费正清先生的《中国与美国》。

在以前,她总有一种惯常的"工科生思维",觉得历史是枯燥的,是死的,是无味的。慢慢地,她发现了解历史、正视历史,是青年人进步的必由之路,同时也是作为青年一代的责任。费正清先生是美国也是世界上最有声望的汉学家,他的著作及其主要观点对几代美国学者和政治家都有着深远的影响。在读书的过程中,有时她的观点会与书中的观点相左,甚至有一些观点至今她也无法苟同。但是她始终认为,读书并非是接受知识的灌输而是为了引起自己的思考,更是在足不出户的情况下开阔自己的视野,穿越距离和时间去获得更多在现有范围内所无法获得的知识和见解,这些对一个读书人来说就够了。她深深地敬佩费正清先生,他从美国的角度看中国,以极其简练清晰的风格讲述了中国 4 000 年纷扰不宁的历史,对她了解中国以及对如今国际关系的思考有着非常大的帮助。

除去这些,项奕晨也常常渴望从书中获得基础科学和专业课的知识,课堂上的内容对于一个求知若渴的人来说是远远不够的。想要获得更多,私下里向书中的老师请教就必不可少了。这里不仅仅指的是习题集一类的书,习题集帮助应用和思考,她还喜欢带有思考过程、学习方法的书,这样会让学习更有趣味,看完过后,她期待从这样的书中获得开阔的思路以及举一反三的能力。因此,她不惧怕考试以及任何考验,她常常认为,每一次的检验都是辅助自己审视自己的机会。也许正是对于学习极大的兴趣和较好的心态让她在大一学年的考试中游刃有余并取得较好的成绩,在高手如云的年级里也能有较好的名次。

书香纸墨充斥在她的大学生活中,是书本引导她抒发对国家对社会的热忱,教会她去主动帮助他人,奉献自我。因此在学生工作和为集体奉献中,她从未感到厌倦。她热爱奉献与收获就像她热爱书中带来的温暖与感动。

她自高中读过张载的"为天地立心,为生民立命,为往圣继绝学,为万世开太平"后就一直将其奉为座右铭。今日之责任不在于他人而全在于少年,少年强则国强。中国正处于波澜壮阔的历史交汇期,正是急需要人才的时期,她常想,作为当代的青年理应有紧迫感,成为一名有理想有信念的年轻人是他们义不容辞的责任。

■ 饮水思源

在东大,她感到最幸福的是有很多志同道合的伙伴、不厌其烦地耐心教导的老师,他们是她学习道路上的引路人。

项奕晨第一次接触到的比较有难度的竞赛是 RoboCup 竞赛 kidsize 组校赛,在这次比赛中,她常说,收获最多的是学习和成长。在整个比赛的过程中,相对于一个竞赛者,她更倾向于认为她是一个跟着团队学习的人。在队友的影响下,她开始了解比赛中涉及的一些算法和图像处理的方法,同时也能提出自己的一些想法。在小组讨论、自我检测和改进中,队友们遇到的问题也经常给她带来启发。在实现循迹的过程中,随着赛道复杂程度的变化,他们的算法也需要不断改进。初赛时复杂的赛道给她浇了一盆冷水。在团队不断地调试和改变中,他们最终实现了更优的代码。这个比赛对她来说既是机遇也是挑战。这次比赛带给她更多实践的机会,也帮助她提升了编程和学习的技能。在参加了 RoboCup 之后,她带着积累的经验和学习的方法报名参加了虚拟仪器竞赛,他们的队伍选择基于北斗做一个小车的系统,这对在竞赛方面仍然是一个新手的她来说又是一个不小的挑战,无论是 labview 的编程还是小车控制方面的编程对于她来说都是新的东西,但她仍然带着极大的信心和努力去争取完成这个竞赛。

同时,项奕晨也参与了 SRTP 项目,在众多 SRTP 项目课题中,她选择了最为感兴趣的课题《基于医疗健康大数据的心血管系统发病风险预测》,她渴望通过这次课题研究能将知识应用到生活中,对中国医学的医疗技术能有微小的促进作用,更好地为社会服务。她一直渴望将她的知识转化成实实在在能造福社会的东西。于是在这个项目里,她更加渴望学习,渴望成长,渴望起到一些作用。虽然是初次接触,但她并不畏惧,并相信在未来的某一天,在老师的指导下、同学的合作下,渺小的她也终会为健康检测的发展添上自己的一份力量。

在今年的开学迎新期间,她成为了一名迎新志愿者,无论是初期的培训还是迎新期间从早到晚的站岗迎新,都辛苦并快乐着。虽然流了很多汗水,也曾有过一个人站在角落里无人问津的孤寂,但是只要看到新同学们入学开心的笑脸,家长们欣慰的神情她都感到无比的快乐与自豪。

项奕晨希望凭借自己微小的力量去做一些力所能及的事情,在学习生活中,作为院学习部部长,作为一名普通的仪科学子,她尽力让每一个需要帮助的同学都能有人关注,都能取得进步,并尽可能地在她的课余时间帮助身边学习上有疑惑的同学和学弟学妹们,或是在学习部的平台上举办一些有意义的活动,把大家凝聚起来。她始终相信这是对当初她受到的帮助的一种传递,并且坚信这种传递能够一直传递下去。

初入东南一年多,在她的眼里,东南的朴实厚重、开放自由都充满魅力。她也期待,在这片土地上,能学到更多有用的东西并且慢慢向祖国需要的人才靠近。借得大江千斛水,研为翰墨颂校恩。前行的道路上她感恩着,也成长着。在东南,她期待将未来的年华书写成更美的诗句。

推荐老师 彭袁圆

师长点评

项奕晨同学思想上进,积极向党组织靠拢,勤于参加各种社会实践和志愿公益活动;学习成绩优异,积极参加各类学术科研活动;热心学生工作,乐于奉献;生活上独立自主,宿舍卫生优秀。

东南大学仪器科学与工程学院院长、教授 宋爱国

ZHU Xinyue 朱昕玥

■ 个人简介

朱昕玥，女，汉族，1998年8月出生，共青团员，东南大学艺术学院2017级动画专业本科生。在校期间，曾获国家奖学金，东南大学课程奖学金，东南大学社会工作优秀奖；东南大学社会实践二等奖；东南大学"三好学生""社会实践优秀个人"荣誉称号。

让梦想发芽

——记艺术学院朱昕玥

■ 梦想

她是一个普通人,出生在普通的家庭,和大多数普通家庭的孩子一样,问起将来的梦想,小时候的她也会像其他孩子一样咿咿呀呀地叫上一句:"我要上一所好大学,当一名科学家。"

初三的朱昕玥正值豆蔻,在懵懂的青春期爱上了朦胧的文学,于是成为一个科学家的梦想便被她置之于脑后。在书中,她看到季羡林、三毛、徐志摩、林徽因,他们腹有诗书,气宇不凡。无一例外地,他们都在自己的文集里提到了各自的大学生活。她也更加憧憬自己大学生活的到来。每当在校功课劳累,心情无法平静时,"上一所好大学"的期待感就会浮现在她的脑海,手上的笔也不知不觉攥得更紧了。

■ 困境

凭借自己的努力,朱昕玥成了一所重点高中里的一员,吃饭、学习、睡觉,三点一线,向着大学梦,满心欢喜地开始了自己的高中生活。可好景不长,因为个人体质原因,高中生活开始没多久,她患上了植物神经紊乱。每日的呕吐与心悸挡在了她与大学之间,最终她只得休学治疗。

吃饭、学习、睡觉的三点一线变成了医院与家的一次又一次往返,她的希望也随着日益加重的病情逐渐破灭,即使大学梦在她的脑海里一遍又一遍地上演,但她仍害怕这真的成为一个不切实际的空想。

曾经的同学们仍然在学校学习,而与他们同龄的朱昕玥,生活里除了药物、白大褂、医院,就只剩下前方看不到希望的路。梦想看起来遥遥无期,但它却是支撑朱昕玥继续努力前行的灯塔,指引着她战胜病魔。所以她并没有消沉太久,在治疗休养之余,朱昕玥开始了自己艰难的自学之路。虽然艰难,但随着知识一点一滴地积累,促使她在学习的路上一小步一小步地往上爬。每当她能感受到自己在逐渐地接近自己的目标时,便越发受到鼓舞。为了梦想,一切都值得。

一年之后,身体稍有好转的朱昕玥便迫不及待地回学校复学了,虽然落下大量的功课,但是凭借之前自学的内容,她还是取得了十分优异的成绩。由于康复并未完全,没过一个月,她被迫又过上了医院与家的两点生活。可她仍然不愿放弃梦想,便利用自己的课余时间努力学习知识,幸运的是,她遇见了负责任的老师与友善乐于助人的同学们,他们为这个有着"大学梦"的女孩带来学习资料,并对她学习上的疑难困惑做出耐心的解答,在她追逐梦想的道路上提供了莫大的帮助。

■ 圆梦

2017年,高中在校时间不到一年的朱昕玥决心参加高考,出乎意料的是她竟取得了全区第一的好成绩。在填写志愿的时候,这个好成绩让她能够在众多的学校中选择到自己心仪的学校,东南大学成为了她的第一志愿。

在填写完志愿后,她耐心地等待着录取结果,最终皇天不负有心人,在几十天漫长的等待后,朱昕玥终于收到了属于自己的录取通知书。打开东南大学优雅沉稳蓝色调的录取通知书的那一刻,她仿佛看见灿烂的大学生活在向她招手。当跨进东南大学校门的那一刻,她终于成为了一名大学生。

在开学的几天内,她就认识了很多来自天南地北的新朋友,在他们身上,朱昕玥体会到与与众不同的精彩生活,体会到了成为一名大学生的喜悦。在这里与他们一起学习,一起成长,她将与他们共同度过四年的求学生涯。

这个从初中开始就在她脑海中种下种子的梦想,在经历过受伤、挫折后终于发芽。在接下来的大学生活里,这颗发芽的种子将会迎着生活的希望向上生长,在未来的某一天,长成一棵参天大树。

▪ 回馈

上大学的机会来得如此不易,所以朱昕玥不愿意成为一名普普通通的大学生。她希望能够在学校学到更多的东西,成为更加优秀更加坚强的人。身体是革命的本钱,她深知要想达到目标,身体保持健康向上的状态愈发重要。为了防止旧病复发,她坚持在学校锻炼身体,保持健康的饮食习惯,课余时间积极参加体育运动,并参加了校园马拉松比赛。功夫不负有心人,她的身体状况随之好转了许多。如今的朱昕玥能够承受巨大的课业压力。在运动中,她不仅获得了健康的身体,还感受到了生命该有的活力。

在梦想中的大学里,她遇到了优秀的任课老师和同学,他们的见解与经历让她看到了全新的、更加精彩纷呈的美妙世界。于是,学习再次成为了她生活的主旋律,虽然偶尔也会进行娱乐放松,但只要有空余时间,她都会在图书馆或是教学楼自习。平日里的勤奋练习让她的绘画水平比进班时好了不少。最终,学年末她的绩点达到了 4.0,在系里排名第一,其中两门满绩,一直薄弱的数学也得到了 95 分的好成绩。这样的学习生活看似乏味冗长,但学习的每一步她都踏踏实实走。她愿意为知识和梦想不懈地拼搏奋斗,这让她充满力量。

朱昕玥觉得自己能够实现梦想,离不开身边的人对她提供的帮助。回馈社会,帮助别人一直是她想要做的事,所以她参加了院学生会,成功进入了秘书部。大一时她组织策划了多次活动,大二她选择继续留任院学生会,在竞选中成功担任秘书部部长,继续为艺术学院学子们服务。她也是班级的团支书,组织了多次班级活动,开展了多次团课和思想交流活动。电竞在信息时代的地位日益提高,为让同学们树立正确的游戏观念,在高校建设绿色电竞氛围显得尤为重要。作为东南大学电竞社的一员,她也参与策划组织了英雄联盟高校联赛省决赛、东南大学第一届电竞运动会等,宣传弘扬了"绿色电竞"的思想。

除了参与学校的组织活动,她也希望能够尽己所能,为整个社会贡献一份力量。在 2018 暑期的社会实践中,她以队长的身份组建了苏昆韵社会实践小队,进行了主题为"新媒体时代下的江苏昆曲发展情况"的调研。在为期六天的社会实践活动中,他们采访到了多位活跃于昆曲一线舞台的著名艺术家,考察了与昆曲相关的多种艺术形式,从南京到苏州,一路走来,小队的收获颇丰。最终在小队的共同努力与指导老师的帮助下,他们拿下社会实践院级优秀团队与校社会实践二等奖,她也获得了社会实践优秀个人的荣誉称号。更重要的是,他们感觉到自己真真实实地为昆曲的传承贡献了一份力量,给优秀传统文化的弘扬带来了青年学子的力量。

繁重的课业压力,繁忙的学生工作,几乎占据了朱昕玥的全部时间,可她却觉得这样的生活幸福无比。她在一点点成长,也帮助着学院与同学们,这样的生活虽然让人劳累,但却充实无比。

■ 感恩

生而为人,当为了爱与梦想,不带遗憾地活下去。

她有时运不济的时候,病痛既让她的大学梦推迟了三年,又让她的大学梦比别人来得更艰难。但她觉得自己幸运无比,一路走来受到许多老师与朋友的帮助,遇见那么多善良美好的人。在父母与社会的爱中,她克服了困难,感受到了活在这世上的意义。现今的她,依然是一个普普通通的大学生,但她踏出的每一步都比曾经更加成熟与坚定。

凡心所向,素履以往;心之所向,一苇以航。梦想的种子从未沉寂过,优秀的人不仅应当对自己严格要求,还应心中有家、有国、有爱。上下而求索的决心,不会因为短暂的成功便飘然消失,只会更加深刻。她愿意,也希望,明天的自己依然能给他人带来幸福,明天的自己会变得更加优秀。

 刘畅

> 师长点评
>
> 朱昕玥同学学习尽心尽力、勤奋刻苦,凭借自己的努力收获学年绩点全系第一的优异成绩。作为团支书,她做好自己思想建设的同时起到了良好的带头作用,多次组织"教育思想大讨论"等支部活动,增强班级的凝聚力。作为院学生会秘书部部长,她认真完成了学院事务,为学院建设贡献出自己的力量。她参与的2018年暑期社会实践,获得了优秀个人称号,其团队也最终取得校二等奖和院级优秀团队的好成绩。
>
> 东南大学艺术学院辅导员 刘畅

ZHAI Yanjing 翟彦菁

■ 个人简介

翟彦菁,女,土家族,1996年11月出生,共青团员,东南大学法学院法学专业2016级本科生。曾获"2018年创青春大学生创业大赛"江苏省金奖、全国银奖,东南大学社会工作优秀奖,东南大学暑期社会实践校级二等奖;东南大学"三好学生"、暑期社会实践"优秀个人"、大学生骨干研习营"优秀营员"等荣誉称号。

在长勤中长进
——记法学院翟彦菁

凡事有成，务必"转欲志长勤"。翟彦菁不是一个天资很聪慧的能人，但深知天道酬勤、勤能补拙的道理，所以凭着刻苦勤奋、锲而不舍的精神，一路走来，一点点地学习，一点点地积累，一点点地明理，一点点地长进。

如今的她，走过凌晨回桃园的路，看过早晨的雾，无论是秋还是冬。夜深会循环五月天的歌，会在公众号捕捉别人的故事，记在心里，默默打气。五月天就像其右手，在迷茫的时候总能给予一点宽慰与温暖。她感触最深的是这首《咸鱼》，在某种意义上，她认为自己也正是如此：

"我没有任何天分，

我却有梦的天真，

我是傻不是蠢，

我将会证明用我的一生。"

■ 不甘平庸

初入大学，她常常反思：自己好像变得愈发浮躁了——没有坚持阅读写作的习惯，写日记的习惯时有时无，抬笔却又因某些无关痛痒的事情而作罢，反思与规划也远没有高考那年来得规律、及时与深刻。就这样，度过了平淡无味的第一年。直至大学第二年,看到身边伙伴们忙忙碌碌,她才若有所悟,开始审视自己的一切,生活不该如此苟且,诗酒未饮,远方未抵。

步入2017年的夏天,翟彦菁逐渐有了自己的目标定位。学习上,认真分析每一位老师的上课方式,请教老师与学姐,摸索最适合自身的学习方法。就这样,教室与图书馆成为了生活的主线,而她也逐渐习惯了这样的生活方式。对于专业学习,她尽力完善笔记并拓展书籍阅读,多次聆听法学院的大师讲座,通过慢慢啃慢慢消化的方式去不断弥补自己的理论知识。通过一年的学习,成绩似乎有点成效,课业上的进步让其感到一丝欣慰,即使是表面的数字变化,但总归是对她的一点鼓励,于是她坚定了梦想,加快了步伐。此外,她参与了两项科研项目:《〈民法总则〉"绿色原则"的体系效应研究》《小微创业企业全程财务服务》,为此她阅读了大量文献与案例,提升了理论运用的能力。

纸上得来终觉浅,理论学习固然能充实自己,但积极实践更能完善自己,增长才干。于是,今年6月,希望得到实践检验机会的她,怀揣着忐忑的心情,投出了人生第一份求职实习的简历。欣喜的是她最终成为了南京市玄武区人民法院民二庭的一名实习生。在法院,她一丝不苟地完成了法律文书校对和结案报结,规范整理、装订归档案卷材料,积极参与庭前准备和民事审判笔录,自觉协助审判人员办理其他事务性工作,这些工作提高了她的专业性技能。法院的暑期实习,让她近距离体验了法官立案、判案的过程,让她对法官充满了敬畏与钦羡,她在内心笃定,自己有一天也能够成为一名公正的人民法官。

■ 不囿一隅

翟彦菁不满足于专业学习,她想通过参与各类社团工作增强自身的责任心与实干能力。从步入大学至今,她先后加入了东南大学文化素质教育中心、校团委、法学院学生会、至善讲解团,她想知道自己到底有多少能耐。在文教的两年时间,她担任过南京大学胡阿祥教授的课程助管,参与了多次大型讲座、新年音乐会的策划,撰写新闻稿并运营文教公众号,尽心尽力给全校师生提供全面的讲座信息平台。在校团委,她参与了社会实践整个流程运作,包括社会实践出征仪式、中期检查、表彰大会等,尽力完善社会实践流程,为同学们提供相关咨询。在院学生会,她先是担任文宣部干事,负责海报设计、晚会策划与讲座拍摄,随后第二年担任外联部副部长,举办了朗诵比赛与 SRTP 讲座等活动。至善讲解团的加入一方面是出于其对讲解的热爱,另一方面是期望口头表达能力得到锻炼。在讲解团内,她既担任办公室的部长,处理团内各项事宜,同时也是一名讲解员,给师生们讲解校史馆、共青团综合陈列馆,以及四牌楼与九龙湖校区风景,努力给他人提供优质的讲解服务。

坚持不懈地活跃在各类社团,不仅能够接触更多的新事物,而且可以审视自身的不足,从而提升完善个人素质,实现在大学的社会价值。在这里,责任的担当、人脉的积累、思想的升华无一不是她的收获与财富。

■ 不断实践

这两年中,翟彦菁积极参与各类志愿服务,在南京市马拉松、"三进"实习岗位发布会等大型活动中都有她的身影,在秣陵街道元山社区普法宣传中也有她的足迹。在每一次服务活动中,她都能切身感受到愉悦与充实。此外,她还参与了两次暑期社会实践,第一次是走访南京几条地铁线路的最后一站,通过访谈、问卷的方式了解社区群众对最后一站交通困局的看法,最终对此提出相应的解决方案;第二次是在今年暑假,她组织了十支八十余人的暑期社会实践队伍,成立了"留守儿童团",并带领这些小分队在暑期期间前往祖国不同地区调查留守儿童所处现状与面临的困境,并给予他们一定的帮助与关爱。这个调查成果在小禾苗团队实践中得到了完美应用。

加入小禾苗团队,是翟彦菁大学经历中一件很幸运的事情。一年多来,她在这里结识了来自不同院系的伙伴,共同做着一件富有挑战而具有社会意义的事——建立"重点人群关注可视化平台"。该平台以重点人群为对象,主要对留守儿童进行深入研究。针对留守儿童这一备受关注的群体,作为大学生,他们希望通过一种全新的方式给予留守儿童更贴切、更真实的关爱,而不是仅仅停留在最基础的爱心捐助上。她见证了大家付出的心血和展示的魄力,见证了小禾苗团队从初建时的迷茫到最终的成熟,见证了美好的蓝图逐渐成为现实。

其团队研发的平台由网页端数据平台与手机端 APP 组成,以留守儿童及其父母、社会公益组织、政府为四大需求主体,通过适龄儿童携带手环和社会实践小组前往调研,与高校支教团体和社会公益组织资源对接等方式收集数据并进行建模分析。网页端数据平台通过区域整体情况、家庭基本情况、健康、安全、教育等进行多维度平台展示,手机端 APP 以提供共性服务与个性服务为目标,将各类需求主体与留守儿童进行数据对接。

"重点人群关注可视化平台"作为一个集体项目,大家各司其职,攻坚克难,旨在构建新时代多功能多方向的留守儿童关爱服务网络,为政府部门、职能机构、公益组织等进行政策制定、实施服务以及精准投放提供有效的数据支撑和决策辅助,保障留守儿童的身心健康和人身安全。不负众望,通过一年多的努力,项目得到了同学、老师以及社会的广泛认可,并在今年的"创青春全国大学生创业大赛"中获得了全国银奖、江苏省金奖的好成绩。他们衷心希望能够通过这个项目给予留守儿童更现实、更人性化的关怀。

■ 不能停留

"革命理想高于天。"作为一名共青团员,翟彦菁积极参加各类团建活动,积极向党组织靠拢。2017 年 8 月,她参加了东南大学第三期大学生骨干研习营。在研习营中,大师的讲座、革命基地实地调研、青年议事厅等各项活动使她越发明礼诚信,让其懂得了"嚼得菜根,做得大事"的道理。

"有些诗写给昨日和明日,有些诗写给爱恋,有些诗写给从来未曾谋面,但是在日落之前也从未放弃过的理想。"这只是一些不足称道的故事,生而平凡,不甘平凡。如果要她来描述一下此刻的心境,她想说,不想停留。"往者不可谏,来者犹可追。"她想成为一个值得称赞的人,一个对社会有价值的人。她借用高中班主任对其所说的一番话,以鼓励自己与所有在为梦想奋斗的人:

> 坚持不懈地积极向上,
> 勇往直前地充实自己,
> 一丝不苟地开心愉悦,
> 要有高度的责任及义务健康快乐,
> 更要低调地欣赏自己的强大战斗力,
> 希望每一天都无愧于心,永不放弃,坚持奋斗。

 冯煜清

师长点评

翟彦菁同学热爱祖国,尊敬师长,学业和科研表现出色,是一位品学兼优的学生,具备成为杰出法律人的潜质。尤为难能可贵的是,该生社会责任感极强,课余投身各类社会实践活动,为留守儿童等弱势群体提供了切实的帮助。

东南大学法学院副教授　冯煜清

魏兰馨
WEI Lanxin

■ 个人简介

魏兰馨,女,汉族,1998年3月出生,共青团员,东南大学公共卫生学院预防医学专业2016级本科生。曾获2017—2018年度国家奖学金,2017—2018年度81级医学校友励志奖学金;第三届"真爱健康杯"江苏省大学生营养与健康演讲大赛一等奖;东南大学2017年度"优秀学生干部""优秀团干部"等荣誉称号。

仰望星空，脚踏实地

——记公共卫生学院魏兰馨

记得高三时无数次地幻想过自己的大学生活，幻想中的日子是轻松的，是自由的，是躺在草坪上看星星看月亮的风花雪月，也是天高云淡拥有大把慵懒时光的轻松惬意。但是如果现在让她描述自己的大学生活，大概是奔跑、是忙碌，但更多的，是认真复习之后看到成绩单的心满意足和办完一项活动、完成一项工作后满满的成就感。以前看到的星空是难以触及的美景，而现在所仰望的星空却是她追求的目标。

■ 初遇阳光，稚嫩的新芽渴望成长

初识学生工作，是在大一的"百团大战"。魏兰馨加入了校团委宣传部和院学生会人力资源部，成为了一个小干事和迫切需要成长的小萌新。那一年，她学会了书籍排版、微信编辑推送、PS、Pr等软件的简单运用还有人员信息的收集和管理等各项技能，她也从一个只愿意接触自己擅长的东西，提起PS就抵触的小萌新成长为一个基本掌握相关软件操作的合格小干事。而代表东南大学"出战"第三届江苏省"真爱健康杯"营养与健康演讲大赛，参加"七彩大篷车，环保公益行"志愿活动，参加抗糖防病公益行等活动，也使她发现了一片更广阔的天空。第一年的学生工作，带给她的不仅是各项技能的掌握和提高,更关键的是扩大了她的朋友圈,锻炼了尝试新鲜事物的胆量。不仅如此,这一年的工作也让她看到了学生工作中责任心的重要性,培养起了她的责任心、自信心和担当意识。通过努力,她赢得了大家的肯定,获得了2016—2017年度院学生会"优秀干事"称号。

2017年8月,经辅导员推荐,魏兰馨参加了第三期大学生骨干研习营,成为了"大骨头"的一员。在这里她认识了很多优秀又可爱的同学,他们一起听课,一起分享感受与体会,一起在高温下完成素拓,一起包饺子,一起装饰蛋糕。在这里,她们谈论着东大学子应有的家国情怀和责任担当,讨论着如何做好学生工作,讨论如何进行团队管理和组织运行,分享着学生工作的经验,探究着青年的成长与理想。在这里学习的她,恨不得将自己变成一块海绵,奋力吸收一切宝贵经验的养分,在学习交流中思考与成长。2018年6月,她顺利地拿到了结业证书,而比这证书更重要的是她所汲取的养分和身边那些已经建立起深厚友情的"大骨头"们。

■ 心有绿洲,生命的姿态必然昂扬

如果用积累和学习来描述魏兰馨在大一度过的时光,那么她在大二的日子应该用提升和熟练来形容了。这一年她担任了院学生会组织部部长、丁家桥校区校学生会广播台干事和东南大学营养健康文化协会会长。这一年几乎每一天都在学习和工作,忙碌却又无比充实。

大二学年伊始,院学生会组织部作为一个全新的部门开始组建,承担学院团组织建设,负责组织开展相关活动。周围敬爱的师长和亲爱的同学们纷纷鼓励她参加竞选。当时的她还真是倍感纠结,一方面是大家对她的认可与关爱,另一方面她担心自己能否担此重任、独当一面,担心会不会因为在学生工作中投入更多的精力而影响学业。最终,她还是服从了自己那颗"不安份"的、渴望历练自己、愿意服务大家的心,勇敢地站在了竞选台上,并有幸成为了第一届组织部部长。从那一刻起,她又有了一条崭新的起跑线,她明白,这个全新的部门要求她不仅要有诚心、热心、责任心,更需要有与之相匹配的包括领导、组织、协调、落实等各项工作的能力。制定部门规章、明确工作职责、拟订工作计划、完善活动方案……部门间他们注重沟通、协调,相互配合,部门内他们发挥各自所长,齐心克难,向老师求教、向学长取经、向同学问计。"不期一枝独秀,惟愿绿树成荫。"将院团组织工作更好地向前推进一步,发掘部门成员潜质,激发同学们的热情活力,让更多的同学了解他们、信任他们、喜欢他们,用爱拥抱每一个人是他们共同的心愿和努力的方向。

这一年,魏兰馨带领部门成员承办了军训慰问活动、2017级新生团建活动、第四届"他与院长面对面"活动以及食谱设计大赛活动和第二十次东南大学公共卫生学院团员代表大会,参与组织了院2017年度"五四表彰"甲级团支部答辩和2018年度暑期社会实践结项答辩,协办了2018年院迎新晚会和第十二届院运会。从第一个活动前的慌张、条理不清到之后的游刃有余、井井有条,院会组织部带给她的不仅是工作能力的提高和工作经验的丰富,更是一种对活动全程的把控能力的提升和处理工作时条理性的增强。

记得有一次组织完活动拖着疲惫的身体在夜色中返回学校,路上忍不住跟学姐诉苦:"原来当部长这么累!"当她回到宿舍刚把手机充上电的那一刻就看到了小干事发来的消息,上面写着"部长,我们安全到宿舍了,今天很开心,学姐辛苦了。"那一刻魏兰馨觉得自己为学生工作所付出的一切,大概都是为了那一句"今天很开心"。她慢慢习惯了任务的紧急性,习惯了无数次地改策划做预算,习惯了活动结束后交代学弟学妹们注意安全,当以前从未想过的事情越做越顺手的时候,她惊喜地发现自己这颗昔日的小嫩芽已然变得茁壮、葱翠,也越发深刻地体会到了学生工作除了提升自己外更重要的意义——服务同学、奉献社会。这一年有疲惫的时候,有懈怠的时候,但下一秒就会被对于学生工作的热情和作为学生干部的担当给冲散。她很幸运能够成为院学生会组织部的一员,也很幸运得到了大家的肯定。由于她的出色表现,她获得了2017—2018年度院学生会"优秀部长"称号,组织部也在他们的努力下获得了该年度"优秀部门"的称号。

除了院学生会之外,广播台和营养健康文化协会的工作经历同样给予魏兰馨温暖的阳光与沛的营养。任广播台当干事的一年中,她与她的搭档共同录制了24期节目。他们一起选题,一起写稿,一起录音,一起剪辑。他们会因为一个口误笑到上不来气,也会因为一个词而绞尽脑汁。他们会嫌弃广播台录音室的简陋,会吐槽一下雨就坏掉的广播喇叭,但无一例外,他们都爱着这方寸之地。最终她获得了丁家桥校区校学生会"每月之星"的称号,给自己的"广播生涯"画上了一个圆满的句号。在营养健康文化协会的日子同样是忙碌又快乐的。她们参与开展了江苏省2018年度全民营养周的启动仪式,并参与组织了全民营养周期间学院的各项活动。

这一年的学生工作让魏兰馨收获了东南大学2017年度"优秀团干部"荣誉称号和东南大学2017年度"优秀学生干部"荣誉称号。而更有价值的收获则是自信心、责任心、服务意识和有关学生工作宝贵经验的增强。

■ 历风沐雨,更美的绽放欣然可待

学生工作当然不全是顺风顺水,有收获就必然会有失误和迷茫。当各项学生工作的压力和学习科研的压力堆在一起的时候,曾经的她确实对学生工作和课业学习之间的平衡与取舍产生了疑惑,时间的合理安排是她遇到的最大问题。她每一天都觉得时间不够用,每一天都发现还没有来得及学习就到了睡觉的时间,每一天都在幻想自己可以得到一天只需要睡两个小时的特异功能。这样的状态持续一段时间之后她猛然发现很快就要考试了,如果她还是不能很好地平衡学习科研与学生工作的关系,那么期末考试和SRTP项目的考核一定会给她一个非常凄凉的结果。她开始尝试着将每一天的工作安排和学习安排精确到分钟。刚开始她总是因为无法正确地预估任务所需时间而苦恼,不能按照计划完成让她十分沮丧并且怀疑自己。但是,既已"破土而出"又怎能退缩"变回种子"呢?经过一段时间积极的调整和摸索,她欣喜地发现计划的制订已经能很好地贴合她的工作学习效率,而她也惊喜地发现她甚至能找到出去看场电影、发会呆的时间。有惊无险,这一学年她的绩点为4.185,专业排名第2,还获得了"组织与胚胎学""医学免疫学"和"生理学"的三门课程奖以及2017—2018学年"81级医学校友励志奖学金",并且作为项目负责人成功申报了一项国家级创新创业项目,迈出了科研的一小步。

2018年9月,魏兰馨参与了2017—2018学年国家奖学金的申请与答辩,在答辩现场她看到了太多太多优秀的人,也知道了太多太多要努力的地方。现在的她,是院学生会副主席,是辅导员助理,更是学业和成长路上那一抹昂扬的新绿。道阻,且长,但她会,行,且坚定!正如暑假时她的西藏之行,一路上纵有风雪,纵有雷电,纵有险阻,但更有美景相约、繁花相伴。

当她站在海拔5 200米的珠峰大本营时,魏兰馨依旧向往着更高的山峰;当她仰望深邃广阔的星空,她深知自己的成长远不止于此,深知自信、责任、担当在以后的路上不可或缺,更知今后的道路仍需一步一步,脚踏实地!

 张 娟

师长点评

魏兰馨同学思想进步,学习、工作认真。担任学生干部时工作认真负责,有较强的组织管理能力。学习上认真刻苦,成绩优秀,爱好广泛,一直努力做到全面发展。积极参与学校班级组织的各种活动,符合优秀学生干部的标准。

东南大学公共卫生学院劳动卫生与环境卫生学系副主任、教授 张 娟

蔡衬衬
CAI Chenchen

■ **个人简介**

蔡衬衬,女,汉族,1997年2月出生,中共预备党员,东南大学医学院临床医学本硕连读专业2015级本科生。曾获国家奖学金,曾宪梓奖学金及累计20门课程奖;东南大学"三好学生""三好学生标兵""优秀团干部""学习优秀生"等荣誉称号。

坚持初心，奋斗不止
——记医学院蔡衬衬

■ 心之所向，素履以往

  2015 年 8 月 29 日，蔡衬衬从河南省商丘市的一个小乡村来到了江苏南京东南大学。初到南京这样的大城市，她觉得自己与这里简直格格不入：一些女同学日常讨论的话题像衣服、美食、明星等她都一概不知；其他同学可能觉得食堂的饭菜难吃而经常点外卖，她却因为不想多花钱即使不习惯吃米饭还是每天吃；在大家周末都成群结队出去玩的时候，她还不知道百度地图怎么用……为此，刚开始的时候她是有些许自卑和担忧的，不过她也明白与人相处重要的是真诚和友善，她也没有必要为了融入集体而按照他人的生活方式和兴趣爱好而改变自己。对于她而言，在小地方长大虽然失去了一些机会，但也让她有着更单纯、更真诚的处世之道。于是，她在最短的时间熟练掌握了各种常用手机 APP 和电脑软件的操作，同时坚守着自己的质朴。

  在他们那个小小的农村，无论是学习的方式和工具抑或是其他提高能力的设备、机会都是很少的，所以当时的她对于未来大学 5 年的生活是十分憧憬的。她向往的从来不是大城市带给她的舒适感，而是期待着在这个更广阔的平台上凭着自己的努力和肯吃苦、不服输的劲头学到更多知识、收获更大的进步。尤其是在来到东南大学后,她发现了这里的人每天节奏很快,工作和学习强度很大,她很快意识到这个社会竞争的激烈以及自身和同龄人之间可能存在的诸多差距。她明白了要想脱颖而出就必须要经得住诱惑,吃得他人吃不了的苦。她也因此下定决心不论这条前进的道路多么艰难,不管和他人的差距有多大,她都要成为更优秀的自己。

■ 读万卷书,行万里路

上大学之前蔡衬衬一直都对大学的图书馆很是向往,来到东大的第一天她就去看了李文正图书馆,军训的第二天她就去图书馆借了几本书,她很珍惜可以恣意阅读各类书籍报刊的机会。抱着对阅读一直以来的向往和之前读书太少的遗憾,她在一周的时间内读完了包括《红楼梦》《平凡的世界》《物种起源》在内的五六本书。每天军训结束之后的晚上她都会去图书馆看书,泡在图书馆自此也成为了她大学生活很重要的一部分。在这里她不仅会心无旁骛地学习课本上的专业知识,还阅读了其他领域的各类书籍。尤其是待在九龙湖校区的一年,因为专业课不是很多,她有了更多的机会看各类书籍,有的时候一本好书甚至会让她废寝忘食。书中的知识不断充实着她的思想,引领着她思考,让她从一个对人生少有感悟、做事缺乏逻辑的人逐步成长起来。现在看来,在当时很多同学沉迷手机和享乐的时候,她可以坚持做着这些有意义的事情也证明了她确实抵住了诱惑,坚持了自己的初心。

■ 敏而好学,克服短板

大一刚开学,蔡衬衬就意识到了自己的一个很大的短板——英语。因为从小没有机会练习口语,也没有听力考试,她的口语和听力比较薄弱。但是她并没有为此而抱怨或者以之前的差距作为借口而放弃努力。她开始每天花大量的时间在英语学习上:上英语课的时候虽然老师纯英文的授课方式让她理解起来有些困难,但是她还是会很认真地听讲;每天早上她会最早起床赶着最早一批去跑操,然后利用上课之前的 30 分钟时间背单词,这个习惯她也一直坚持至今;开始听英语听力的时候,她基本上什么都听不懂,她采用老师的建议练习听写,每个句子都反复听十几遍直到能够写下来,每天这样听 1 个小时;此外每天晚上睡前她还会听半个小时的 BBC 新闻,每天伴着一句句的外语入睡成为了她的一个习惯。同时她也充分利用了九龙湖校区教七外语学习中心丰富的听力、口语练习资源。就这样经过大一一年的坚持练习,在大一结束的时候她终于把之前的差距基本赶上了。在大一两学期的英语考试中她都考到了 80 分以上。

在过去三年的学医中,大多数的专业课学习对她来说都没有什么难,但唯独解剖学是她过去学习中的一大难关。因为她本来的空间想象能力就很差,加上可以实际看到的机会不是很多,所以她很难记住那些组织结构的走行、各自的毗邻关系等,或者即使记住了也无法将之与人体实际的解剖结构一一对应。所以刚开始的解剖学习对她来说是比较困难的,即使大一的系统解剖学考了九十几分,到了大三学习局部解剖学的时候她还是发现之前学过的基本上都忘记了,脑子里根本无法形成立体结构。这个时候她才意识到并不是所有的科目都是可以靠看书和刷题学好的,也不是考了高分就代表真正掌握了,唯有找到适合自己的、更接近临床的学习方法才可以真正做到融会贯通。在将理论知识与三维立体图像完美结合,更加注重实验课和动手操作的机会后,她才真正学好了解剖。

■ 突遭变故,立志图强

大一暑假家里的一次变故更是直接激发了她奋斗的意志。暑假回家打开家门她就看见之前只是精神不太好的母亲竟然坐在了轮椅上。在她得知目前母亲因为脑栓塞不能站起来,年后一个月左右就为此住院遭受巨大苦楚,但父亲却因为怕她担心一直没有告诉她的时候,她内心真的很恨她自己,恨自己明明就是学医的却不能做到学以致用,明明知道母亲有高血压却从来不当回事,明明自己有丰富的资源可以了解高血压的防治和危害却从来不去关注,只是一味地死记书本上的知识点……得知年幼的妹妹辍学在家照顾母亲,父亲一人扛起家中重担,明明那么苦却宁愿一人承受的时候,在悔恨的同时,她更下定决心要对得起父母的付出,为一家人的未来而努力。

父亲一直告诉她,不要给自己太大的压力、太重的担子,只要一家人都好好的,生活再苦再难都可以挺过去。可是经过一系列事情,她明白她的家庭是她决不能抛弃的,她要比别人更努力,因为她身上承载着整个家庭的未来;她的大学要过得更加充实而有意义,因为她要把妹妹缺失的那份大学时光也补回来;她也有更大的决心和毅力去奋斗每一天,因为她的家人给予了她更多力量和精力。同时,也正因她的上述经历,让她更能对病人及其家属的身心感受可以感同身受。

■ 服务同学,热情待人

从大二开始蔡衬衬担任了 432151 团支部的团支书。在过去的两年多里,她一直坚持在其位谋其职的原则为支部的每一位成员服务。在做好收缴团费,做好团支部台账,积极参加磐石计划、支部风采展等活动的基础上,支部也定期举办各种支部内及和其他支部合作的各项活动或聚会,充分发挥每位同学的优势建设支部。一步步的工作积累不仅帮她建立了良好的人际关系,更让她明白只有真诚对待同学,真正站在他们角度上才能赢得理解和信服。

作为团干部,她坚持把支部内每位成员的事情放在自己的事情前面,即使之前已经把时间规划好,只要同学有特别要紧的事情,她还是会放下自己的事情去尽力帮忙解决,也正因为此,同学们都说她从不拒绝他人的请求。一些同学认为这样的做法会给她的生活带来很多麻烦,很容易把自己的生活节奏全部打乱,但她发现这不仅没有影响她的生活反而大大提高了她做其他事的效率。因为她发现,在她为了解决支部内或者其他的一些突发情况花了一些原本定好用来学习的时间后,为了赶上之前定好的学习计划,她看书的时候效率更高了,可以做到不分神、更专注地学习。所以,虽然从大二开始,她花费了更多的时间在学习之外的事情上,但是她的成绩却没有下降,反而由之前的专业第二名提高到了第一名,并且可以连续两年都拿到满门课程奖。

此外,她也很乐意帮助同学们解决他们学习上的各种问题,她会把自己整理的学习资料传给大家以供复习,积极带动班上的同学努力学习,告诫大家要在平时抓紧时间认真看书,也正因此班上的同学有什么问题都经常问她。看到班上的同学以她对待学习的态度作为榜样不断提高学习的积极性,她也感到颇有成就。

■ 自强不息,奋斗不止

如今,蔡衬衬的大学生活已经过了大半,在这三年里,有过自卑,有过迷茫,想过放弃,但她还是坚持着自己刚入大学时对自己的要求和目标一步步地努力着。虽然开始时可能只是为了对得起老师们的教导、为了为她无私奉献半生的父母,但在这个过程中,看着自己一点点的进步,变得越来越成熟,她开始享受现在这样奋斗的人生。她想她正在逐步把奋斗变成生活常态,所以在未来她同样会锐意进取,去迎接一个又一个挑战,战胜一个又一个困难,成就更加优秀的自己。

 罗 萍

> 蔡衬衬同学一直以来学习勤奋,对待学习能够做到举一反三,善于取长补短,成绩优异;在思想上积极向党组织靠拢,作为团支部书记认真负责;生活中可以做到团结同学,乐观向上,积极进取。总之该同学各方面表现良好,起到了模范带头作用。

师长点评

东南大学医学院教授　唐秋莎

Gesangzhuoga 格桑卓嘎

■ **个人简介**

格桑卓嘎,女,藏族,1998年6月出生,共青团员,东南大学医学院临床医学专业2016级本科生。曾获2018年大连东岗奖学金;2017年度五四表彰"优秀团员"、2018年东南大学"三好学生"等荣誉称号。

在磨砺中成长

——记医学院格桑卓嘎

对于格桑卓嘎而言,两年多的大学学习生活总结起来就是不断努力,不断突破自己的过程。在此期间,面对自己的不足,她在努力找寻进步的方法。面对自己的胆怯,一次一次试图去勇敢面对。因此,所有的努力和坚持过后是蜕变和成长。现在她可以骄傲地感谢曾经努力的自己。在平日里,格桑卓嘎是一个始终保持乐观向上的人,认真对待每一件事,每一个人。面对生活中大大小小的事情,她总喜欢问自己一句:"我为什么要这么做?"最后的回答是:"我有一百个理由这样做。"这个回答并不是敷衍了事,自欺欺人,对于她而言确实有很多理由去做这件事。理清了思路,行动力也就提高了。因此,她对自己的要求就是每天带着饱满的热情并且念着那"一百个理由"尽力去做好每一件事情。

在认真总结自己在以往求学道路上的经历和不足后,她明白了成长就是一个不断去充实自己,突破自己的过程。在这过程中要靠自己去认识每一个阶段真实的自己,然后不断思考和总结,不断尝试和争取,不断改进和突破,因为只有经过一定的磨炼和挑战,才能蜕变和成长。

■ 从迷茫到坚定

到医学院读临床专业一直以来都是格桑卓嘎的梦想,所以对于学习她一直保持着很强的求知欲。在进入正规的学习之后,她发现医学相较于其他学科面临的是更多的记忆任务和专业性很强的课程。而作为一名少数民族学生,她首先要面对的是两种不同语言之间的切换,这使她需要付出比其他学生更多的时间与精力。她也懂得"没有伞的孩子,必须努力奔跑"这句话的含义,所以除了不断巩固日常的课程之外,在语言方面也不断努力,力求有所提高。

回想初入大学时的情景,那时的她对周围的环境感到陌生,也没有做好迎接新环境的准备。语言上沟通能力的有限加上慢热型的性格,使得刚入学的她有一种无法完全融入大学集体宿舍和班级的孤立感。与此同时,天气的炎热干燥加上高强度的军训使得她的身体一度吃不消,其间脚部两次出现软组织损伤,再加上她本身对紫外线过敏,那段时间的经历完全超乎她自己对适应期的心理准备。她每天过得烦躁焦虑,不在状态。后来在辅导员老师和同学们的照顾和疏导下,她走出了适应期这个最艰难的阶段。适应期过后,格桑卓嘎开始以良好的状态去迎接接下来的学习和生活。学习上,一开始她每天会花一部分时间重新阅读和理解老师上课所讲的内容,通过重复翻阅让自己更加熟悉和理解所学内容。同时积极投入到各门基础课和专业课的学习中,给自己明确学习目标并端正学习态度:课前,认真预习;课上,认真听讲,积极与老师配合;课下,勤于思考,及时且高质量地完成课后的思考题。有时候遇到自己难以解答的问题,她便积极地向老师和同学请教。之后,专业课程变得更多,难度更大,她来不及每门课程都进行预习复习,这使得她的学习效果变得很差。而且课余时间时常被挤压,导致平时倍感疲惫。于是她很快意识到之前的学习方法已经不适用了,她开始思考和尝试其他学习方法来提高自己的学习效率。比如她会去图书馆借阅其他专业课相关参考书,并且通过大量做题来巩固各个知识点,除此之外她通过文献检索来扩充自己更多的专业知识,联系一些实际的病例来加深印象,也会通过慕课等平台学习相关科目。调整后的学习方法使得她的学习效率有了明显的提高。因此时间变得更加充裕了,她就经常安排自己参加科技、人文、社科等方面的讲座,阅看课外书,参加课外研学项目来不断提高自己的综合素质。

■ 迎接挑战,突破自我

在大一的那段时间里最困扰格桑卓嘎的是她的表达能力较差,脑子里语言转换的过程过长使她表达得不够流利,以致她害怕去表达,平常更不会主动找机会表达自己的想法,导致每次开口发言成了最令她烦恼和紧张的事情,每次都会想尽办法去逃避。虽然她很想改善这个问题,但是在很长的一段时间里都没有得到解决的方法。在此期间,她的舍友们和同学们经常给她提建议,也时常鼓励她发言去阐述自己的观点,但是依旧没有明显的进步。

这个问题在格桑卓嘎上了大二之后有了改善,一方面是他们开始了PBl这门以小组为班级的病案讨论形式的课程,这门课程的"三个必须要求"彻彻底底改变了她。每个同学必须轮做一次主席来引导一堂课;每次上课必须积极发言参与讨论并且分享自己查阅的资料;而且最后每次考试都是以面试的形式进行,必须发言。这门课程的学习要求对于当时的她来说十分困难,但她并没有选择像之前一样打退堂鼓而是选择面对挑战,因此每次都会花大量的时间和精力去准备和思考,到后来她能感觉到自己每一次都会比之前表现得更好,于是一个学期下来她不仅掌握了课内知识,增强了对病例的整体思考能力以及制作演示文稿的技能,最重要的是她觉得自己的表达能力有了很大的进步,自信心也被激发出来。另一方面是因为大二这一学年她参加了医学院学生会的面试,如愿成为了医学院志工部的一员。作为部门里的一份子需积极参加各种工作和活动,这使她的表达能力有了进一步的提高。

格桑卓嘎始终认为想要成为一名合格的医学生,必须要锻炼自己各个方面的能力,所以大二的她在认真学习的同时积极地投身到社会实践与学生会工作中。参加实践活动以及院会的工作虽然花费了她较多的时间,使她比平时更加忙碌,但是她很享受这个过程,并且也会积极地做好每件事。志工部平常负责的主要工作是周末的志友回访和中大医院的急诊科导医,并且有些工作是要配合他们院里其他部门去一起完成。

刚加入部门时,格桑卓嘎还是稍显被动,但随着参加活动次数的增多,她熟悉了工作内容并且也能做得越来越好,同时能够协调好自己的时间。这段时间对她而言是一段非常宝贵的经历,这成了她锻炼自己、重新认识自己的一个好时机,并让她收获满满。参加社区义诊活动的时候她帮助爷爷奶奶们量血压,宣传一些健康知识,总结了测血压的方法;在中大医院急诊导医的时候,她学会了量体温与测量电子血压,还能对急诊的患者分诊,不仅把平时学的理论知识与实践相结合,早期接触到了临床,也能帮助忙碌的护士老师和有需要帮助的人们。除此之外,参加的这些实践活动让她明白什么才是真正的精神富足,几乎每次周末她都会参加志友回访。志友是捐献遗体器官志愿者,作为医学生的她上过病理和解剖课之后更能深刻感知志友们的无私奉献的崇高精神,并且真心感恩他们把生命的礼物献给医学事业。和志友们接触交流的时候,她发现志友们普遍是超过70岁的老人,曾经从事不同的工作,生活环境和家境都有所差异。她回访过的志友有工人,有当过志愿军老战士,有一位还是南京大屠杀幸存者,每一次她都可以听到不同的故事,他们总是会结合自己的亲身经历和想法耐心地用自己的方式教会她很多东西,总想把他们一路走来的经验都告诉她。所以她从志友爷爷奶奶身上学到怎样去爱生活、爱他人、爱自己、爱奉献。回访志友不仅仅是他们代表医学生把感恩与崇敬之情告诉他们,更可贵的是她们每次都会满载而归。她在与同学,志友和患者们更深更频繁的接触中,汉语表达能力和沟通能力有了显著提高,还学会爱与分享的能力,完善自己的同时也把正能量传递给身边的人。虽然大三换届后没有留任在部门里,但是她仍然选择继续导医和志友回访,因为这已经成为她生活的一部分,同时也成就了现在更好的她。

对她而言,在学习生活中遇到各种困难是常事,她发现自己比起之前学会了更勇敢地去接受挑战。在思想方面,她也越来越深刻地意识到这一路走过的每一步不仅代表她自己付出的汗水,更是身后支持她的人的良苦用心。因此她越发明白自己该回报些什么,她带着无数殷切的期望和满心的真诚,以更加积极的态度生活,脚踏实地,努力奔跑;坚持自律,发奋努力,同时锻炼自己的意志和提高综合能力。到目前为止,在学习和其他各方面都有些收获,她很感谢在这段时间里给予她帮助的老师和同学们。希望有一天她能以更好的面貌回到自己美丽的家乡,为西藏的医疗卫生事业贡献出自己的一份力量。

 程 斌

格桑卓嘎同学是一个非常淳朴、懂礼貌、有爱心又好学的女孩。她身上有一种求上进、肯钻研的精神,虽然来自边疆地区,汉语基础有些薄弱,但是学习新事物的能力很强。无论走到哪里,她都会给人带来一种清新、向上的正能量。

东南大学医学院副教授 吕海芹

QI Wuqi 戚吴祺

■ 个人简介

戚吴祺,男,汉族,1999年5月出生,共青团员,东南大学网络空间安全学院网络空间安全专业2017级本科生。曾获得2017—2018学年校长奖学金,何耀光奖助学金;江苏省普通高等学校第十五届高等数学竞赛一等奖,东南大学本科生2018年高等数学竞赛二等奖;东南大学"三好学生"荣誉称号。

东大第一年,遇见更好的自己
——记网络空间安全学院戚吴祺

■ 缘起东大,梦开始的地方

戚吴祺来自江苏的一个鱼米之乡——如东,是一个在海边长大的平凡的男孩。从前的他见识少,也没有一技之长,听的最多的道理或许就是"唯有念书将来才会有出息"。他一直很听话,也很努力,终于如愿被"学府圣地"东南大学录取。他要在这里丰富他的人生。也许过去的十八年里没有别人精彩,但以后他要活得漂亮。

在东大,文化气息浓郁,有大片的绿色带来清新的空气,时常能看到美丽而又令人陶醉的天空与云朵。在这样的环境里,他生活得很开心,学得也很快乐。

不知不觉间一年过去了,这一年他过得挺充实的。成绩也是挺喜人的,虽有遗憾,但戚吴祺很满足;参加了社团,学到了知识和技术;钻研过竞赛,小有成绩,也获过奖;拿到了不少奖金,减轻了父母的压力,改善了自己的生活;积极锻炼健身,身体壮壮的……

这一年甚至是一生里,让戚吴祺难忘的是初到东大之时和父母相处的种种场景。小时候也没出过远门,别说是去哪里旅游了,就是连小小的县城都没怎么出过,来南京上大学可以说是离家最远的一次,也是第一次坐上火车。很感谢父母可以送他,拎着好些个大大小小的包,到很晚才抵达学校——一个很大又很陌生的地方。由于小过失,他没帮父母订好宾馆,他们只能睡宿舍。两个人怕弄乱室友的床,便挤在了一张零点九米宽的床上,这让他心疼。现在想想很是后悔。由于没有住处,父母只得匆匆离去。父母坐上了地铁,他再三叮嘱要坐地铁三号线到南京站,毕竟他们人生地不熟,对一些现代化的交通设施不太懂。本想送送他们,父亲说:"你别送了",听到后,他的眼泪都快流下来了。于是转过身,等他们走了后,他才悄悄转过头来,目送着他们离开:拎着行李身体略微倾斜的父亲,加紧小碎步跟上父亲的母亲,渐行渐远,消失在视野所不能及之处。回到宿舍,眼泪便控制不住地往下流,他没出声,默默地躺在床上,任眼泪奔流。人,是要懂得感恩的啊,真的非常感谢父母多年的照顾与关心。戚吴祺很想说,以后就让我来照顾你们吧。

■ 学在东大,不一样的校园

离开了父母,就是独立生活的开始。大学的开始,要去实现之前对大学的种种美好憧憬和愿望。戚吴祺首先想的是成绩不能差,面对来自五湖四海的能力很强的同学,他觉得自己也不能服输。大一时大多还是基础课,戚吴祺想认真学习就不会有问题,比如说上课认真听,作业认真完成,他也是这么做的。他时常会去自习室,去图书馆。李文正图书馆真的很棒,放在全国高校来看也应该是数一数二,也是在中国最美大学图书馆之列的。图书馆前有一片巨大的草坪,相当于五六个田径场,风撩起南门的国旗,吹过路旁的白桦,拂过青青的细草,掀起月牙湾的涟漪。在草地中央,无论你是躺、是站、是歌、是跑,都会被那呼啸的风和四周开阔的意境所感染。学累了就到馆前长椅坐一坐,吹吹风,放眼远眺或是闭目冥想。他时常陶醉其中。

大学和高中有很大的不同,从以前的被动学习,到现在的主动学习。自律,自觉变得尤其重要,这也是在大学里能够成功的关键因素。以前从未想过的没人逼着,自己却学习一整天的情况变成了现实。在考试周里几乎就三件事:吃饭、睡觉、学习。早早地起床,洗漱好吃好早饭去图书馆选一个好位置,然后埋下头来刷题也好,复习也罢,沉浸半天,中午去平时不常去的橘园饱餐一顿,享受美食,然后睡下半个小时以保证下午和晚上的效率,有时晚上踏着动听悠扬的闭馆音乐悄悄地离开图书馆,惬意地踏着自行车骑行在回宿舍的路上,路灯灯光很暖,路很宽,一道同行的人很多。日复一日,直到学期末。经过这番奋战,一学期的知识都融会贯通了,脉络十分的清晰,考前也是变得更加胸有成竹。

　　当然,他坚信没有付出就没有收获,大学的第一学期4.253的绩点,年级第一的成绩是对他最大的回报。当时他不敢相信这么好的成绩是自己的,他很开心,回过头来想想自己在考试周里不知不觉的疯狂便知好成绩是辛苦付出所得。经过大一一年这样的努力,除了优异的成绩,附加的还有校长奖学金和东南大学校"三好学生"称号。偶尔的竞赛获奖的奖金可以充当伙食费,而校长奖学金和一些教育基金会奖助学金可以留作生活费。这些可以很大程度地减轻父母的负担,让他们不再那么劳累,让他们那鬓角的头发可以斑白得慢些,让父母在别人面前提到他们的儿子时可以笑得更加骄傲、自豪,他常常这样想。

■ 感知东大,不一样的生活

　　大学的社团很多,戚昊祺也对好多都动过心,但他知晓一个人精力有限,精力分散得越多,事情就越难做好,他只加入了CR俱乐部——一个解决个人电脑问题的地方。在那里他不仅认识了厉害的学长,还学到了很多计算机软硬件的知识,交到了一些朋友。时常听学长讲到如何去解决一个软件问题，又时常亲自动手拿起工具小心地去拆解笔记本，一窥内部那精密而又复杂的构造，高度集成，从硬盘到内存到南、北桥再到CPU等等，他常常感慨科技的神奇与伟大。他现在正在学习的"计算机组成原理"这门课，也时常会想起被他拆过的笔记本这样理论联系实际的办法让他对课上的内容理解得既快又透彻。在这里，戚吴祺还能一次次感受到帮助他人的快乐。同学们皱着眉头把笔记本电脑带来俱乐部值班室，经过他和同伴的修复，又开心地将电脑带走，他感到很满足。

戚吴祺曾申请加入计软院学生会，可惜的是没有通过面试。同样是面试，以优秀生的身份申请唐仲英奖学金，也没有通过。可这又能怎样呢？他想他可以在这些小规模的面试中吸取到失败的教训，"塞翁失马，焉知非福"。没有入学生会，可以多出时间去学习，学一些课外知识，去培养兴趣，比如说参加POPPING舞蹈班。没有拿到唐仲英奖学金，但他拿到了许尚龙奖助学金。所以，面对失败或者是挫折，要有一颗平常心，正确看待得失，以乐观的姿态去迎接。

明天是美好的。

当自己所在的学院决定成立学生会时，为了弥补大一的遗憾，戚吴祺毫不犹豫地选择加入学生会，去锻炼自己，去服务同学。第一届，他就被选为科创部副部长，他高兴极了，他暗下决心：他愿努力和其他部长一起去创造一个充满活力、务实为先、创新驱动的学生会。

■ 爱上东大，遇见更好的自己

身体是革命的本钱。高中和大一时的戚吴祺一直坚持锻炼，晚上时常去操场跑几圈，去玩单双杠。正因为长期的坚持，他的引体向上能拉二三十个，远超过许多男生。他也酷爱乒乓球，在大一参加了乒乓球新生杯，第一次打比赛，紧张刺激不言而喻，由于是第一次比赛，心态没有及时调整而丢了不少分。那时他着急而又慌张,急着追回分数来做弥补,情况却愈加不妙,不过最后成绩还是不错。他也从中学会了很多:临大事当不慌不忙,从容应对,赛场上当镇定自若,急中带稳,关键是功在平时。第二次比赛是进行体育乒乓球课班赛,有了之前的经验,加之平时训练出的不错的球技他在三十二人中夺得了第一……

现在,戚吴祺已填充大学那张空白蓝图的十六分之五,虽说不是色彩斑斓、美妙生动、但也是线条柔顺,色彩充实,铺展了开来。他愿继续努力,不断提高、丰富自我,把那剩下的蓝图绘制得艳丽而又美好,走出更为出色的人生路。

 陈 明

师长点评

戚吴祺同学在大一一学年中,始终保持饱满的学习热情,学习成绩稳居班级前列,是学习上的佼佼者。他出色地开启了东大新生活,也必将在未来的学习生涯中遇见更加优秀的自己。

网络空间安全学院571172班班主任　胡晓艳

YANG Jiawei 杨佳伟

■ **个人简介**

杨佳伟,男,汉族,1997年11月出生,共青团员,于2016年进入东南大学吴健雄学院工科试验班学习。曾获美国大学生数学建模竞赛国际一等奖,全国大学生数学建模竞赛江苏省一等奖,东南大学数学建模竞赛一等奖;东南大学"三好学生"等荣誉称号。

以无用成大用

——记吴健雄学院杨佳伟

人生为棋,他愿为卒,步伐虽慢,但不曾退却半步,愿以无用成大用。

迄今为止的大学时光,于他而言,一直都不简单,它更像是一个蜕变过程,纵然艰辛,可收获颇丰,每一段经历都是自己的人生财富。从初入大学自食苦果,成绩断崖式滑铁卢,一个名副其实的"颓废青年",到大二初得到班级内的学习进步奖,再至如今大三初终获得校长奖学金,他的成长过程反映了一名最普通不过的同学,在身边师长朋友的帮助下由无知迷茫到明确目标的转变,当然,此中努力与奋斗也绝是不可或缺的。大学生活也远不止成绩一部分,他也受益于其丰富多彩的其他部分,更思辨的眼光,更完善的逻辑,更泰然的心态。如今的他,虽说不是强大的人,但却一定是最努力的人,是对生活最用心的人,愿意对生活付出更多的人。

■ 初入吴院——生辉处的无光者

怀揣着激情与梦想,他在 2016 年来到东南大学这片成长的沃土,成为第一届吴健雄学院工科试验班三班的一员,成为吴健雄学院第一届六十名高考直招生中的一名。刚入学的他与其他同学并无二致,充满着对大学生活的向往与在此大展拳脚的憧憬。之所以是"憧憬",还是在于光想不做,假把式,在于决心和毅力不足。

军训期间,与同学们的熟悉中让他发现大家都是何其突出与耀眼。与来自高考弱省的他比,大家皆是各省精英,经夏令营选拔入院的同学更是诸多殊荣加身,不同的竞赛奖项与奖项级别让他难以望其项背。吴健雄学院似乎本身就带着光芒,激发着人们昂扬向上的斗志,而在每一个人都跃跃欲试地想要证明自己时,他却退缩了。在他眼中,身边的大家都是熠熠生辉的领跑者,而自己却是那零星半点的无光者,不知道该怎么做,一颗不自信的种子悄然萌芽。

开学后,同学们的勤奋与敏锐让他更加明白自己与他们的差距。自己学习毅力不足而又天资平庸,总不能跟上学习进度,索性开始自弃。结果也可想而知,不端正的学习态度让他在学习道路上越来越吃力,自己与别人的差距也越来越大,越大越自弃。大一上的成绩赫然是八九十名开外,他的状态也深受影响,甚至不知道会不会就这样萎靡不振下去。

■ 醒悟明示——投袂而起,奋起直追

东大这两年,他最心怀感激的便是一路陪伴他的那些人,一路所遇的那些事。大一寒假前后他同辅导员纪静老师聊了许多,她给予了他很大的鼓励,跟他谈了许多往事,也拿课堂上看过的最具影响力的毕业生做例子,告诉他当下什么环境、什么条件都不重要,最重要的是自己的想法与用心。

自那时起,他开始正视用心的作用,开始尝试着对自己更用心。在大一寒假将基础学业重新拾起,在学期中一点点、一步步地端正着自己的学习态度,改变着自己的学习方式,努力追赶那些他只能仰望的"巨星"。他认真对待自己的每一份付出,作业认真完成,文档认真编撰,活动认真参与。他也从中尝到了甜头:因为用心的那股劲,在大一下学期的他就与队友通力合作获得了数模校赛一等奖;因为用心那股劲,在学期结束时斩获了绩点近1.0的增长,缩小了他与那些学习优秀生的差距;因为用心那股劲,即使大一暑假顶着酷暑往返于金智楼与宿舍楼间进行数模培训,他也乐在其中,并获得了江苏省一等奖的成绩,更是在大二寒假时获得了美国大学生数学建模竞

赛一等奖的好成绩；因为用心的那股劲,暑假的社会实践他倾注精力,凭借着自己的技术和在团队小组成员的协助下,完成了出色翔实的报告设计编撰工作,帮助自己的团队获评社会实践十佳团队。

他也开始明白,用心是一切的基石,用心也才是身边那些同学那样耀眼的最主要的原因。也因为用心,他从荣誉的旁观者,到得到小小的学习进步奖,再至如今的校长奖学金,一切都应归功于用心,归功于让他明白用心的重要性的那些人、那些事。

■ 水到渠成——无用方为大用

其实大一除学业外,他并没有多少烦心事,尤爱丰富的业余生活。于是他加入了校学生会的大家庭,加入了院辩论队的小家庭。在学生会大家庭的生活中,因为部门性质的原因,随着了解的深入,他了解了学生会各部门大致的运行机制,知晓与学生日常生活相关的一些"平常小事"是如何被妥善处理解决的。自己系统性思维的能力也得到了锻炼,学会了着眼大局但也审慎入微、留心生活,觉得这所工科偏多的综合性大学人情味其实一点也不淡。在辩论队这个小家庭里他感受到的是一脉相承的"唯思辨真"的深刻见解,每夜于活动室中分享讨论观点,思想的交锋与碰撞,字字珠玑、妙语连珠,让人酣畅淋漓,受益匪浅。

总有人说这些无用,但也有人认为这才是生活的乐趣。因成绩问题,他一度怀疑自己是否要退出,但他明白用心才是唯一的真理,要从自身找原因。后来在大二学年开始前的大骨班中,陆挺书记反反复复强调大学生要提升精气神,说"大学之道,在大楼,在大师,但更在'大'人"。"无用方为大用",那一刻他也更加确信自己一路上做出的选择,都没有错。他们不仅仅要懂得东大"嚼得菜根,做得大事"的朴实低调,更要有能够入主流、做大事的大气与能力。

因大一、大二所做的"无用"之事,让他更能沉淀自己。大二暑假,他前往佐治亚理工学院进行为期一个月的交流学习,同组的德国同学总用"你和别的中国同学不太一样"来评价他。现在的大三秋季学期,他仍在美国德州继续着自己的交换学习生涯。开学未至两个月,任课老师们都对他印象深刻,对他的作业和认真态度给予了好评,也帮助他加入了其中一位老师的实验室。

这一切源于什么呢?答案总是不能被轻易表述的。大一上学期的挫折让他认清自己,同纪老师的谈话、看的最具影响力毕业生晚会、听的每场人文讲座、参加的大骨班、每一位老师给他的反馈、学院的支持与鼓励,这所有看似与科研学习"无关"之事,都在他身上成了"有用"之用。

 纪 静

> 该生严格要求自己,思想上积极要求进步,学习上踏实严谨、成绩优异,积极参加学科竞赛并取得优异成绩,注重自身科研能力的培养,生活中乐于助人,与同学相处融洽,作为团支部书记工作认真负责,在同学中起到了模范带头作用。
>
> 东南大学吴健雄学院副院长　况迎辉

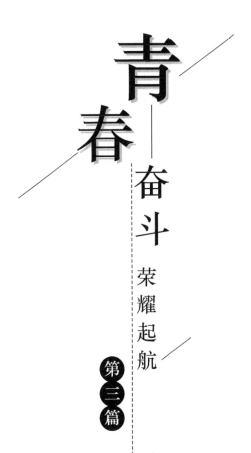

青春
——奋斗 荣耀起航
第三篇

陈乐琳
CHEN Lelin

■ 个人简介

陈乐琳,女,汉族,1996年2月出生,共青团员,2015年自东南大学生物科学与医学工程学院转至建筑学院学习,现为城乡规划专业本科四年级学生。曾获国家奖学金,国家励志奖学金,会丰奖学金;全国钢结构创新竞赛一等奖,东南大学结构创新竞赛二等奖;东南大学"三好学生标兵""学习优秀生"等荣誉称号。

内求于己，外化于"形"
——记建筑学院陈乐琳

路易斯·康是她非常崇拜的一位建筑师，他的思想抽象而深刻，他的文字带给人震撼与感动。一个忙里偷闲的下午，她来到图书馆少有人去的保存本阅览室，摸出一本覆盖了厚厚灰尘的书，虽然书名她已经忘记了，但其中的一段话击中她内心的最深处，至今刻在她脑中。

"...is the longest trace toward silence, and the longest way from silence."

回想大学生活，从生物科学与医学工程学院到建筑学院；从热闹归于沉寂，从沉寂再次回到大家视野中。从躁动到求于己，从深耕内心到成为大家心中标杆般的形象，这句话也是她的经历的最好注脚。

■ The longest trace toward silence——内求于己

这是第一次大一。进入大学，中学那般活在模具中的生活一去不返。她远离条条框框，却又进入一种急需归属感、找到自己角色的状态。对大多数人而言，这是一种隐性的状态，未必可以感知，但对她而言，在军训第一次全校大会的升旗时刻，她找到了作为一名东大人的归属感。但这还不够，她加入院学生会，并且在新生的"百团大战"中报名了近20个社团与组织，参与了长达月余的破冰聚会和各式活动，想要找到自己的角色。

风风火火的一个月后,在一次高等数学模拟考试中她拿到了人生中第一个不及格。震惊之余突然发觉,入学时信誓旦旦的转系目标已一度被忽视。那时,她才警醒,角色如果意味着"标签",它可能不是必需的。即使是,从外在的事物寻找,也不能有所帮助。于是,她开始认真思索:什么适合她?她想要什么?凭着对建筑学的直觉并通过理性的审视,她确信:她要转系。这是她进入沉寂的开始。

转系的任务很重,既要学习原专业她并不擅长的基础学科,又要独自备考转专业考试。近一年,她课余的时间几乎驻扎图书馆。最初的一段时间内,她即使找到最安静的角落,内心也会因为惦记热闹的社交而躁动。渐渐地,独处的时刻竟变得快乐,她感受到头脑前所未有的清醒与敏锐。她守在建筑专业书的书架旁,为学习能力与欲望的觉醒感到兴奋。这时,她才知道沉寂的意义。沉寂让她听到自己内心的声音,探索思考的能力,享受学习的快乐,确信她可以一生热爱的专业,发现自己做一名甘于寂寞的深耕者的角色。

2015年8月,她以第二名的成绩转入建筑学院城乡规划专业。尽管大学生活像是兜了一个圈子,但在这似乎无用的一年中她所积累的感悟与信念是一生的财富。

■ The longest way from silence——外化于"形"

第二次大一,她来到建筑学院时已经不是一名"新生"。她十分清楚自己最珍视的是学习与思考的时间,所以没再尝试参与任何学生会或社团。"沉寂"延续,但这并不意味着形单影只,也不是消极。她的外在角色乏善可陈,只是做自己喜欢的事。比起那些曾经也写过"个人事迹"的同学,她真的太平凡普通,默默无闻。然而,这种"为学术甘于沉寂"的生活中的许多小任务、小事件,让她回归大家视线,给周围人带来正能量。

大一到大三，她是课代表、小组长"专业户"。一方面，她希望课代表的角色能督促自己更加勤奋；另一方面，她已经积累的大学学习经验可以让"课代表"这个角色更好地促进教与学的效率，帮助他人。在后来的工作中，不论是收发作业、小组讨论汇报，抑或是答辩，她都非常珍惜与大家自由进行学术交流的时间。用自己的热情点燃同学的热情，进而相互激发。时常有朋友对她说："看见你，就特别有学习的动力！"

她欣喜于同学对她的评价，但是她知道仅仅做到这样还远远不能为班风和学风建设做贡献。作为一名课外研学活动的热衷者，她号召并组织更多的同学参与课外研学，和大家一起享受自主学习的快乐。2016年，她与学长学姐一同代表东南大学建筑学院参与"共筑"全国建筑高校交流活动，组织各年级同学，协助老师完成《南京市色彩规划导则》的编写工作，完成实地资料采集，信息汇总分析，成果编写与排版等工作。2017年，她担任亚洲建筑新人赛志愿者，与各年级同学一起参与《杨廷宝手绘作品集》资料汇编与排版，参与《知行合一，至善至新——东南大学建筑学院课外自主研学创新实践活动汇编》的编写。2016—2018年，作为连续三年参与"嘉木"模型研学的老骨干，从参与者到年级负责人，参与海报设计、讲座与展览策划、布展、举办，她和大家一起让这个最传统、最具学风传承的研学活动再一次在学院焕发活力。

习总书记说过，"既要向书本学习，也要向实践学习"，作为一名城乡规划专业的学生，她一直牢记这句话，将课程所学、课外研学与实践调研相结合。从2016年至今，她和她的小伙伴一起参观各地优秀民居：四合院，晋中民居，窑洞民居，皖南、江浙民居，藏族碉房和其他少数民族民居等累计13省（自治区、直辖市）民居；沿营造学社测绘的路径，参观天津、河北与山西部分古建筑，每到一处都认真摄影，细致测绘。她们观察城市与乡村，从千年古城，到沿海年轻城市，从超一线到三四城市，从历史文化名镇名村到最普遍的村庄，途中不断思考城市问题与社会问题。在游学中，坚持知行合一,她坚信只有将所思所学所悟应用于实践中,才能成为一名合格的城乡规划师,才能投身国家乡村振兴的发展战略中。

她没有令人羡慕的特长,没有令人瞩目的特点。她是建筑学院众多优秀同学中最平凡的一个,做的就是最平淡无奇的事。琐碎的日常中,似乎也没有什么故事特别值得说道。如果说,她在大家心中有一个形象,她相信那个形象,比起说成是榜样,不如说是学业路上一个理想的同行者。看到她,可以让大家感受到学习的充实与快乐,挖掘自己的技能与潜力,了解自己的使命与担当!

 吴洁莹

师长点评

陈乐琳同学热情乐观,乐于助人。在学习中,她是一名严谨认真,成绩优异的学生。多次获得国家奖学金等奖励,东南大学"三好学生标兵"等荣誉称号。在院系活动、班级工作中有责任心,团队组织能力强,号召力强,得到大家的信任与好评。她协助老师完成各项工作,综合能力得到师生的广泛肯定,是一名全面发展的学生。

东南大学建筑学院 班主任 贺文琴

蔡洋洋
CAI Yangyang

■ 个人简介

蔡洋洋,女,汉族,1996年11月出生,入党积极分子,机械工程学院机械工程专业2015级学生。曾获国家奖学金,博世奖学金;华东区大学生CAD竞赛一等奖,RoboMasters全国大学生机器人竞赛机甲大师赛华东区一等奖,江苏省机械创新设计大赛二等奖。申请发明专利六项。

以梦为马　不负韶华
——记机械工程学院蔡洋洋

■ 懵懂——初入大学

2015年夏天,她告别生活18年的家乡,踏上通往南京的列车,从此翻开一页人生新篇章。

初入大学,一切新鲜的事物都令她着迷——这里有形形色色的社团、各式各样的竞赛、新生文化季、迎新晚会……如同走进一个新世界,她迫切地想尝试种种没经历过的事物。于是,她加入了机械工程学院女篮新生队,加入了机器人俱乐部、生机心理气象站、院学生会三个社团组织,也参加了新生文化季表演。大学与高中完全不同的课程安排,让她每天都处于忙碌却迷茫的状态。

大学生活时而如奔腾江河,气势如虹;时而如两极寒冰,摄人心魄。经过半年的忙忙碌碌,不尽人意的期末成绩唤醒了她,她开始思考大学四年究竟应该做些什么。半年的时间,忙于在篮球场上挥汗如雨,却没有在新生杯篮球赛上获得出色的战果;忙于学习,却没有拿到令人满意的成绩;忙于社团活动,却发现自己并没有做什么有意义的事情。半年时间让她发现了自己的不足之处,从而冷静下来做一些改变。

她开始思考应该用有限而宝贵的时间做些什么。进入春季学期,伴随着专业课程的开课,她开始将课余精力放在有关专业软件的学习及科研上。机器人俱乐部针对新生进行培训,她不错过每一次培训课程,积极预习、学习和复习相关知识。经过几个月的努力,她顺利学习了些许机械知识,从一个完全不知道该从哪里入手的小白,变成可以顺利应用相关软件绘制机械类模型的"大咖"。她的努力打动了俱乐部的学长学姐,从此她跟着学长学姐们的脚步走进了有趣的机械世界。

接下来,她和机器人俱乐部的学长学姐们一起完成了一项国家级创新创业训练项目,申请了一项发明专利,并利用整个暑假时间准备全国大学生机器人大赛。这期间,她感受到了大学生活的意义——尝试、拼搏和永不放弃。从起初不认识螺栓、螺钉,到慢慢地学习 SolidWorks 建模,到分析机械结构的可靠性,再到把自己脑海中的机械结构变成实物……她依稀记得自己在搭建出底盘后激动地坐在底盘上控制底盘运动的模样,记得打印出第一个螺旋式取弹机构之后的兴奋,记得实验失败时的失望和沮丧,记得成功控制了一个小小的舵机时的喜悦,还记得蹲在地上几个小时搭建电路、手被型材划出伤口、眼被焊锡熏出眼泪时的疲惫……这一年的实践经历让她开阔了眼界,提高了能力,并进一步爱上了机械和科研,也让她认识到自己的渺小和不足。这次比赛让她认识到要学习的机械知识还有很多,自己探究的只不过是冰山一角。她非常庆幸自己选择了正确的专业——机械工程,并且深陷其中。未来很长,她还年轻,还可以在这神奇的领域里继续探索。

■ 奋斗——激发潜能

经过一年的努力,她从一个只会做题和考试的高中毕业生变成了能解决实际问题的大学生。新学期伊始,为了有更充足的时间做自己想做的事情和保证充足的运动量,她退出了院学生会,留任生机心理气象站站长,继续参加篮球院系杯比赛,并且加入院排球队。

由于一直以来养成的好习惯,她总能认真地对待每一件事情。她全身心地学习每一门课程,即使是考查课也从来不懈怠。对于比较难的课程,她努力记好每一节课的笔记,然后认真复习,巩固课后知识。念念不忘,必有回响,她逐渐适应了大学的学习模式,找到了各个学科的学习方法,揭下了"科研可以但是学习不好"的标签,并在大二结束时获得了国家奖学金。

为了学以致用并让自己成为学习的主动者,她积极参加各种学科竞赛。大二学年中,她参加了英威腾杯江苏省大学生电子设计竞赛、RoboMasters 机甲大师赛、机械设计竞赛、创新体验竞赛、CAD 竞赛等,在竞赛中突破自己,深度学习,快速进步。令她印象最深刻的英威腾杯电子设计竞赛,宣讲时间是 9 月 30 日晚,一个月后提交作品,国庆七天假期是成败的关键。国庆假期,当同学们都沉浸在国庆节旅游或回家的欣喜中时,她却每天坐在电脑面前,利用刚接触的 Verilog 语言进行编程。虽然有 C++ 语言基础,但 Verilog 语言是一个与 C++ 语言完全不同的语系,对于没有编程经验和课程经验的她来说是很大的挑战。有时一天连续调试七八个小时,导致她到食堂吃饭时已经只剩一两个窗口营业,凌晨四五点回宿舍也变成了家常便饭。

每次竞赛对她来说都是一种"煎熬",但"熬"过那一段时间后,她就会发现自己有了很大进步和突破,从而感谢那时顽强拼搏的自己!不论竞赛结果如何,她都会提醒自己不忘初心,砥砺前行。

■ 认知——脚踏实地

很小的时候,她就有着自己小小的期盼和大大的梦想。而随着年龄的增长和生活阅历的丰富,梦想也变得更切实际。抬头仰望星空,低头脚踏实地,她抛开那些不着边际的幻想,以梦想为动力,通过自己的努力,收获了成功的欣喜与满足。步入大三学年,她依然坚持着自己喜欢的运动,健康的体魄跟上了她的勃勃雄心。

运动不仅使她体质更健康,也带给她很多快乐。大学前两年的经验告诉她,运动是对学习和科研的很好助力。球场上挥汗如雨,湿透几层衣衫,运动洗完澡后,她的头脑变得异常清醒,从而成为学习和科研效率最高的那一刻。足够的运动量也使她思维活跃,上课时注意力集中,思考问题时有灵活而稳健的思路。更难得的是运动中结交的朋友,他们在球场上一起拼搏,一起大声说笑,不同于科研团队中的朋友,那是一种散发着阳光味道的友谊。

大三学年,她开始接触到学校以外的实践机会——与《最强大脑》节目合作完成"齿轮之谜"和"繁花曲线"的道具制作。这次经历给她最大的体会是作为一名机械工程师或决策者要肩负很大的责任感。教学过程中,虽然也重视实践,但大多数结果是做个PPT答辩,而不是把自己的想法应用到实际当中,也不用对自己的设计作品负责。但这次的经历不一样,如果图纸偏差了1 mm,或者某个地方思路模糊不明确,可能就要付出浪费上万元加工费等代价,甚至让十几个工人一整天的劳动成果变得没有意义。这就是她作为一名机械工程师或决策者要肩负的很大责任感,今后要精细自己的每一个规划和设计。她更清楚地认识到在重视专业课程的基础上,必须加强理论与实践相结合。"止于至善,臻于完美"是她一直以来的信念,每一次的付出都不会白费,那一张张证书就是对她最好的肯定。

■ 展望——展翅翱翔

大四学年,她凭借优秀的成绩和丰富的科研经历,成功保研至清华大学继续深造,将在更大的舞台续写人生新篇章。在人才济济的大学校园中,她始终提醒自己刻苦学习,努力工作,踏实做人。在平时的学习和工作中,她善于发现,认真做事,注重细节,勤于创新。伴随着大学里点点滴滴的梦想,她不断超越自我,成长为一位名副其实的新时代优秀大学生。她希望自己在成长的道路上以梦想为羽翼,展翅翱翔。

 刘文成

> 蔡洋洋同学在专业课程的学习上,根据研究方向的要求,有针对性的认真研读专业核心课程,打下扎实的科研基础。在生活中,她为人处世和善、乐于助人,并积极参与各项集体活动。其科研、学习以及工作都是优秀出色的,并得到了多项荣誉证书。相信这些经历和积累都将成为其人生道路上的宝贵财富。希望其在以后的工作和学习中,继续保持并发扬严谨治学的作风,兢兢业业,争取取得更好的成绩。
>
> 机械工程学院副教授 罗 翔

师长点评

张晟源
ZHANG Shengyuan

■ 个人简介

张晟源,男,汉族,1998年1月出生,中共党员,东南大学能源与环境学院能源与动力工程专业2015级学生。获国家奖学金,中南助学圆梦奖学金,11门课程奖;第十一届全国节能减排竞赛三等奖,"创青春"江苏省大学生创业大赛银奖,江苏省互联网加银奖;江苏省"省级三好学生"、东南大学"优秀学生干部"、东南大学"三好学生"称号。

砥砺前行　筑梦远航
——记能源与环境学院张晟源

■ 脚踏实地　潜心致学

2015年8月，告别12年的寒窗苦读，张晟源带着对未来美好的憧憬和对大学生活的无限向往走进了东南大学。初入校园，他就被这里自由、向上的氛围所吸引，这所百年名校从两江师范学堂到今天的东南大学，以"止于至善"为校训，激励着一代又一代的青年学子，培养了吴健雄等一批又一批的科学大家、栋梁之材。如此悠久的历史，如此浓厚的学风无时无刻不在感染着他，他立志以他们为榜样，努力成长，实现自己的人生价值。东南大学将成为他梦想的摇篮，他希望从这里开始，扬帆远航。

诸葛亮《诫子书》有言："夫学须静也，才须学也，非学无以广才，非志无以成学。"张晟源深知厚积才能薄发的道理，学好本领才能更好地奉献社会，才能真正放飞梦想。作为一名大学生，必须脚踏实地、找准方向，努力学好专业知识。在进入大学后的两年半中，他坚持着良好的学习习惯：课前预习、课后复习、主动学习，与老师保持着密切的联系，在与老师的沟通中掌握新的学习方法，获得新的学习方向；在课下，他积极向老师提问，并在老师指导下利用学校图书馆丰富的资源进行深度学习,他常常为了解决一个问题而使桌前的台灯亮至深夜。

天道酬勤,张晟源相信时光会善待每一个努力的人,大学前三年,他的平均绩点为 4.113,位列专业第二名,共获得 11 门课程奖学金,有 30 余门 90 分以上课程,11 门课程获得满绩点,1 门"程序设计与算法语言"获得满分,通过了大学生计算机二级考试,CET-4 获得 573 分,CET-6 获得 519 分。凭借着优异的学习成绩,他先后获得了东南大学"优秀学生干部"、东南大学"三好学生"、江苏省"省级三好学生"荣誉称号;获得了"中南助学圆梦奖学金"二等奖、国家奖学金,并作为国家奖学金获得者的代表接受了张广军校长颁奖。以此为基石,他成功保研至上海交通大学直接攻读博士学位。而在自己进步的同时,他还把自己 20 余份学习资料分享给需要的同学,帮助大家共同进步。

■ 服务同学　锻炼自我

2015 年 8 月,张晟源来到离家 900 余公里的东南大学求学,这是他第一次独自面对新的环境、新的集体,在许多方面都感到很不适应,这时同班的各位同学给了他很大的帮助,让他对这个集体产生了极大的认同感和归属感,他决定要投身学生工作,为同学服务,同时也希望能够锻炼自己。

在军训结束之后,张晟源便通过竞选担任了 03A155 班班长,开始了他的第一项学生工作。在担任班长期间,他努力从同学角度思考,寻找方便同学的方法,每一条通知都尽力做到及时简洁,完成的包括选课表、书单、网上信息维护等通知材料也受到其他班级同学的喜爱,多次被转发使用。在关心同学生活方面,他组织各宿舍选拔宿舍长,广泛了解同学的各种需求并通过与辅导员沟通等方式努力寻找解决方案；为了丰富班级同学的课余生活，他联合班委组织了多次班级聚餐、秋游以及和其他班级的联谊活动，组织班级成员参加迎新晚会、魅力班级等活动，通过节目的排练也让大家的感情更加深厚。在帮助班级同学学习方面，他配合班主任老师创立了课代表制度，每一门课程都选择一位掌握程度相对较好的同学担任课代表并通过答疑和每日一题等方式帮助大家解决学习方面的问题，他自己担任"程序设计"课课代表为大家答疑解惑。在班级成绩方面，他参与组织了班级的团日活动"探衣寻裳"，寻找中国古典服饰的魅力，获得学院大一团日活动第一名。在关爱同学身体健康方面，他组织班级成员参加体育训练，并且在院运动会中取得了大一年级第二的成绩。

担任班长期间，张晟源还加入了能源与环境学院学生会外联部，参与策划了学生会聚餐、素质拓展等多项内部活动，也为多个活动成功拉取赞助，并加入项目组策划了英语四六级模拟大赛，在还不能考英语四级的情况下积极搜集资料，为大家准备了一套高质量的试题。大二的时候受部长推荐竞选成为学生会第一任办公室主任，为了增强学生会与大家的沟通，他参与创办了学生会第一个 QQ 公众号，这也是学生会与同学沟通的第一个线上平台，他通过此公众号举行了一系列线上活动以求增加与同学们的互动；为了提高课堂学习效率，他还配合学院老师，举办了学院第一届无机课堂活动，从无到有完整地创立了整个活动框架和活动规则，获得了学生会"优秀部长"荣誉称号。在 2017 年 3 月，张晟源通过竞选担任了能源与环境学院团委学生会第一任主席。面对新成立的组织，他采取了多项改革举措，例如成立志工部为同学增加志愿活动机会。在任一年内，他领导举办了"教务小助手"等一系列学生权益服务活动，以及"志愿服务进社区""行业照片展""先进表彰大会"等一系列宣扬社会主义核心价值观、弘扬正能量的活动,使得团委学生会逐渐成为学院学生工作的主体力量。

作为学院团委学生会主席,张晟源积极参与学校学院大事,为学校建设献计献策。2017年5月,张晟源作为学院团代表参加了共青团东南大学第二十次代表大会,并参与调研讨论;为了学习更多的经验,更好地为大家服务,他参加了东南大学第二期大学生骨干研习营,听取系列讲座,随团前往沙家浜红色基地进行调研学习,并于2017年10月顺利结业。

■ 积极实践 回报社会

大学生是青年的主力军,是社会主义建设的接班人,在这个特殊的时代有着特殊的历史使命。国家和社会给了青年学生足够的关心和爱护,作为一名党员,应该积极走出校园,参加社会实践和志愿者活动,力所能及地回报社会,锻炼自我。

大一时,张晟源听取了一场关于明孝陵历史的SRTP讲座,对这个南京唯一的世界文化遗产产生了浓厚的兴趣。于是他在暑假的时候组织了关于明孝陵旅游开发与文物保护关系的社会实践活动,通过查阅关于明孝陵的大量资料,了解了明孝陵历史上文物遭到破坏的情况以及文物样貌改造复原工程情况,了解了游客参观明孝陵时容易产生的一些误区。根据大家了解到的情况,实践小组制作了调查问卷,顶着南京夏日近40摄氏度的高温发放了调查问卷,完成了街头采访以及实地考察,并采访了明孝陵博物馆的王韦教授等专业人员,听取了他们的意见和想法,最终在进行大量的数据分析后,实践小组完成了2万余字的社会实践报告,对明孝陵的旅游工作提出了一些建议。他们希望通过自己的努力可以使明孝陵更好地发挥文化遗产作用,让更多的人更好地体会到中国历史的魅力。这一项社会实践活动，获得了老师们的肯定，得到了优秀的成绩，并且作为优秀项目获得了校级1 500元的奖励。

除了社会实践外，张晟源还参加了多项志愿活动。大二的时候，他加入了东南大学青年志愿者协会，参加了南京南地铁站志愿服务活动和总统府志愿讲解活动等志愿活动。在志愿服务的过程中，他深刻体会到帮助他人能给自己带来快乐和满足。在进行总统府志愿讲解工作时，他每一次都会总结游客提出的问题，如果有无法解答的问题，他就主动搜索了解，添加至已组织好的讲稿里进行完善，使游客满意的同时也扩展了自己的知识面。而让他印象最为深刻的还是在为一对从东北来的老夫妻讲解时，他们对他说："南京真是个好地方啊，一个小小的园子都有这么多的故事，我们的古人太厉害了。"听到这段评论的时候，他由衷地体味到传播中国传统文化的自豪感。

推荐老师 茅 佩

师长点评

张晟源同学在生活上积极向上，在学习上刻苦认真，在科研上严谨求实。他对科学研究有强烈的热情和动力，有较强的探索精神和创新意识，对科学问题经常有自己独特的见解、细致的思维。这些优良品质，对于从事科学研究是难能可贵的。

能源与环境学院教授　盛昌栋

周子纯
ZHOU Zichun

■ **个人简介**

周子纯，女，汉族，1997年10月出生，共青团员，于2015年进入东南大学信息科学与工程学院学习，目前为一名入党积极分子，曾担任班级团支书一职，是东南大学大学生艺术团的一员，大学期间所获荣誉奖项如下：2015—2016学年汉桑奖学金，2016—2017学年校长奖学金；东南大学第六届创新体验竞赛校级优秀奖，东南大学第十一届智能车竞赛校级三等奖；2015—2016学年东南大学"三好学生标兵"称号，2016—2017学年东南大学"三好学生"称号。

青春无悔　止于至善
——记信息科学与工程学院周子纯

大学之道,在明明德,在亲民,在止于至善。身为东南大学学子,在进入大学的三年中,不论是在学习方面,还是在思想方面,又或是在其他的学生活动中,她都以"止于至善"的校训严格要求自己、激励自己,也正是因为心中谨记校训,她才能有今天这样优秀的成绩。

■ 学海无涯

学而时习之,不亦说乎?

茅盾曾经说过这样的一句话:"奋斗以求改善生活,是可敬的行为。"一直以来,她将这句话作为自己的座右铭,因为她深知学习不是一个阶段的任务,而是一项可以受益终身的活动。进入大学以来,她一直秉承"一分耕耘,一分收获"的理念来督促自己的课程学习。大学课程不同于以往的学习内容,难度高,老师讲得也很快,一开始刚学习大学的课程时,她被老师讲课的速度快、内容多吓到,觉得自己完全跟不上进度,心中又烦躁又茫然,但她从来不是一个轻易放弃的人,既然上课内容量大,那就在前一天提前预习,上课时就认真听讲,课上做好学习笔记,课后在教室或图书馆自习。然而这些并不够,想要完全熟悉课程内容还需要大量课后的复习,因此她经常利用课余时间将课本笔记翻来覆去地看,直到看懂,也经常向老师请教与专业相关的基础知识,充分利用课余时间不断拓宽自身的知识面,通过网络媒体及时涉猎与收集专业相关的资料。良好的计划是高效率学习的保障,她制订的计划不仅是每天的,有时甚至会精确到小时,有效合理的计划会让学习更加有条不紊,也让自己更加有信心去完成一项任务。此外,她认为自律是她学习道路上不可或缺的一个品质,在面对每一项任务的截止日期时,身边的大多数同学都是磨蹭到最后一天才去急匆匆地赶进度,之前的时间都用来放松玩耍,而她是每天都争取把任务推进一点进度,不做完一天的任务量就不可以放松,甚至在同学出去玩的假期,她都是在图书馆或者教室自习度过的。"既然选择了远方,便只顾风雨兼程。"抱着这样的信念,功夫不负有心人,在老师、同学的指导和帮助下,她取得了优异的学习成绩:在大一学年排名 22/220,大一上学期名列年级第一,获得汉桑奖学金并被评为东南大学"三好学生标兵";大二学年成绩排名 15/263,参加智能车竞赛获得校三等奖的成绩,并获得东南大学"三好学生"的荣誉称号;大三学年目前成绩名列年级第 10,绩点 4.261,在 10 月份还获得了校长奖学金。除此之外,每一年的课程奖学金名单中也常出现她的名字。

■ 坚定信念

人的一生或重于泰山,或轻如鸿毛。

就如保尔所说:人最宝贵的是生命。生命于每个人只有一次。人的一生应当这样度过:回首往事,他不会因为虚度年华而悔恨,也不会因为卑鄙庸俗而羞愧;临终之际,他能够说:"我的整个生命和全部精力,都献给了世界上最壮丽的事业——为解放全人类而斗争。"这就是她选择加入中国共产党的原因,是因为中国共产党党员是中国工人阶级的有共产主义觉悟的先锋战士,党的宗旨是全心全意为人民服务。

自 1921 年建党至今,党已经走过了 90 多年光荣的道路。这几十年,中国共产党从小到大、从弱到强、从幼稚到成熟,不断发展壮大。她对党的认识,是逐步加深的。少年时代,在父母亲的言传和老师的指导下,幼小的心灵萌发了对中国共产党的敬慕和向往。在大三上学期,她向党组织递交了入党申请书,参加了党校的理论学习。这个争取入党的过程,实际就是不断改造自己主观世界、提高觉悟、以实际行动使自己具备党员条件和素质的过程。之后在党组织的培养教育下,她逐步树立共产主义的世界观、价值观和人生观,也进一步端正了自己的入党动机,成为一名入党积极分子。此外,她更是坚持在业余时间学习有关党的理论知识,认真学习和领会习近平新时代中国特色社会主义思想,通过学习加深对党的理解,在理解中改造自己的人生观、价值观和世界观,思想上有了极大进步。

目前的她是一名入党积极分子,在以后的工作计划和生活中,她决心以党员的标准严格要求自己,以更高的立意全身心地投入到学习中;并且必将以更纯净的思想境界不断深入学习,不断改进工作方法和思想方法,积极进取,持之以恒,转变作风,苦干实干,主动靠拢党组织,以实际行动来使自己成为一名优秀的共产党员。

■ 舞蹈不止

每一个不曾起舞的日子,都是对生命的辜负。

于她而言,舞蹈是生活中不可或缺的一部分。她自幼习舞,拿到中国歌舞剧院舞蹈九级的证书,这期间付出了多少泪水汗水只有自己知道,因为热爱,所以不会轻言放弃;因为热爱,所以不会在繁重的学习任务下将其视作负担。进入东南大学后,在第一学年,她就申请并加入了东南大学艺术团的舞蹈团,跟随舞蹈团参加了学校举办的几乎所有文艺演出。每年开学时的新生文化季,学期中途赴其他高校参加的高雅艺术进校园活动,新年时的跨年演唱会,各院庆演出以及校庆演出等都不会缺少她们的身影。

毕业季的舞蹈专场是毕业季最盛大的活动之一,她连续参与了两年,并且策划组织排练的过程也都有参加,其间的辛苦她深有体会。每晚排练到11点是常态,端午节放假留校彩排也是常态,身体受伤更是常态。台上一分钟,台下十年功,舞台上的玉袖生风、大开大合,都是多少个日夜的努力换来的。

在大二那年,她被舞蹈团选拔赴香港参加中国高校联合会的交流演出活动,并获得证书;之后又被选入省赛队伍,在江苏省大学生艺术展演的比赛中取得一等奖的好成绩。因为有舞蹈这项特长,她在大一时担任院啦啦操队长,负责院系啦啦操队的排练,最后在校啦啦操的比赛中取得了第五名的成绩。

艺术团的活动训练十分频繁,与此同时,学院的学习任务也在加重。为了保持平衡,她常常是在演出的间隙进行复习,随身带着笔记,一旦得空,就会找一个安静的地方学习。舞蹈和学习在她心中从来不是哪一个可以放弃的选择,而是如何在跳好舞蹈的同时保证学习成绩的优异。舞蹈教会她的是坚持,是敢于吃苦,"吃得苦中苦,方为人上人",这些品质对于学习同样适用。

■ 勇攀高峰

百载文枢江左,东南辈出英豪。

东南大学的校训是"止于至善",意为尽心做事,问心无愧。每个人的智力有高低,能力也不尽相同,但是唯有努力是所有人都站在同一起跑线上的,也许你的起点比其他人低,但是你的努力却可以让你最终到达高处,只求问心无愧而已。东南大学的这句校训影响了她大学三年,也将影响她之后的学习生活。不论是学习,还是她所热爱的舞蹈,尽力、尽心,做到不遗余力，就是她自己的"止于至善"。当她回顾这些努力的日子时，希望看到的是自己拼搏的样子，是努力抛洒汗水的样子，而不会暗自嗟叹，恨时光匆匆，叹未来无望。

大学三年时光匆匆逝去，现在的她已经是一名即将面临毕业的大四学生，大学生活就要落下帷幕，在接下来的日子里，她将要开始一段新的旅程，那就是研究生学习。三年的努力刻苦让她得到了保研这一珍贵的机会。而研究生的学习与本科阶段的学习也许又会有很大的不同。但她相信到那时，她已经可以坦然从容地面对一切挑战，无论之前的荣誉多少，失败多少，她将携带着良好的习惯，不忘可贵的品质，抬起头向前看，一步一步迈得坚定踏实。她整装待发，以饱满的热情、坚定的信心与高度的责任感去迎接新的挑战，攀登新的高峰。

推荐老师 顾青瑶

师长点评

周子纯同学学习十分刻苦认真，成绩优异，获得过多项荣誉，是老师的好助手，也是同学的好榜样；思想上追求上进，服从党的领导；班级工作上积极主动、认真负责；同时在社团活动方面也表现积极，能够做到各个方面都表现优异、全面发展。希望她能在今后的学习生活中更进一步！

信息科学与工程学院讲师　许正彬

夏智康 XIA Zhikang

■ **个人简介**

夏智康,男,汉族,1997年7月出生,共青团员,东南大学信息科学与工程学院2015级本科生。曾获得2016年国家奖学金,2017年校长奖学金;获美国交叉学科数学建模竞赛国际二等奖,"高教社杯"全国大学生数学建模竞赛国家一等奖及高教社杯,江苏省高等数学竞赛省一等奖;2017年获东南大学"三好学生"称号。

有志东南行，无悔大学路
——记信息科学与工程学院夏智康

他叫夏智康，来自江苏省无锡市。为人乐观开朗、勤奋踏实，沉稳与内敛是他带给大多数人的第一印象。不知不觉中，他的大学生活已经接近尾声。三年多来，他经历了很多欢乐与坎坷，同时也很庆幸结识了许多朋友。

■ 缘定东南，多彩开端

许是缘分，在高考经历了意想不到的"滑铁卢"之后，在他面临绝望之际东南大学自主招生的15分加分让他压线考进了东南大学的信息科学与工程学院——这个号称东大"王牌专业"的学院。人生的大起大落在事后看来实在是值得玩味，而他与东大的故事也就从这里开始展开。

他在初中时曾看到过一句话："不求尽如人意，但求无愧于心。"这句话从那一刻起一直作为他的座右铭陪伴至今。进入大学的两年来，他也始终坚持着竭尽全力将身边的每一件小事做到最好，无论结果如何，至少也能担得上"无愧"二字。

初入大学，他便下定决心，他的大学生涯决不能碌碌无为地度过。9月份火热的军训拉开了他大学生活的帷幕，初中和高中6年的寄宿生活让他很快便适应了大学远离家乡的不适,也很快与周边的同学打成一片。除了每日艰苦的训练以外,他还加入了军训连的合唱团,并最终在军训末的合唱比赛中作为合唱团的一员夺得了团体特等奖的好成绩,获得了他在大学生涯中的第一个荣誉。

大一的长学期开始后,东南大学就正式进入了新生文化季。出于兴趣,他报名参加了院系的荧光舞团队。长达将近三个月的排练占用了他大多数的课余时光,同时艰苦的训练条件也不断地挑战着他和其他队员们的适应能力。记得最为艰辛的时候,由于服装上的荧光线出了故障,他们将坏了的荧光线剪了下来,并亲手将备用的荧光线缝了上去,成了名副其实的"小裁缝"。艰苦的付出换来的永远都是灿烂的回报。在新生文化季闭幕式那天,他们节目爆炸性的效果点燃了全场!在焦廷标馆的舞台上表演着绚丽的舞蹈,同时听着台下的欢呼,他明白所有的付出都是值得的。他们的节目最终被评为新生文化季"最受欢迎的节目",为院系赢得了荣誉,也为他收获了一段美好的记忆与友情。

■ 沉心静气,厚积薄发

绚丽的文娱活动着实是大学生活最好的点缀,但每天一点一滴的学习生活才是大学的主旋律。大一上学期,频繁奔走于各个社团活动也使他疏于平日的学业。寒假过后拿到成绩单,他的成绩排名仅仅在30名开外徘徊,至此,他陷入了思考,决定做出改变。

大一下学期,他提高了对于学业的重视。在上课期间,他勤记笔记,力求记下老师课上的每一个要点;同时课下认真独立完成作业,不断巩固每天所学的知识;遇到不懂的问题及时询问周边的同学,同时也热心帮助周围前来询问的同学，力求在帮助他人的同时巩固新知；尽管平时十分忙碌，他依旧尽可能在周末抽出时间前往图书馆独立自习。平日良好的学习习惯保证了他考试周期间的从容。在大一下学期的努力下，他的成绩终于跻身年级前列，并保持至今。

■ 竞赛捧杯，科研长跑

信息专业的学子只满足于课本的知识自然是不够的，为了不断开拓新知，他积极参加各项学科竞赛，以求在竞赛的过程中锻炼自己的各项素质。平日认真严肃的学习态度也为他打下了良好的竞赛基础。

在大一下学期，他报名参加了学校的高等数学竞赛并获得了校二等奖，这大大增强了他的自信心。其后经过学校3周的培训，他代表学校参加了省级高等数学竞赛并成功获得了江苏省一等奖，在兴奋激动之余，这次获奖极大地激起了他的竞赛热情。他又同几位好友组队报名参加了学校的数学建模大赛。一个懵懵懂懂的"小白"经过5天的努力，磕磕绊绊地拿到了校级二等奖，并获得了暑期留校培训的资格。经过20天艰苦的培训，他们终于掌握了数学建模的技巧并能够熟练应用各类建模软件。在2016年9月的全国大学生数学建模竞赛中，他们从全国上万支队伍中脱颖而出，作为全国前四获得了前往溧阳答辩的机会；在答辩的过程中，他与答辩老师深入交流了他们做题的思路和模型的构建，其中由他独立推出的悬链线形态函数受到了老师的好评。最终，他们的论文成果获得了答辩老师的认可，拿到了全国第一名的好成绩，为东南大学赢得了历史上的第一个"高教社杯"，为学校增光添彩。在后续参加的2017年美国交叉学科数学建模竞赛中，他们又取得了国际二等奖的成绩。

从大二开始,学院的培养计划也逐渐向科研方向靠拢,大二上学期开始了 SRTP 项目申请,浏览资料的过程中,他对戚晨皓老师的"大规模 MIMO 无线通信系统中的波束成型算法研究"项目产生了兴趣并与老师进行了深入的交流,最终他以项目负责人的身份成功申请到这个项目,此项目也被列为校级重点项目。在最初的半年中,他与组员们不断查阅论文学习基本 MIMO 模型与相关算法,获得灵感与思路并进行实践,最终产生了一定的效果。在 2017 年 5 月的中期答辩中以良好成绩通过并成功申请到了省级创新项目。暑假期间,为了项目能够顺利进行,他在暑假开始 20 天后便返回学校,以方便在研究时可以和老师进行密切的交流。目前他已在国际知名会议 WCSP 上发表会议论文一篇,并被 IEEE 收录。

■ 学生工作,尽心尽责

除却参加专业性较强的竞赛与科研活动外,他在学生工作中也担任重要职位。2015 年他通过两轮面试加入了信息学院科技协会项目管理部,以一名新晋部员的身份开始了科协的各项工作。两年来,他工作认真负责,细心而有条理,在各届科协的学生代表大会、卓越大赛等活动中都担任重要角色。在大二下学期他被选为项目管理部副部长,并以总负责人的身份策划组织了科协的老部员欢送会。升入大三,他成为新一任项目管理部部长,继续进行学生工作,组织策划了信息学院科技协会第五届学生代表大会、信息学院科技协会第一次全体大会等。同时,在大二学年他也担任 2015 级 4 班的副班长,作为班级行动部总负责人牵头策划了班级磐石计划的各项活动,包括紫金山登顶、造访高淳老街、南大鼓楼校区定向活动等,活动效果显著,受到了同班同学的好评。

■ 严于律己，健康生活

在他醉心于东南大学丰富的学习资源、优厚的竞赛和科研平台的同时，他也深知在身体素质提高、体育锻炼方面也时刻不能放松。从大一下学期开始，他就坚持每天夜跑5公里，这一方面为他良好的身体素质奠定了基础，另一方面也成为他在每天的课业和工作压力下一个放空自己的有效方式。大学三年，他的体育成绩均达到了优秀水平，在1000米跑的测评中，他以3分24秒的成绩通过了考试。

在日常生活方面，他养成了良好的作息习惯。周一到周五每天坚持早起跑操，如此下来不但养成早起的习惯，也戒掉了熬夜的陋习，把自己的生活安排地有条不紊，从来不让父母担心。除此之外，他还经常维护宿舍公共卫生。在他的带动下，舍友们也养成了良好的生活习惯，大家相处很好，其乐融融，在校三年的宿舍卫生评测中，他们宿舍每年都能获得88分以上的平均成绩，始终处于优秀行列。他朴素节俭，严于律己，宽以待人，尊敬师长，并在平时积极和同学交流沟通、融洽和睦地相处。

■ 志存高远，青春无悔

大二时他开始逐渐发觉当前所学知识的不足，自认为在大学本科的4年内可能学不到充足的知识来应对市场的需求，来为社会做出贡献。所以他希望能够对专业知识进行深入的学习。经过2018年一个暑假的努力，他成功保研至清华大学计算机系攻读硕士学位，希望能够更深入地进行学习和研究，为未来社会发展做出更有价值的贡献。

"不求尽如人意，但求无愧于心"，大学三年来，他一步一个脚印走到了院系中相对领先的位置。或许他没有极高的天赋,在一路走来的路上也确实遇到过许许多多的挫折和失落。或许,有些付出并不能够马上给予他回报,但他始终相信,无论结果如何,无愧本心才是最为重要的。未来的路还很长,希望他能够追寻自己梦想的方向,一如既往沉稳而坚定地走下去。

 顾青瑶

夏智康同学思想上进,品行端正,学习努力,与同学们相处融洽。有着较强的自学能力和组织协调能力。特别是平时能注重知识的点滴积累和融会贯通。希望该生能百尺竿头、更进一步!

信息科学与工程学院副教授　戚晨皓

于路港
YU Lugang

■ 个人简介

于路港,男,汉族,1997年7月出生,预备党员,东南大学土木工程学院工程管理专业2015级学生。曾获校长奖学金,光华奖学金,苏博特奖助学金等奖金;曾获江苏省大学生工程管理创新、创业实践竞赛一等奖,校结构创新竞赛一;曾获江苏省"省级优秀学生干部"、江苏省优秀共青团员、江苏省社会实践活动先进个人等荣誉称号。

大学·花影·成长
——记土木工程学院于路港

时光荏苒春去春回,站在大学旅程的中点,百感交集地看着大学三年时光里经历的风雨、沉淀下来的回忆,想起那些刻骨铭心的失望与希望,回味他所经历的磕磕绊绊,铭记青春岁月中的勤奋努力、兢兢业业。在青葱的年纪因为同学们、老师们的帮助,因为种种困难的磨炼,才日渐成熟稳重。

■ 破土萌芽

大学中于路港品学兼优、能力突出,在学校、老师的关心、教育和帮助下,他德智体美劳等方面全面发展,一直以来都在不断进步,在许多方面都取得显著的成绩。但初入大学的他,像是一粒种子落入了肥沃的土壤,不知应该从哪个方向汲取营养。学习、活动、科研的丰富多彩处处吸引着他的目光,他也像其他多数同学一样对未来有些迷茫无措。作为一名新生,新老生交流会和新生文化季中的各场讲座教会了他很多东西,他见识到了各位学霸、科研达人、社团带头人等优秀的学长学姐,讲座中老师们以自己灵活独到的视角带他们走进大学的生活、专业的学习中来。他明白了大学的学习更为专业和灵活,坚持刻苦学习是一个人成长成才和长远发展的必经之路。

所以,自大一开始,于路港始终把成长放在自己大学生活中的重要位置,同时他也明白大学中理应参与更多的课外活动,从中锻炼自己,体会大学生活,获得不同于高中生活的一次质的成长。他每天准时6:30起床开始一天的活动:跑步、上课、学生工作、晚自习……如此充实紧张的生活节奏,是很难忘的经历,也让他从中受益良多。

于路港摆正自己大学新生的位置,严格要求自己,不断向自己身边的优秀同学学习,不断地用高标准来衡量自己。课余他参与四个学生社团并且积极参加学生活动,新年晚会、篮球赛、足球赛、饺子宴……处处都能看到他的身影,他努力地融入团体、全面发展。种子已悄然地积蓄能量,努力地顶开头顶上的一块块石头,伸向广袤的天空。

■ 含苞待放

从大一开始,于路港本着"服务同学,锻炼自己"的思想,积极争当学生骨干,学生干部的角色让他培养起当代大学生应有的责任感与使命感,把个人的前途同国家、民族的前途结合起来,把个人的奋斗融入学校和班集体的奋斗之中。学生干部是学生工作的主力军,是老师的得力助手,是密切联系学校和学生的桥梁。学生干部的工作给了他许多锻炼的机会,从实践中不断吸取成功的经验和失败的教训,让他能更沉着地面对问题,提高自己,完善自己。

作为学生干部,他任劳任怨工作,公平公正办事,以身作则。大二学年,他作为班长,第一次号召同学们建立班级微信公众号,第一次设计了班徽、班服,第一次拿到了年级唯一一个"甲级团支部"的荣誉称号,同时他也荣幸地被授予东南大学"优秀团员"的荣誉称号。团结同学,在日常活动中增强班级的凝聚力,在春游、秋游、团日活动中与同学们建立深厚的友谊,与同学们一起把班级建设得更优秀。他带领班级干部们认真负责、谦虚谨慎、积极主动地工作,面对困难迎难而上,积极寻找问题的解决方法。同时他也以一颗赤子之心,换来了同学们的信任和支持:演讲表达能力不够强,他就背稿子录音播放给自己听,一遍遍修改;有些同学脱离整体节奏,他就抽时间多陪同学谈心交流;学习任务太繁重,他便深夜十点多处理完活动事务后匆匆赶赴自习室。回顾任班长期间所克服的困难和取得的成果,他内心有一种自豪之情油然而生。

大二学年他还担任了新生班级的学习督导一职,他认为这是作为一名学长应当担负起的传承的责任。犹记得学弟学妹们在第一次见面会上的青涩害羞,犹记得为他们整理材料熬夜到凌晨三点,犹记得与他们相处的种种点滴、种种感动。他认为传承和奉献是光荣而高尚的事情,是难能可贵的,从点滴小事中践行党"全心全意为人民服务"的宗旨,在奉献自己的同时提升自己,实现自己的个人价值。

■ 朝阳怒放

土木工程学院科技协会是于路港大学生活中的一个重要集体,从大一加入起他从中收获了颇多知识、友谊、感动。他与协会中的同学们一起奔波忙碌,取长补短,一起为协会的发展贡献一分力量,各种文案、策划、活动都凝聚了他们的心血。在土木工程学院科技协会换届选举大会中,他被选为土木科协主席,他始终以"自我管理教育,自我服务"为根本出发点,狠抓各项工作,把土木科协学生干部的思想政治工作放在首位,发扬"严谨求实"的工作作风。在学生日常管理活动的同时,他深知科技协会是给同学们提供创新、科研机会的平台,他在日常工作中不断加强与老师们的联系,争取更大的发展空间。同时他还注重土木科协内部建设,开展全体素质拓展、篮球赛等活动,带领上百人一同前进。2018年5月,正值土木科协精品活动——结构创新竞赛筹备之际,却与祭汶川地震十周年系列活动不期而遇,在本身已经高负荷运转的团队背上再添一块石头。每个策划细节、每块展板文字他都细细过目，数不清在实验室通宵了多少天，记不得在活动台旁睡着了多少次，此番努力终使活动圆满落幕。他一丝不苟，认真踏实，勤勤恳恳，在收获深厚友谊、能力增长的同时，也体会到为同学们服务的快乐。

从一名班长到科技协会主席，他增强了责任感和工作能力，并将这种责任感升华为当代大学生应有的家国情怀。作为学生骨干，他有幸参与了至善东南科技夏令营、内蒙古至善科技夏令营、"爱在共青城，弘扬中国梦"支教回访等活动，犹记得孩子们天真的眼神像夜空中点缀的星星，明亮又充满着希望。他透过支教看到国家现行教育中存在的问题，看到他们大学生应当背负起的社会责任，看到他应当以何种方式奉献自己、服务他人。因为活动效果显著，他们至善东南科技夏令营获得了"阿克苏诺贝尔中国大学生社会公益奖"，被评为"江苏省大中专学生志愿者暑期文化科技卫生'三下乡'社会实践活动优秀团队"，他自己也有幸获得"江苏省大中专学生志愿者暑期文化科技卫生'三下乡'社会实践活动先进个人"等荣誉称号。

大三学年他还担任第三期东南大学大学生骨干研习营班长一职，与学校中的学生骨干们一起，端正自己的位置，明确自己的使命和担当，明白了拥有家国情怀、大爱仁心、精英气质不但是一种骄傲，更是一种责任与担当。通过研习营，他对理想、责任、担当有了新的理解，对自己的工作方式方法有了新的探索和追求，对"东大人"这三个字有了更多的认同感和自豪感。

点燃焰火，花已绽放。

■ 花开不败

"人生应该像蜡烛一样，从顶燃到底，一直都是光明的。"为了更好地发挥自己的光和热，于路港在大四学年仍坚持着学生工作岗位，现任共青团东南大学委员会学生（兼职）副书记、东南大学学生科学技术协会常务主席、土木工程学院团委学生联合会主席、东南大学2018级预科班团支部导师等职，在各个平台上发挥自己的经验优势，为学生需求服务，为学校发展助力。

推动校学生科协改革、搭建科创活动平台是他当前学生工作的重点。自接任校学生科协常务主席一职后，他重新搭建校学生科协部门架构，重新划分部门分工，在各院系、各社团中选拔精英骨干在校学生科协任职，导演了校学生科协改革的整个进程。目前，他带领校学生科协着力打造优质创新实践平台载体与高效创新竞赛育人体系，协助学校构建创新实践育人平台载体"双轮驱动"模式，通过创新讲座、学术冬令营、创新训练团队孵化等帮助同学们活跃创新思维，拓展创新视野，强化创新技能，提升创新水平。虽然他本人没有十分突出的科研竞赛成果，但是看到校园中创新文化氛围在慢慢改善，同学们越来越方便地参与科创活动，他便觉得他做的工作是有价值的。

作为一名学生干部，他始终朝着"有信念，有担当，有境界，有气象"的人才培养目标努力，传递正能量，感染并鼓舞身边的同学，发挥示范辐射作用。他是一个积极要求进步的人，今年9月份他自愿放弃直接保研资格，选择加入东南大学研究生支教团，并有幸成为其中一员，他明白一个人唯有道德思想的升华，才能真正将所学的"有用"变成"有用"，才能让自己成为真正意义上的人才。一个当代青年也应当挑起中华民族发展的脊梁，多做为他人、为社会、为国家有意义的事情，将学生干部的奉献精神、责任担当延续下去。

回顾已过去的大学时光，他的成长之花已然绽放，再回首仍有震撼人心和令人感动的点滴让人难忘。他毫不后悔自己作为学生干部时付出的时间和精力，也很感激自己经历的困难和挫折。从大一到现在，他的组织能力、人际交往能力等都得到很大的提升，学习上、学生工作上、课题研究上都取得了一定的成果。但是最令他开心的是在他成长的道路上能够尽已所能为同学服务,为学院和学校做了力所能及的贡献。

昨日的荣誉,是他前进的动力;往昔的不足,是他努力的方向。路遥说:"只有永不遏制的奋斗,才能使青春之花即便是凋谢,也是壮丽的凋谢。"他将牢记"止于至善"的校训,尽管前路风雨兼程,坎坷相随,也会不停地学习,不断进步,不懈发展,牢记初心,牢记老师和同学们的嘱托与教诲,在自己的青春篇章上留下踏踏实实的一页!

推荐老师 黄珺

师长点评

于路港任校团委学生(兼职)副书记以来,尽职尽责,踏实认真,兼任校科协主席,推动校科协机制改革,通过筹办SRTP宣讲会、科协联盟交流会等活动增强校园研学创新氛围,是一个优秀的团队组织者和团队核心,他作为学生干部能够积极上进,在各方面均衡发展。

东南大学团委副书记(主持工作) 杨文燮

张 伟
ZHANG Wei

■ 个人简介

张伟,男,汉族,1997年1月出生,预备党员,自动化学院自动化专业2015级学生。曾获东南大学2016年校长奖学金,2018年国盛奖学金;第十二届"恩智浦"杯大学生智能汽车竞赛全国总决赛国家二等奖,第十一届中国大学生计算机设计大赛全国总决赛国家二等奖;江苏省2017—2018学年"三好学生"、东南大学2016—2017学年"三好学生标兵"、东南大学2015—2016学年"三好学生"、东南大学学习优秀生等荣誉称号。

至善之路
——记自动化学院张伟

■ 一、至善之路，从树立远大理想开始

2015年，张伟十分幸运地与东南大学结缘，开启了他人生中新的篇章——大学生活。在初高中时代，他对大学抱有很多懵懂的幻想——那应该会是一个神圣而又神秘的地方，那里有舒适惬意的风景，绿树成荫、阳光明媚；那里也会有一群朝气蓬勃的年轻人，崇尚科学，自信成熟。然而，等他真正走进了东南大学这座百年学府，他发现，他对大学有了全新的认识。

他永远不会忘记，第一次从四牌楼校区的南门走进东南大学，近百米长的中央大道带来的无比震撼，路两侧梧桐的枝干交织在了一起，阳光从翠绿的梧桐树叶的缝隙间钻下来，在柏油道路上留下了一个个斑点。从这些敦实的梧桐树上，能感受到这所学校已经走过的厚重的历史。它们仿佛成为东大百年沧桑的见证者和热情的诉说者。此时此刻，他只想静静地坐在路边，仔细聆听这些梧桐"校友"向他诉说着它们所了解的东大故事。

"百载文枢江左，东南辈出英豪。"东南大学的百年历史，也孕育出了许多风流人物。十分幸运，他和这些先辈们拥有一个共同的身份——"东大人"。青涩年轻的他，对于这个身份，多少有些诚惶诚恐，但从成为"东大人"

的那天起,他就把校训——"止于至善",深深地印在了自己的心底。这个校训,蕴含着在教学、科研、管理和社会服务中追求尽善尽美的愿望,同时,也深深地激励着作为新一代东大人和新时代青年的他,树立远大理想,不断进取,永不止步。从此,他开始了自己的"至善"之路,不断理解并实践着"止于至善"的校训。

二、至善之路,让优秀成为一种习惯

张伟始终把成为领军人才作为自己的目标。学好专业课,拥有扎实的专业基础,是实现这一目标的基本要求。因此,除了在教室上课,他的大部分时间都是在图书馆度过的。每次,走在李文正图书馆门前的大广场上,他渺小的身影和身前的这座庄严肃穆的图书馆相比有如沧海之一粟。但是,他的步子是踏实有力的,因为,他每天都在获得新知,每天都可以过得很充实。

课程的学习,重在平时。他身边的很多同学,都是平时得过且过,考试周抓紧突击。求学,在于主动,在于认真。他会在每次上课前,把知识点先自己学习梳理一遍,达到即使没有老师教,也能会八九分的效果。这也是他从高中就养成的习惯。这很能锻炼他的自我学习能力,当面对新知识时,他能以很高的效率掌握。另外,对于每次的作业、课程项目、实验,除了一丝不苟地完成既定的目标,他也会思考还能做什么提高和改进。他会花很多的心思在报告上,甚至排版他都会"斤斤计较"。他把它们当作他的个人作品,他会把最好的自己奉献给这些作品。

从大二开始,他的专业排名一直保持在年级第一,三年累计绩点 4.193。他拥有良好的专业基础,包括数理基础、软硬件基础和智能信息处理方面的专业基础。从大一到大三学年,他共获得近十项课程奖学金。由于表现优异,他也获得了东南大学校长奖学金、国盛奖学金,先后获得了校"三好学生"、校"三好学生标兵"、江苏省"省级三好学生"、东大学习优秀生等荣誉称号。

三、至善之路,在科研竞赛中超越自我

课程学习是理论上的充实,那么科研竞赛就是最好的实践。从大一开始,张伟就在课程学习之余积极参加和专业课相关的科研竞赛,以此来锻炼自己的能力。他先后参加过数学建模竞赛、电子设计竞赛、智能车竞赛、计算机设计大赛、RoboCup 机器人竞赛。其中,在全国大学生智能车竞赛中取得了省级一等奖和国家二等奖的成绩;在全国大学生计算机设计大赛中又取得了省级一等奖和国家二等奖的成绩。

竞赛是艰苦的。他忘不了为竞赛熬过的一个个通宵;忘不了参加智能车竞赛时,焊过的一块块电路板,组装维修过的一次次智能车,调试过的一行行代码,跑过的一圈圈赛道;忘不了参加电子设计竞赛时,搭过的一个个电路模型。竞赛是痛苦的,总会出现让你焦头烂额、无从下手的问题,它总会给你暗示——放弃吧,别挣扎了。但是,竞赛又是兴奋刺激的,他忘不了智能车快了 0.1 秒给他带来的成就感,忘不了解决了玄学问题给他带来的如释重负感,忘不了参加比赛时的紧张和顺利完成比赛后的兴奋。竞赛,给了他磨砺和蜕变的机会。

另外,他还积极参加大学生创新训练计划项目,以此来锻炼自己的科研能力。他先后参加了两项校级 SRTP 项目,分别是"模糊车牌图像清晰化技术研究"以及"基于 Jetson TK1 平台的智能分拣机器人",前一个他作为组员参与,后一个由他作为组长负责。其中,"基于 Jetson TK1 平台的智能分拣机器人"项目成功地成长为国家创新训练项目。参加 SRTP 项目给了他将专业前沿的知识付诸项目实践的机会,同时,极大地锻炼了他的创新意识和创造能力。

■ 四、至善之路，永不停下求索的脚步

转眼，在东大已经到了最后一个年头了，目前张伟已经成功地保研到上海交通大学，将会继续完成学业深造。2018年11月底，他正式成为一名中国共产党员。回顾在东大走过的这些路，他的心中充满了感激。他感激东大不仅传授他专业学识，更教会了他如何做一名有理想、有担当的新时代青年。他不知道自己是否是一名合格的东大人，但是，他很高兴，他能够接受东大给他耳濡目染的熏陶，从而使自己有了气质上的提升。他将其概括为"止于至善"的东大气质。

至善之路，不会因为离开东大而就此止步，相反，这条至善之路，他将会用他的余生继续走完，就像深深印刻在他心底永不磨灭的东大校训——"止于至善"一样，就像伴随他一生的标签——"东大人"一样。

 金立左

> 张伟同学思想上进，目标远大，平时能严格自我要求，将知识学习与专业实践紧密结合，全方位提升自身的综合竞争力。希望张伟同学能以未来服务国家发展为己任，再接再厉，努力拼搏，全面成长，成为对国家、对社会有所贡献的领军之才。
>
> 自动化学院党委副书记、副院长　金立左

师长点评

CHEN Yixiong 陈一雄

■ **个人简介**

陈一雄,男,汉族,1996年11月出生,共青团员,计算机科学与工程学院、软件学院软件工程专业2015级学生。曾获国家奖学金;东南大学第14届RoboCup机器人竞赛校级优秀奖;江苏省"省级三好学生"、东南大学"三好学生标兵"、东南大学"三好学生"等荣誉称号。

不负韶华，以致天下
——记计算机科学与工程学院、软件学院陈一雄

■ 脚踏实地，跬步千里

陈一雄同学一直秉持着这样一个理念：学习乃吾辈安身立命之本，大学里一切成就若没有优秀的学习成绩作为前提，那都是无源之水、无本之木。

因此在三年多的大学生活中，他一直刻苦努力学习，也取得了优异的成绩。他每学年的总平均绩点都稳居专业第一，满绩课程数已累计达到9门，揽获了包括高等数学、数据结构与算法、计算机组成原理等课程在内的多门重点难点课程的课程奖。

他除了自己刻苦努力学习以外，还带动身边的同学一起学习。正所谓"穷则独善其身，达则兼济天下"，他觉得既然自己学习成绩还不错，就有这个能力和这个责任去帮助身边的同学。所以每学期考试周期间，都可以看到向他问题目的同学在他自习桌前排起的长队。

与此同时，他还积极参加SRTP项目和学科竞赛。在他的主持下，他与学院里志同道合的朋友一起成立了"小米粥"工作组。受东南大学体育系的委托，小米粥工作组为其量身打造了一套专门用于处理学生体测数据的数据管理系统CSPTDMS，极大地方便了体育系老师的工作。他还参加了东

南大学校史校情在线答题系统开发竞赛并获得了二等奖,参加了东南大学第 14 届 RoboCup 机器人竞赛并入围决赛,斩获了校级优秀奖。

陈一雄连续两年获得国家奖学金,并被评为 2015—2016 学年东南大学"三好学生标兵"、2016—2017 学年东南大学"三好学生"和 2017—2018 学年江苏省"省级三好学生"。他说,这些荣誉都激励着他,让他更加勤奋刻苦学习,让他积跬步而后至千里。

■ 乐于奉献,热忱工作

大一时经过层层选拔,陈一雄成功进入计算机科学与工程学院、软件学院科学与技术协会(简称:"科协")CR(Computer Rescue)俱乐部工作,借自己一技之长为全校师生提供义务电脑维修服务。在 CR 工作时,不能说他是最出色的,但可以说他是最负责任的。每次值班他总是第一个到,工作到最后离开。

当学期接近尾声,和他一起值班的大部分同学都已经失去了最初的热情时,他还在努力工作。他还记得,某次为一位同学重装系统的时候因为双方沟通不足,他误把她电脑上所有数据全都格式化了。他知道赔礼道歉解决不了任何问题,于是从没有接触过数据恢复的他又连夜翻看教程、购买数据恢复软件帮她把所有资料都找了回来,化险为夷。

陈一雄说,在寒冷的冬夜里守在一台正在重装系统或者做数据恢复的电脑前,支撑他继续认真工作下去的是此时片刻的黑暗与疲惫或许能换来别人明天更加美好与闪耀的未来的信念。后因科协工作调度,他离开了CR,但他乐于奉献的热忱之心不变,退出后他继续为身边的老师同学提供免费的电脑维修服务,截至目前他成功维修的电脑数量已超 60 台。

■ 热爱生活,御风而行

庄子曰:"夫列子御风而行,泠然善也。""御风而行"是古人千年的虚妄,而他则将这一美梦变成现实。

出于对轮滑运动的热爱,大学伊始他便加入了东南大学风行者轮滑协会。因为他的积极表现,他从大二起便担任东南大学风行者轮滑协会会长。

轮滑这一项充满活力的运动给了陈一雄强健的体魄,使他连续三年的体育成绩均为优良,良好的身体素质也正是他努力奋斗的革命本钱。轮滑社社团活动的经历也锻炼了他的心智。身为轮滑协会的会长,他曾策划组织面向全校的校园轮滑定向赛、Strike 火车拉力赛、Impact 轮滑曲棍球赛等大大小小的比赛和活动,丰富了同学们的课余生活。他还带领他的社员们参加了国际圣粉节、世界速度轮滑锦标赛千人环湖纪念赛等校外大型活动,开阔了眼界。轮滑这一项充满挑战的运动还为他带来了荣誉。他曾带领他的社员们以东南大学代表队的身份参加了 2017 年第一届金科杯轮滑球邀请赛。比赛中他们一路过关斩将,在 19 支来自不同高校的轮滑球队中脱颖而出,获得了季军,捍卫了荣誉。

陈一雄说,轮滑这项运动不仅仅锻炼了他的身体和心智,给他带来了荣誉,也是他缓解紧张学习生活的良药,是他热爱生活的方式。每次穿着轮滑鞋,乘风滑行,大汗淋漓之后,便和社团的小伙伴们坐在广场上休息,吹着风,聊着八卦,一切烦恼和焦虑都会烟消云散,每次活动结束以后洗个热水澡会觉得身与心都得到了"重启"。

■ 夙兴夜寐,立志为公

竺可桢老先生有言:"立志、努力、为公。"在学院科协辛勤工作,为学院的师生们服务,践行竺老先生之言,是陈一雄大学生活的重要组成部分。

大一，他进入计算机软件学院科协（简称"计软科协"）工作，成为管理部的一名小干事，他认真负责地对待每一件工作。大二，计软科协正式成立，陈一雄成为计软科协组织部部长，继续为同学们谋福利。在职期间他策划组织了例如东南大学校史初决赛、软件文化节、学长学姐交流会、东南大学大学生学术报告会等大大小小十余场活动。这其中的每一场活动都有他辛勤工作、努力付出的身影。

临近换届时，陈一雄参加了计软科协主席团的竞选，发表了题为《内聚·创新：新科协再造新时代》的竞职演讲，最终以得票数第一名的绝对优势成功当选为计算机科学与工程学院、软件学院科学与技术协会第二届主席。正式上任以后，面对这个年轻的组织，他深知自己责任之重大。于是秉持着内聚与创新的理念，一方面为了实现内聚，他着手建立了科协核心管理层与科协名下七大技术俱乐部的沟通对话机制，为科协的大型活动提供强有力的技术和设备支持，实现了"内聚"。另一方面为了实现"创新"，他着手优化科协的组织架构，重新审视了传统活动，引入那些与时俱进的、同学们真正需要的活动，如增设了微信小程序开发讲座等等。

陈一雄在计软科协工作的三年时间，践行"立志、努力、为公"的六字箴言，他与科协共同成长，他为科协废寝忘食、鞠躬尽瘁，科协教会他坚毅果敢、沉稳干练；他为科协倾注全部的心血，因此科协也成为他学习生活中不可分割的重要部分。

■ 赤子之心，胸怀天下

脚踏实地，刻苦学习，是为致学；乐于奉献，舍己为人，是为致忱；热爱生活，御风而行，是为致心；辛勤工作，夙兴夜寐，是为致公。三年多来，他在致学、致忱、致心、致公的路上坚定地走着,因为他心中怀抱着致天下的雄心壮志。他说他要成为于国于家的栋梁,他要青史留名,他要走出国门让世界知道中国的青年是有远见、有抱负、有担当的。

他说这一路走来不易,继续走去更不易,但他的初心将永世不忘,他的热忱将永世不减。

推荐老师 *魏敏娜*

陈一雄同学品学兼优,有责任感有担当,是个有理想有抱负的青年。希望他继续努力,继续"享受生活",继续在自己选定的道路上更加坚定地走下去,成为更加优秀的人,创造出闪耀的未来。

东南大学计算机科学与工程学院、软件学院讲师 *杨淳沨*

师长点评

ZHANG Xiaowen 张晓雯

■ **个人简介**

张晓雯,女,汉族,1996年10月出生,中共预备党员。计算机科学与工程学院、软件学院软件工程专业2015级学生。曾获校长奖学金,刘永龄奖学金;中国大学生计算机设计大赛国家一等奖,全国大学生交通科技大赛国家二等奖;江苏省"优秀学生干部"、东南大学"优秀学生干部"、东南大学"三好学生"等荣誉称号。软件著作权一项。

不为荣誉和光芒，只为所想所思得以实现

——记计算机科学与工程学院、软件学院张晓雯

张晓雯一直认为，一个优秀的学生干部，一定不会除了学生工作一无是处，也不会因为学生工作而影响自己正常的学习、生活、爱好。她一直秉承着这个信念，力求自己在做好学生工作的同时，也不影响个人的发展。在大学之中努力处理好学习、工作和生活三者之间的关系。她相信，无论干与不干学生工作，学习这部分时间是不变的，工作的时间只能来源于娱乐时间的压缩。

■ 严于律己，刻苦学习

张晓雯始终以严谨认真的态度对待自己的学习，相信学习没有捷径。她刻苦学习，成绩优异，综合绩点排名第十，斩获多项课程奖，并获得过校长奖学金和亿利达刘永龄奖学金。

在对待专业课程的学习方面，她坚持学以致用的思想，将课程中的理论知识应用到实践中，并利用课余时间自学了 HTML，Android，Python 等多种语言，并成功开发出 Web 及 Android 平台项目，不断提高自己的学习能力。

习惯的养成需要时间，习惯的坚持需要恒心与毅力。业精于勤，荒于嬉。她相信勤能补拙，因此不断地通过日常积累来提高自己的学习能力，并坚持了三年，使严格自律变成了一种习惯。

■ 立足科研，研而务实

对于理工科学生来说，科研竞赛是把所学的知识应用到实际的一个过程，同时也是锻炼自己的一个过程。张晓雯认为在学校最重要的事必然是学习，但学习和科研并不冲突，二者相互促进。科研竞赛是一个应用知识的过程，而在参加科研竞赛时，所学知识会提升科研的熟练度。如果想要做好科研比赛，首先要有坚实的知识基础。因此在大一学年，她以打好自己的专业知识基础为根本，提高自主学习能力。

在科研过程中，要将庞大而复杂的知识网络付诸实践，迎难而上，克难攻坚，追求精细，追求创新。

在大二学年，她主动参加了老师的 WDS 万维网科研实验室，并担任 SRTP 项目的组长，负责研究基于链接数据的图压缩算法，经过一年的攻读文献和算法调研，最终成功结题，研究出一种更高效的图压缩算法，并在学院的答辩中获得优秀级别。作为队长，她擅长分配任务，督促队友分模块共同完成任务，也正是明确的分工以及和谐的团队配合使得他们取得了优异的成绩。结题成果带来的满满的成就感充溢于心头，驱使她继续勇往直前。

除此之外，2016 年 3 月，她还参加了学校研究生学长的创业团队——达人荟，她在其中担任前端工程师，负责管理员 Web 网站的开发，并且参与该公司旗下的创梦空间的第三期招新。如果说以前接触的是比赛项目和科研项目，那么在这里她真正见识到一个面向市场的产品是如何产生的，不允许丝毫的 bug，注重用户体验到极致，考虑一切可能的错误。

有了更多的科研经历与实践能力后，她开始关注学科交叉研究，在

2017年11月份,与交通学院的同学组队参加了江苏省大学生智能交通创新创业大赛,开发了基于车速引导系统的APP,最终荣获省级一等奖。并成功以该APP申请了第一作者的软件著作权,这次跨专业合作的项目和研究让她的眼界更为开阔,不再拘泥于现有的课堂知识,而是去接触更多其他行业的东西,并将各自的专业知识加以融合,拓宽自己的知识层面并增加深度。之后,他们小组继续组队参与东南大学交通科技大赛,并荣获一等奖。

在2017年3月,她报名参加了上海SAP公司的实习生项目,通过笔试—电话面试—现场面试等层层筛选,最终有幸成为SAP公司的实习生,并在2017年8月签署了实习协议,成为软件学院最早一批拿到大四实习offer的同学。同时,在7月份,参与SAP公司组织的培训及素质拓展活动让她了解了一个公司的运转和它的历史背景、发展历程,暑期到溧阳参加公司组织的素质拓展,不仅加强了个人的团队精神,同时结识了来自南大、同济、复旦等高校的小伙伴们。

"纸上得来终觉浅,绝知此事要躬行。"当理论结合实践,当数据碰撞程序,一行一行的代码在指尖诞生,一点一点的经验也在刻苦钻研中慢慢累积。一路心酸欢愉,一路热忱不弃。

■ 学生工作,无怨无悔

倘若若干年后有人问张晓雯在大学里印象最深刻的事情是什么,她一定会毫不犹豫地回答:学生工作。从大一起,她就在班级和院学生会中承担着学生工作。

在学生会的三年,是她不断成长的三年。让她从刚进大学时的懵懂未知,到慢慢尝试去参与,后来生活变得忙碌而充实,最后剩下的是满满的无法割舍。学生会陪伴了她大学三年,在她的大学生涯里留下了很多美好的记忆。

大一,热衷于与人沟通和策划活动的她报名了院学生会组织部,并通过了面试加入了组织部的大家庭。在学院的各个活动中,她积极完成分配到的工作,除了幕后的策划组织工作,她也有幸在第十二届校史校情知识竞赛决赛中担任了一名礼仪小姐;并且在院学生会的全体大会上突破自我,担任了大会的主持人。

大二,她决定留在组织部的大家庭里,为学生会工作继续奉献自己的力量,并担任组织部副部长。第一次在工作中独当一面是个不小的挑战,但她扛下了重任,同时思考着上一年中工作的不足,尽力解决。特别是在部门建设方面,她将她的这一届组织部打造得更加有人情味,更像一家人,彼此的羁绊很深,部门凝聚力更强,工作的效率也更高了。同时,他们还举办了校史校情知识竞赛、学生会全体大会以及魅力支部等活动。一切都是从零开始,从无到有,成功的活动背后,是无数个夜晚的呕心沥血。但在活动结束他们收获到欢呼和掌声时,她觉得一切都是值得的。

2017年3月,她成功当选学生会主席团助理,站在全局,她对学生会有了更加深刻的了解。在这期间,她以统筹者的身份,举办了两年一度的"软件文化节""971青年聚焦"等活动,并收到很好的反响。在"软件文化节"中,把学校里已经有过很多类似创意的舍服设计大赛改换成雨伞涂鸦大赛,使其更富原创性和趣味性……

5月,她下定决心,接受挑战,在团代会上通过竞选,成功当选计软学生会主席。

学生会主席的职位对她来说是一种压力更是一种动力与挑战。她深知"学生会主席"这个职位的重量,整个学院的学生工作、活动都会因她的决策而发生变化。

在学生会主席任职期间,学生会保留了计算机软件学院的传统活动,如校史校情知识竞赛、环九龙湖自行车大赛、"电脑节"、"软件文化节"四个校级活动;并传承部门例会和全体例会相结合的会议制度,在保证学生会认同感的同时能够增强部门凝聚力,并且注重学生会干事能力的培养,通过内训使干事们更加熟悉学生会工作的流程以及必备的工作技巧。在活动方面,他们在往届的基础上有所提升:在校史校情知识竞赛中,他们增加了音效,精心设计了各代表队的开场形式,和往届相比增强了趣味性,同时使整体环节更加流畅;在环九龙湖自行车赛中,他们拆除了减速带并增强封路,确保参赛人员和过路群众的安全;在迎新晚会上,作为组织策划人员,他们开启脑洞,进行头脑风暴,设计晚会主题和环节,争取环环相扣,注重节目的思想性和趣味性;作为主席团的一员,她还参与了新年晚会压轴节目的排练,第一次挑战了节目表演。

与此同时,学生会非常重视学院学生的切身利益,把权益服务工作作为学生工作的重中之重,力求解决学院学生的诉求,真正把学生会服务学生的职能发挥出来,而使其不仅是一个办活动的组织。在任职主席团助理期间,她已经有了一些权益服务的经验。校学生会有权益部,他们解决问题的资源和力度都比院系学生会的力量要大,因此她从学院实际情况出发,希望着重解决的是计软学院学生特有的一些权益问题。通过院学生会公众号的号召力,她带领院学生会同学收集身边同学们遇到的问题,并尽其所能帮他们解决,事无巨细,认真对待每一项权益服务工作。

学生工作的经历让她成长了许多,她很难想象自己如果没有经历过这一段工作,现在会是一个怎样的人。更让她感到快乐的,是身边的同学们能真切感受到她费心完成的学生工作的成果。那种奉献他人的快乐,是只有亲身经历才会懂得的。

源于热爱,她对学生工作投入了百分之百的热情;源于责任,她时刻严格要求自己。

■ 无私奉献，走向社会

成就固然重要，但张晓雯更愿意化身一叶扁舟，投身社会实践与志愿活动中去，在无私奉献中承载梦想。

在学习与工作之余，她积极参加志愿活动与社会实践。在 2015 年 10 月，她通过南京地质博物馆"微笑讲解团"的层层选拔进入面试，最终成为南京地质博物馆的一名志愿者，利用周末时间前往博物馆为游客讲解馆内文物历史。在 2016 年 1 月，她参与了南京中山陵志愿者活动，在中山陵担任志愿者为往来的游客指路，一天的活动下来，虽然很累，但内心是深深的满足。

作为东大学子，在传承"止于至善"精神的同时，也不忘感恩高中母校。她在 2015 年和 2016 年两次参与东南大学"感恩母校，携手成长"的志愿活动，与同在东大的高中同学一起回母校进行宣讲，吸引更多的学弟学妹报考东大，并荣获 2015 年度优秀个人奖和 2016 年团队二等奖。

如今的她仍像过去一样忙碌而充实地奉献着，像一叶扁舟努力地航行，承载着希冀，也承载着自己的梦想。

在大学期间去关注社会、走进社会，对她来说也是一种很特别的经历，自己也在社会实践中感受到了生活的魅力及精彩。

在 2017 年暑假，她与学院的小伙伴们组成"锦官蜀客"调研小分队，以"互联网时代下巴蜀文化的发展"为调研主题，前往成都等地进行实地考察，深入了解巴蜀文化的历史以及其在互联网时代冲击下的现状。信息化的快速发展，使成都传统的巴蜀文化逐渐被人们遗忘。计算机软件是与互联网息息相关的专业，巴蜀文化也是他们感兴趣的文化，因此，在专业优势下，他们着重去调研了如何利用互联网构建巴蜀文化的传承体系，如何传承和传播巴蜀文化。

因为相同的兴趣，带着同一个目标，怀揣着同样的热情，他们在社会实践调研方向明确的情况下,在社会实践过程中相互包容,相互支持,风雨同行,一起努力。

他们通过走访成都当地的居民和文化社区的负责人,了解到当前互联网时代下巴蜀文化正面临着极大的挑战。他们团队此次的成都之行立足于找到在成都飞速发展的互联网行业背后,巴蜀文化所起到的底蕴作用,力求把拥有丰厚资源的巴蜀文化与现代数字、网络技术结合起来,使互联网成为传播巴蜀文化的重要载体,成为优秀传统文化的承载者和传播者,让更多的人了解传统文化,喜爱传统文化。

一路走来,通过实践,他们了解了很多以前不知道的情况,也变得更加团结协作。作为团队中的一员,她也学到了很多,提升了许多。

■ 不忘初心,不畏将来

作为一名光荣的中国共产党预备党员,张晓雯时刻按照一名优秀党员的标准严格要求自己。她时刻关注时政动态,让自己的思想一直跟着党走,深刻体会党的十九大精神,不忘初心,牢记使命。在十九大开幕期间,她参与了学校组织的十九大开幕交流及由校领导、教师代表、学生代表和民主党派代表等参加的座谈会,并在座谈会上了交流了自己的感想:通过聆听总书记报告,加深了她对中国梦、科技创新等概念的理解和感触。中国梦是历史的、现实的和未来的,也是属于青年一代的。学生们要在专业学习中不断激发创新活力,争取早日成为总书记期盼的知识型、技能型、创新型青年科技人才。

与此同时,她积极参加党支部的党日活动,负责微信推文的排版编辑工作,每一次党日活动她都收获很多,并且对个人的责任与担当有了更深一步的认识。

及时当勉励,韶华岁月留不住。在日常生活中,她也注重个人兴趣的培养，爱好摄影，喜欢用镜头捕捉生活中的美，记录沿途的风景；她也自学过吉他等乐器，音乐也成为她生活中不可缺少的一部分。她认真对待生活，注意平衡好学习和工作之间的关系，尽力让自己的大学生活更加精彩，不让自己最美好的时光黯淡无光。

"既然选择了远方，便只顾风雨兼程。"回首过往，心怀感恩，用热忱去浇灌青春，用脚步去丈量远方。

 魏敏娜

张晓雯同学在本学年各方面均表现优异，无论是专业学习、科研竞赛还是学生工作、志愿服务等方方面面，都积极努力，希望之后可以继续努力，再接再厉，加油！

计算机科学与工程学院、软件学院副教授　张　犇

庄文楠 ZHUANG Wennan

■ 个人简介

庄文楠,女,汉族,1997年11月出生,中共党员,电气工程学院电气工程及其自动化专业2015级本科生。曾获国家奖学金,校长奖学金;2018年美国大学生数学建模竞赛国际一等奖,2017年"高教社杯"全国大学生数学建模竞赛本科组江苏赛区一等奖;江苏省"省级优秀学生干部",东南大学"三好学生标兵""优秀学生干部""学习优秀生"等荣誉称号。

陌上处处是花开

——记电气工程学院庄文楠

在这里,她遇到了一群人,一群有血有肉的有趣伙伴,一群让她哭、让她笑、让她成长的家人。

那夜的九龙湖,空气还带着春夏交织的微凉。路灯刚刚氤氲起的黄幕,自习室里刚刚坐下的学子,篮球场上刚刚散去的热血……一切,似乎都是这么静谧安然。唯有一处……动感的音乐、绚丽的装饰、接踵的人群,那,是2018年的电气"格莱美"。为了它,她们准备了很久。

当《黑姑娘》的微电影开场梦幻般地响起,当全场自片头至片尾爆发出此起彼伏的欢呼与笑声,当影片的致谢最终结束,当全场响起经久不息的掌声,当数不清的赞赏蜂拥而至,她们,终于不负期待。

全长14分钟的电影,要准备多久?她们的答案是整整一个月。

这个过程,付出了太多的心血,投入了太多的热情。一部微电影的完美呈现,是一个团队的日夜汗水。从前期的剧本台词、服装设计、演员甄选,到中期的拍摄录像、动作指导,再到后期的剪辑设计、字幕音效,它的制作团队仅仅是四个执着勇敢的女孩,它的演员是整个160156班。作为其中的四分之一,庄文楠同学组织参与了整部电影的诞生过程,与大家一起见证了它的蜕变。没有学过剧本设计,没有学过舞台编排,没有学过剪辑配音……但是,没关系啊,可以从头来。在那些最难熬的日子里,她们可以为一句小小的台词而争论半天,也可以为寻找一首符合背景的音乐而翻遍歌单。她们相互鼓舞着,相互学习着,相互成长着。她们从不言放弃,因为她们相信,拥有梦想、拥有热情、拥有坚定、拥有对方,就拥有了勇往直前的力量。依然记得早晨初阳下镜头反射出的明亮,记得午饭时分捧着饭盒的激烈探讨,记得凌晨两点书桌上台灯下冥思苦想的脸庞。一遍遍地修改,一遍遍地拍摄,一遍遍地剪辑……终究,只是为了最后的璀璨与绚烂。

这,是属于电气人的"格莱美"。三年的九龙湖时光,她们愿以最虔诚的感谢,为它献上赤子之作。

九龙湖,她终究还是爱上了它。因为,这里承载了她们太多的回忆,也见证着她一步一步走来的蜕变。敢于尝试、真诚细致、坚定执着、踏实自信……三年,真的教会了她很多。

■ 笃实力行求人本,奉公克己唯初心

英国哲学家培根曾经说过:"世界上有许多做事有成的人,并不一定是因为他比你会做,而仅仅是因为他比你敢做。""格莱美"的微视频并不是庄文楠同学的第一次尝试,因为,大学教会她的第一个品质就是敢于尝试。

因为向往所在,所以,一进入大学,庄文楠同学便选择走上学生工作之路。从团支书、院组织部干事,到院学习部副部长、班指导、班级学习委员,再到院学生会主席;从第一份策划的撰写到第一次团日活动的组织,从第一篇推送的设计到第一次院级活动的筹划:它们教会了她去注重细节,无论是策划推送的格式、排版,还是活动组织的时间分配、场地安排,也教会了她如何立足于全局去思考问题,小到人员的组织,大到活动主题的创新设计。这些,都为她大三的主席生涯埋下了铺垫。

想来,成为院学生会主席是三年来她最大胆的尝试,亦是她矢志努力的目标所在。每一件事情,要么不做,要么就要做到最好。这是庄文楠同学

做事的一贯原则。微视频如此,主席亦是如此。如何成为一名合格的院学生会主席,她思考了很多。"大骨班"的培养和辅导员老师的教导,给了庄文楠同学许多启示。为期四天的"大骨班"集中培训,意义深远。一个独特的"穿越电网"游戏,让她领悟到了在一切不可能事件前团结的强大力量。一声发人深省的家国号召,让她意识到了青年学生干部应有的领袖气质与家国情怀。一场酣畅淋漓的交流会,让她接触到了同样优秀的、充满着才智与斗志的学生骨干们。辅导员曾说:一个院的主席,应当是统领大局、决定方向的船长;一个院的学生会,应当是为同学服务的最本质的存在。这些,都深深扎根在了她心中,影响至深。

大三一年,为了更好地提高学生会的服务水平与效率,主席团定下了"务实、规范、高效、创新"八字箴言的工作理念,力求所有的活动均从学生最质朴的需求出发,以人为本。同时,对学生会进行了规范化制度改革,建立了包括仓库管理规范化、报销流程规范化、活动材料规范化、例会制度日常化、学代会代表日常化等在内的制度体系。为了丰富同学们的生活,新增了包括"寝室歌王"线上歌唱比赛在内的娱乐休闲活动。所有的一切,都围绕着学生会为学生服务的初心而建设。而庄文楠同学,亦坚守着内心的热情与"臻于至善"的初心。两周一次的例会与任务布置,统筹规划各部门活动安排,旁听并参与部门活动的组织与展开,广泛参与各院活动并学习举办经验……成为她的工作日常,也成为不断考校她、锤炼她的推力,更成为促使她走向细致稳重的动力。一个主席,就是一份责任、一个担子,足够沉重,足够历练,却也足够自豪。做了主席,她知道了为学生服务作为学生会存在的价值与意义其背后沉甸甸的责任,明白了学生会各项活动展开的不易与努力,更懂得了如何完整地去报销、如何规划与落实一项改革、如何去协调一个组织内各部门事务、如何在院系之林中保持应有的态度与风度……大家都说大学就是一个小社会,而在其中做组织工作,无形中就是和一个更广阔的、更贴近于外面世界的"小社会"接触。在这过程中,就会发现自己的眼界、社交能力、思想价值观都会有所变化。当了学生会主席，她发现自己变得更加成熟、有眼界了，会从整个组织、整个院甚至整个学校的层面思考问题。而这样的一份学生干部的经历，让她更加自信，也更加锻炼了自己的领导组织能力。这是一次历久弥新的、深入表里的蜕变。

电气"格莱美"是庄文楠同学参与组织的最后一场晚会，也是大三的他们为了纪念九龙湖三年而筹办的欢送会。不同于迎新晚会的恢宏大气，这场在圆形报告厅二楼举办的晚会透着淡淡的温馨怀念与绵绵的不舍离绪。她与文化部一起，共同商讨晚会的布置与节目安排。一个多月来，学办、自习教室、宿舍大厅，都有他们一起开会、一起激烈讨论的身影。如何调动各位大三"电气人"的积极性，勾起大家对于九龙湖、对于班级、对于"大家庭"的感情与热忱，成为他们组织活动的最大难点。节目安排中，庄文楠同学提出了把分蛋糕作为最后的压轴环节，以升华节目、烘托最后的氛围；班级中，她作为班委与舍友三人一起共同撑起了一部微电影的制作，鼓励全班参与表演录制，执着地想要为九龙湖的三年留下属于自己的回忆。电影中的教室、桌椅、部分道具，都出自九龙湖的自习室、学办、宿舍……终于，最后的晚会，璀璨呈现。想来，在以后的岁月中，她都会记住这一个月，这一段承载了筹办、录制的紧凑又浓墨重彩的惊艳时光。

三年的学生工作，庄文楠同学最大的收获，不仅仅是锻炼方法能力、培养才智性格这么简单。当她站在主席的角度去思考一个组织的发展方向、一个活动的筹划，她挖掘出了自己的潜力，探寻到了一个不一样的世界。更重要的是，主席的生涯为她带来了一群生动独特的朋友，也让她跳脱于院系去发现、去结识更多优秀的人。这笔宝贵的财富，值得她用一生去守护。

同时，庄文楠同学也在班级中担任学习委员一职。小到收发作业、安排实验课时、发放学习资料，大到组建学习结对小组、参与班级活动的组织策划，她亦能发挥自己的特长，做好整理与提醒工作，为班级的共同成长发光发热。

无论身处何职,为同学服务的宗旨一直深埋心中,而她,也一步一步在学生工作中获得蜕变。东南大学"优秀学生干部""魅力团支书"称号,江苏省"省级优秀学生干部"称号……都是对庄文楠同学工作的肯定与认可,也成为她继续前进、臻于至善的压力与动力。

■ 矢志明德学无境,户枢不蠹强健体

由于工科专业的特殊性,专业学习对于学生工作的针对性展开具有重要的意义。同时,对于庄文楠同学来说,最基础的身份是学生,提高学习效率与质量,也能带动工作效率与质量的提高。因此,在学习中,她亦抱有极大的专注与投入。

大三的课程逐渐走向专业具体化,分别针对本专业的三大发展方向安排了对应的课程与实验。这是一次了解专业与未来发展方向的绝好机会。为了更好地吸收知识、与老师互动,庄文楠同学始终坐在第一排,并随时做好笔记,以便于做到最直接、最快速地收获有用的信息。大一至大三,她始终以这样一种态度对待每一门功课。三年来,她的绩点始终保持年级前三。她的成绩得到了老师与同学的认可,获得了国家奖学金、校长奖学金、东南大学"三好学生标兵"称号、东南大学"学习优秀生"称号等荣誉。

同时,进入大三,随着专业课程的加入,越来越需要将理论知识付诸实践。因此,抱着对于竞赛科研的冲劲,庄文楠同学参加了数学建模竞赛、电子设计竞赛、智能车等多项竞赛。这些,极大地拓展了她的个人技能。MATLAB 不会?学!论文不会写?学!焊板子不会?学!设计电路不会?学!无数个日日夜夜,是智慧与智慧的相互碰撞,是鼓励与鼓励的相互扶持,亦是一个个三人团队共同奋斗的小世界、小天地。实验室、机房、宿舍……她体会过三点一线的生活,体会过连续熬夜的苦涩,体会过只有一周的寒假,体会过所有人都成功而唯己失败的颓丧;但是,她也体会过从焊

接"小白"到略有成效的小兴奋,体会过带着破釜沉舟的决心向着同一个目标奋斗的充实圆满,更体会过收获意料之外又意料之中的成果的狂喜满足。功夫不负有心人,大三一年,庄文楠同学获得了包括全国大学生数学建模竞赛省级一等奖、美国大学生数学建模竞赛国际一等奖、东南大学智能车竞赛校级二等奖、东南大学电子设计竞赛校级优秀奖等在内的多项成果。

这个过程,是泪水,也是幸福。是竞赛让她更加懂得团队协作,懂得队友的共同拼搏才是成功的秘诀;也是竞赛让她懂得了坚持,让她懂得了去尝试、去努力,就有收获幸福的最大可能。在某种意义上,竞赛精神被庄文楠同学带到了日常生活中,也促成了《黑姑娘》的制作成功。

习主席号召青年人"一定要练就过硬本领"。庄文楠同学认为,"过硬的本领"不仅要求扎实的专业知识,还要求强健的体魄。

学习之余,她也注重身体素质的加强,向往高质量的生活。喜欢在午后捧着热牛奶静静看看书,喜欢在学习之余追综艺,也喜欢交朋友,参加各种各样的活动。每天,她都会坚持跑步,锻炼身体,积极参加各项体育活动,包括校、院运动会等等。庄文楠同学曾经连续两年获得校运会女子100米甲组第六,院运会女子100米第一。大一至大三,她的体育成绩均保持在95分以上,达到优秀水平。

■ 未来有梦犹可期,陌上处处是花开

进入大四,三年的努力为庄文楠同学带来了保送研究生的荣光。但是,未来,她不会停止继续前进、继续成长、继续完善自我的脚步。因为,明天,有她坚定执着地想要实现的抱负与梦想。而未来,也还有更多未知的可能,需要用心去探索。专业性的研究工作如何开展,研究生的学生工作如何进行……这些,值得用未来更多的三年去揣度、去摸索、去收获。大四,是本科生与研究生的过渡时期,她会好好把握,从最基础的文献阅读出发,寻找适合自己的研

究方向与研究方法。

现在,庄文楠同学仍是班级的学习委员,更要为班级中考研、就业的同学们提供帮助与便利,为她的伙伴们、家人们的未来添动力。将来,成为研究生,她也会继续自己的工作,继续创造属于自己的明天。

陌上人如玉,处处是花开。花开当季,万紫千红,这,是三年的成果之花。花开未来,缤纷绚丽,那,将是再三年的登攀之花。

陌上花开,等,一个未来。

 曹奕

师长点评

庄文楠同学思想上,积极进取,目标坚定。工作中,认真踏实,创新务实,有较好的沟通能力与组织能力。学习上,刻苦钻研,踊跃参与各类科研竞赛,成绩优良。做事勤勉负责,能吃苦耐劳。为人热情诚恳,具有极强的团队意识与协作能力。

电气工程学院院长助理、教授 顾伟

季培霖
JI Peilin

■ **个人简介**

季培霖,女,汉族,1996年12月出生,中共党员,外国语学院英语专业2015级学生。曾获东南大学校长奖学金,课程奖学金;东南大学英语演讲比赛二等奖;江苏省"省级优秀学生干部",东南大学"优秀共青团员""优秀学生干部""三好学生"等荣誉称号。

乘风扬帆正当时　砥砺奋进谱新篇
——记外国语学院季培霖

大学之大,在明明德,在亲民,在止于至善。在她眼中,东南大学一直是一片思想自由的学习宝地,孕育着一代又一代理性、睿智、充满理想情怀的东大人。在本科阶段的学习实践过程中,季培霖不仅仅学到了知识,更感受到了东大学子的家国情怀和理想抱负,激发了她对更高平台的渴望并树立了在社会主义建设中实现自我价值的目标。获得江苏省"省级优秀学生干部"的荣誉,既是对她大学三年学习的肯定,也是对她学生工作的肯定。

■ 在学习中实践

2015年初,季培霖以报考总分第一的成绩从南京外国语学校保送至东南大学,成为东南大学外国语学院英语专业(翻译方向)一名学生,法语是她的第二外语。在校期间,季培霖思想端正、向上进取,认真学习党的理论知识,积极向组织靠拢,对自己高标准严要求,已于2018年1月正式成为一名合格的大学生党员。

大学三年来,季培霖曾在外国语学院朱宏清、吴兰香、王学华和鲁明易等多位资深老师的教学和指导下,认真学习翻译知识、英美文学以及语言学理论,熟练掌握基础语法词汇,反复操练口译、笔译技能,努力做到将所学知识融会贯通。大学期间,她勤奋刻苦,努力学习,孜孜以求,追求卓越,在学习和研究中取得了一些成绩:

1. 学习成绩

平均分 91.37 分,绩点 4.14,累计排名年级前三(3/62,前 4%),保研综合排名年级第一(1/62),获得过东南大学校长奖学金和多门课程奖学金。2018 年 9 月,季培霖在保研考试中同时被北京大学、清华大学、武汉大学等多所高校录取,最终选择了北京大学法学院,研究生将在北大法学院法律专业继续学习,未来以国际经济法为主攻方向。

2. 法律翻译

2018 年暑假,季培霖在中华人民共和国最高人民法院实习期间协助庭内翻译、审核《中国知识产权司法保护经典案例集》,全书英文共 20 万词,在翻译过程中同时强化了她的笔译能力、对我国司法进程的了解和对司法实践的理解。

3. 国外交流

在 2017 年暑假,季培霖曾赴伦敦大学商学院交流学习,交流期间主要学习的是宏观经济学和商法。在学习的过程中,她以优异的成绩获得了国外教授的认可,不仅大幅提升了自己的口语能力,也通过一个个鲜活的案例体会"法律在于经验"的魅力,对英美法系的法律制度产生了浓厚的兴趣,也对法系异同产生了自己的思考,为转专业做了铺垫。

4. 社会实践

季培霖在课余积极组织参与有思想、有内涵的社会实践活动,利用暑假开展针对"大学生爱国观培养"的调研,实地采访考察,前往南京大屠杀遇难同胞纪念馆祭奠死难同胞,该项目为优秀社会实践项目。

5. "青马"工程

2017 年,季培霖被选入中国大学生骨干培养学校,成为第十一期全国"大骨班"的学员,通过理论周、暑期实践的学习,提高了马克思主义理论知识素养,坚定了青年马克思主义者的理想信念。

■ 在实践中学习

诚然,专业学习是大学生活之本,但对于季培霖而言,学生工作和实习也同样重要,二者一方面培养了她的理想情怀,另一方面也锻炼了她诸多能力。

1. 东南大学学生会

工作期间,作为校学生会主席的季培霖带领东南大学学生会积极投身"全心全意为同学服务"的行列,在思想引领、文体建设、权益维护、制度完善上开拓创新、精益求精,大力推进学联学生会组织改革,落实学生工作,丰富校园文化,举办了"十佳"歌手大赛、"北斗"公益晚会、"吾爱吾师"——我最喜爱的老师评选、3·15权益日、宿舍文化节、诵读竞赛等一系列品牌活动,筹备了东南大学第二十六次学生代表大会、江苏省学联第四届主席论坛。此外,在担任学生会主席期间,季培霖曾作为代表出席全国学联第二十六届委员会第二次全体会议和江苏省学生联合会第十次代表大会,传达会议精神、推进工作落实,将东大带向全国学联、团中央。季培霖的工作得到了学校领导、师生的认可,在她担任主席的一年,东南大学学生会获得"江苏省优秀学生会"荣誉称号。

2. 江苏省高级人民法院

2018年1月至3月,季培霖利用寒假时间前往江苏省高级人民法院实习,在刑事审判第一庭作为法官助理协助法官准备开庭事宜,具体负责文书校对、案卷整理、合议庭案件讨论记录工作,还跟随法官、书记员参与了提审。实习期间,她通过日常工作了解到法院的机构设置、工作流程、规范要求,熟悉了有关刑事诉讼程序,掌握了法律文书的写作要求和技巧,对法律在现实中的运作有了初步的理解。

3. 中华人民共和国最高人民法院

2018年暑假,季培霖入选中央和国家机关大学生实习计划,前往最高人民法院知识产权审判庭实习。日常工作中,起稿审查报告时对字句标点、文书结构的仔细斟酌加强了她对细节和逻辑的关注,编写汇编时对裁判书的研究让她体会到精致严谨周全的法律思维,代表最高法知识产权审判庭与申请人、被申请人直接接触又锻炼了她作为职业人的沟通能力。在实习期间,季培霖还协助筹备了全球首届"知识产权司法审判高级研修班"活动,前期翻译《中国知识产权司法保护经典案例》的过程不仅提升了她的法律翻译水平,还接触了以迪奥案、乔丹案为代表的近十年中国知识产权经典大案,感受到知识产权作为舶来品中国化、本土化的过程;会务工作又给了她机会聆听全球知识产权大法官们的热烈讨论,开阔了她的学术视野,增长了法学实践见识,收获颇丰。

除以上学习实践外,季培霖还曾在中国铁道建筑总公司、中国银行进行财务相关实习。

"吾生也有涯,而知也无涯。回顾我的大学三年,实在是乏善可陈,但凡有一些值得一书的成绩,皆为老师和学院悉心教导的结果。"季培霖如是说,"大学时光一闪而过,过去既已过去,未来正期发生。在往后的学习中我会更加严格要求自己,研究生阶段争取多在相关学术刊物上发表研究方向的文章,课余时间多跟导师探讨学习,利用外语特长配合导师从事相关方向的研究,积极参与到实践环节中去,将自己的学习和研究所得用于实战之中,将东大精神带去未名湖畔。"

她始终记得,在实习期间,每每踏进最高人民法院的大门望见显示屏上习总书记的那句"努力让人民群众在每一个司法案件中都感受到公平正义"时,心中油然而生的使命感、荣誉感。她想,无论未来从事何种具体职业,都要充分结合好本科四年培养的英语特长,在思想上加强理论武装,树立远大理想,勤于实践、勇于创新,砥砺品德、严于律己,自觉将个人成长和法治国家建设紧密相连,始终铭记在东大所学,不负东大的悉心栽培,为推进人民事业发展、建设法治中国贡献青春力量,在民族复兴中实现个人价值最大化。她将始终铭记老师们的谆谆教诲,常怀感恩之心,把握新时代背景下的新机遇,向着目标,砥砺前行。

 徐雪宁

> 季培霖同学勤思好学,成绩优异,综合素养高,工作能力强,是一位难得的优秀学生干部。她的个人事迹展示了一位志存高远,追求卓越的大学生的家国情怀和社会责任感,相信她在以后的学习和工作中会取得更大的成绩!
>
> 外国语学院副教授 王学华

师长点评

贺 唱
HE Chang

■ 个人简介

贺唱，女，汉族，1998年2月出生，中共预备党员，东南大学化学化工学院2015级本科生。曾获2017—2018学年国家励志奖学金，2016—2017学年国家奖学金；第五届"卓越杯"大学生化学实验及新实验设计竞赛一等奖，第十一届全国大学生化学实验邀请赛二等奖，"陶氏化学杯"华东高校化学化工联盟实验竞赛特等奖，第四届"卓越杯"大学生化学实验及新实验设计竞赛二等奖，第五届东南大学化学化工实验竞赛一等奖；2018年江苏省"省级优秀学生干部"、2016—2017学年东南大学"优秀学生干部"、2015—2016学年东南大学"三好学生"等荣誉称号。

生命不息,奋斗不止
——记化学化工学院贺唱

■ 追求卓越,第一只是新起点

贺唱在初三第一次接触化学就非常喜欢化学这个科目,沉迷于各种瓶瓶罐罐的实验现象中。到了高中,她仍旧痴迷化学,学得更深入了,就更觉其奇妙,更对探究大自然物质的奥妙产生了极大的兴趣。

进入东南大学化学化工学院(简称"化院")后专业细分时,她也坚定地选择了化学专业。大学的知识海洋更加广阔,她深感自己学识的鄙陋,因而,她把有限的时间投入到各式各样的书中,从身边的化学到微观的物质研究类书籍,刻苦钻研使她在院系的成绩保持在前列——大一学年的绩点为年级前十,大二学年的绩点为 4.068,大三学年绩点达 4.178,位列专业第一。她没有刻意地追求排名,而是脚踏实地的上好每一节课,尽力学好每一个科目,无数鲜活的事例表明,每个科目都会无形中塑造一个人。伴随着 SRTP 项目的开展,她的知识学习途径不仅是课堂,又多了科研实验的第二课堂。

对于一个 Chemist(化学家)来说,实验应该是最重要的一个技能了,通过化院课程的系统学习以及 SRTP 项目实验中的自我加强练习,她的实验技能有了大幅度的提升。2017 年 7 月,在得知有"陶氏化学杯"华东高校化学化工联盟实验竞赛时,她便积极报名参加了。由于具备扎实的基础知识、大量的实验技能训练,他们几位同学都在竞赛中取得了优异的成绩,而贺唱在竞赛中获得化学组特等奖,为母校争得了荣誉。

2017年9月,第四届"卓越杯"大学生化学新实验设计及化学实验技能竞赛在东南大学盛大召开,在此之前,她和其他几位化院同学已经在王育乔老师的指导下,完成了"染料敏化太阳能电池:电极制作及电池组装"实验设计以及实验验证与调研,凭借此项目,他们获得了"卓越杯"新实验设计竞赛的二等奖。在开始实验设计的时候,他们面临着非常多的困难,首先这个项目的实验是有困难的,涉及非常多物化仪器的使用以及物化知识的综合考量,但是在不断钻研以及看文献的过程中,他们渐渐摸清了规律,并于竞赛开始前就已经准备好参赛视频以及参赛答辩的相关事宜。这样的比赛模式以及比赛内容不仅加深了她对专业知识的理解,更开阔了她的眼界,让她看到了本科实验教学的新思路。2018年7月,她先后参加了在哈尔滨工业大学举办的"卓越杯"竞赛以及在福州大学举办的全国大学生化学实验竞赛,这两个比赛带给了她很多不同的体验,令她收获良多。

学无止境,吾将继续上下求索。

■ 潜心三载,打开研究新世界

2015年入校后,学院恰逢实行导师制第二年,因而,在进入东南大学化学化工学院大家庭伊始,贺唱同学就选择了自己的导师——孙柏旺教授。大一一年中,她积极与导师进行交流,导师也指导着她向更深的化学领域迈进。孙老师课题组有一个课题是"关于药物多晶型的研究",因而在大一的时候她就开始进行药物多晶型相关知识的学习了,结合着专业课所学知识,虽有一定难度,但也在慢慢学习中。大二期间,她在具备一定知识技能的情况下,担任项目负责人进行了SRTP项目的申报,而申报的主题——"药物一致性评价中的多晶型关键技术的研究",正是在大一期间她所了解的药物晶型方面相关知识的科研项目。SRTP 项目期间她并没有做出卓越的实验研究成果,但是在 SRTP 项目结束后,她也并未停止对此工作的尝试和努力。在整理了二十余种药物之后,她逐渐掌握药物晶型规律,挑选了其中有可能形成新晶型或者共晶的药物设计实验并进行实验操作,接近三年的理论学习以及前期药物整理的经验积累,经过两年的实验她终于开发出了药物的新晶型以及共晶,如今她正在将这些内容整理成文章。

在 2017 年末,贺唱又再次申请了一个新的研究课题,同时担任项目组组长,新课题的名称为"超薄二维 MOF 纳米片的制备及其应用研究"。二维(2D)层状纳米材料由于超薄的厚度和二维的形态,赋予了其独特的物理学、电子学及化学性质,因而显示出巨大的应用前景。他们的任务就是去探索开发其他类型的 2D 层状纳米材料。基于此研究背景,导师开设了新的课题。新课题也是一个新的挑战,虽说都是化学,但是所属领域又不太相同,而新的课题于她而言又是一个新的起点,基于原有化学知识继续对新领域的知识进行学习与探索。她相信在不懈的探索中,新的领域也意味着新的突破。目前国家级项目已通过中期答辩,他们也获得了突破性成果——于 ACS AMI 杂志发表文章,该文章还被杂志编辑推荐为年度最佳 360 篇文章之一。在课外研学的道路上,她将砥砺前行。

■ 勇于担当,助力学院新发展

2017 年暑期,伴随学院一系列竞赛活动的承办,同时鉴于学院科研、课外研学等方面工作量大以及体系不够完善的现状,在指导老师的指导下,贺唱同学与几位化院学生骨干一起创办了东南大学化学化工学院学生科技协会,并担任科技协会主席团成员。在短短几个月内,科技协会发展壮大,拥有了一系列的协会文化产品,也协助院内的就业、科研、课外研学、校友资源等相关的一系列工作,形成体系。

协会成立伊始就遇到了巨大的挑战——卓越联盟第四届"卓越杯"化学实验及新实验设计竞赛。这个竞赛是包括北京理工大学、重庆大学、大连理工大学、东南大学、哈尔滨工业大学、华南理工大学、南京大学、天津大学、同济大学、西北工业大学等多所"985"高校组成的卓越联盟所举办的全国性赛事,东大每九年承办一次,因而不管对于学校还是院系而言,本次赛事都极为重要。一方面体现着东大的学术水平,一方面又体现着东大作为赛事主办方的能力以及学生的精神风貌。

协会在接到任务时,已是7月初,意味着在不到两个月的时间内,协会要完成所有高校的接待、吃住行、赛事的安排及流程、赛事志愿者的召集与培训、各种宣传材料以及应急预案等的工作,可谓是非常大的工作量了。恰逢暑期来临,她作为赛事主要负责人选择留校——八周暑期留校六周。在留校期间,她每天都在修改完善策划,从无到有,根据策划,将赛事全部流程在脑海中演练,从对各个高校的信息通知到各个高校离开东大校门。院系领导也极其重视这场全国性赛事,在策划的过程中,她作为主负责人直接与领导沟通,而这样的交流几乎发生在每一天。通过不断的交流与思考,在赛事来临前,他们的总策划书已经大改了将近二十版,而在总策划书之前又有几十版次的包括接待、宣传、竞赛流程等的分支策划书。赛事的筹备是一个不断重复、不断检验与思考的过程,一遍一遍地思考每个环节可能出现的问题及其解决方案,以及流程的严密性。最终赛事圆满结束,获得各高校一致好评,其中协会严谨求实的工作作风也得到了院系以及兄弟院校参与者的赞许。

化院面临新的发展挑战,她愿意带领科技协会去为学院的发展助力。她也很开心可以通过自己的努力让化院变得更好。

■ 身体力行,传递未来新希望

帮助他人,往往快乐自己。在学习以及学生工作中,贺唱同学非常感激自己能够有这么好的学习以及生活环境。这也让她更加想要在志愿活动中帮助他人。赠人玫瑰,手有余香。奉献往往会给人意想不到的快乐。

在"你好,旧时光"活动中她积极报名参加孤儿院的慰问活动,在活动中,她感慨良多,可怜天下父母心,没有父母是不疼爱孩子的,现在社会需要的是对这些有先天性疾病幼儿的关注,以及相关帮扶机制的建设,她非常心疼那些被遗弃的小孩子,同时也深深地为自己力量之微小而无奈,这也激励着她变得更好,从而能更多地回报社会。在关爱校环卫工人"小橙子"活动中,她参与为环卫工人冬日送温暖活动,与环卫叔叔阿姨交流,了解了不同职业的辛劳。她也参加了总统府的讲解员志愿者活动。南京一直是民国那段历史的代表城市,南京的建筑古典美观,她一直为南京的文化而折服。当有机会可以为他人介绍南京的文化时,一种自豪感在贺唱同学的心底油然而生。在2016年、2017年东南大学迎新之际,她连续两年报名参加了学校的迎新志愿者活动,帮助初来乍到的新生和家长认识这所学校。在她入学的时候,她也曾接受过志愿者的帮助,所以她会为帮助了他人而高兴。除此之外,她也参加了"感恩母校,携手成长"志愿活动,在高中母校中积极宣传东南大学,希望更多的人认识东大,了解东大,在这次志愿活动中,她因为优异的表现被选为"优秀个人"。2018年,贺唱同学组织支部成员到达竹海湖进行志愿护笋的团日活动,她始终相信身体力行的志愿活动永远是最好的思想成长的课堂。除此之外,她还积极报名参加敬老院慰问活动,陪老人谈心说话、表演节目。

今后贺唱同学也会更加积极地投身于志愿活动中,更好地帮助他人,更好地服务社会。

■ 心怀感恩,记初心以前行

国家和学校为同学们提供了和谐安宁的社会氛围以及良好的学习环

境,师长为学子们辛勤地传授专业知识,也积极培养同学们的人文素养,贺唱同学深知她的获得,因而,她也用自己的努力不辜负这一期许。在以后的大学生活中,她将以更饱满的热情投入到知识的学习以及学生工作、实践、志愿活动中,也将致力于将自己收获的以多种形式进行输出,让自己变得更好,为美丽化院、美好东大努力,努力成为国之栋梁,为祖国增添光彩。生命不息,奋斗不止,白驹过隙,莫负韶华,贺唱同学将以更加饱满的热情在人生的道路上继续拼搏,谱写更壮阔精彩的诗篇。

推荐老师 周亦珩

师长点评

贺唱同学品德优良,成绩优异,对科研抱有极大的热情,有较强的分析问题和解决问题的能力,并富有创新领导能力。总之,贺唱同学是一个优秀的求知者,也是一个有热情的学生干部。

化学化工学院教授 孙岳旺

张珺玮 ZHANG Junwei

■ **个人简介**

张珺玮,女,汉族,1997年2月出生,中共党员,东南大学交通学院交通工程专业2015级本科生。曾获国家奖学金,茅以升铁道教育之星奖学金;2018年五一数学建模竞赛三等奖;江苏省"省级三好学生",东南大学"三好学生""学习优秀生"等荣誉称号。

用心一处，臻于至善
——记交通学院张珺玮

张珺玮，东南大学交通学院 2015 级本科生。"止于至善"是东南大学的校训，"至"为极尽之称，"善"为精深之谓，而"止"为一种行为准则。"止于至善"，是一种我们追求的"止"的规则，而非立即可以实现的事情。大学四年间，校训一直鞭策激励着她，不断学习不断前行，她一直用学习与生活努力践行"用心一处，臻于至善"的内涵。

■ 学以至臻

作为一名大学生，她从未放松学习，学习乃学生第一要务。不可否认的是学习是辛苦的，持续长久的学习更为艰难，但是在学习中可以不断完善和充实自己，每每解出问题的满足感，获得知识的成就感，这些都能给人带来莫大的喜悦，所以说学习也是一个享受的过程。大学阶段她的学习成绩优秀，名列前茅。大一首修平均绩点全年级第二，并入围交通学院交通工程茅以升班；大二大三年级排名一直保持在前三，三年所有的首修课程的总平均绩点为 4.307，首修课程总平均分为 92.68，位列年级第二。保持这样的学科成绩,不是一件容易的事情,但是"路在人走,事在人为",这些成绩与勤学乐学的学习态度、肯于钻研的学习思想是分不开的。大学期间,除了常规的基础课程之外,学院还开设了多种研讨课,以学生和任课老师研讨为授课方式,以课堂研讨和课程报告为考核方式。这些研讨课是她最喜爱的课程,她不仅可以接触到当下热点交通问题与技术,而且还加深了对专业课的理解与热爱。其中最令她印象深刻的是大二下学期的"交通数据分析"课程。上课之前,她对数据分析还停留在简单浅显的描述性统计分析上,但在课堂上老师通过丰富多彩的案例讲解了多样化的数据分析方法。各种各样的统计分析方法让一条条枯燥单调的数据变得生动活泼起来,这些数字的背后还隐藏着有趣的意义和结论,这让她第一次见识到了数据的魅力,也更想不断地深入了解有关这方面的交通前沿知识。在课程报告选题中,她基于大量的交通拥堵数据,灵活运用课堂上所学习到的统计分析方法,得到了一系列有趣且有意义的交通结论。同时也正是通过这门研讨课的学习,她产生了对数据分析方向的兴趣,并在日后的不断了解、深入学习中,逐渐加深。

当然,对于她喜爱的课程,她会沉浸其中,乐于学习。而对于她不擅长的课程,她也没有放弃学习,它们就像一个个硬骨头,虽然难啃,但她还是坚持硬着头皮学下去。同时她也会多多与老师同学交流,从不同的方面去认识去了解它,发现这门课程隐藏的魅力,掌握学习它的方法。学习的过程是艰辛的,但是获得知识的结果是美好而喜悦的,通过深入学习积累知识来完善她自己才是最大的收获。

■ 研以至善

在大学阶段,学习之余,她积极参与各级各类的学科竞赛和科研项目。学科竞赛和课程学习可以说是相辅相成的,也是一个风格独特的学习过程。学科竞赛不仅给了她运用课程学习中所获得知识的平台,还给了她学习更多方法的机会。大学阶段,她积极参加多种竞赛,例如数学建模、CAD、力学竞赛等,这些经历给她带来了大学生活中的独特记忆,其中数学建模最令她印象深刻。大二第一次参加数学建模竞赛的时候,相较于其他专业的同学,她所接触到的数学知识、编程知识还差很多,所拥有的能力以及储备的知识还远远不足,竞赛中所涉及的内容对她而言几乎是陌生的。然而面对竞赛,她只能竭尽全力查阅有关文献和往年论文,自学相关知识与技术。毫无疑问,数模的过程充满着坎坷与荆棘,她和队友经常学习到深夜,学习到教室关门,也会抱着电脑在教室外的露天桌子上积极讨论。那段时间尽管很累很难,但她和她的队友们都没有放弃,一起学习,一起讨论,一起攻坚。仍然记得半夜三点完成数模报告时,那份油然而生的成就感与喜悦感。通过数学建模竞赛,她锻炼了自己的搜索文献能力和自主学习能力,这些也深深地影响着她之后的学习科研过程。同样令她印象深刻的还有CAD技术竞赛。CAD软件在交通专业有一定的作用,但在全校范围内,与其他专业相比较,他们的课堂学习深度和熟悉度要超过她。要与这些同学竞争,唯一的办法就是不断地练习,不断动手付诸实践。她一有时间,就练习画CAD,图画完了,就继续找图画,一直练到竞赛前一天的晚上。熟能生巧,铁杵磨成针,如果说学会知识是一座大楼地基,那么不断地实践练习才能盖起这座大楼。通过竞赛她明白了理论学习的同时不能够忽视实践练习,必须让理论与实践相结合,才能更熟练地掌握知识,才能更好地提升自己的能力。学科竞赛不仅可以带来荣誉与成就感,更重要的是可以作为课程学习的重要补充和拓展,提高丰富自己的能力。

除了竞赛的历练,尽早地接触和体验科研也给她带来了更澎湃的动力与更广阔的空间。通过茅以升班,她有幸在大二上学期加入了过秀成教授的BLUESKY课题组,进行本科SRTP项目的科研锻炼,并在此基础上参与了国家大学生创新项目。科学研究是课程学习的升华,它要求将课程学习的知识融会贯通,并结合时下热点问题,进行自己的思考与探索。在大二上学期,在大数据的背景下,他们尝试利用多源数据在交通领域进行拓展与探索,最初选择雨花台景区作为研究对象,进行交通规划建模。但是之后的研究过程并不是一帆风顺的,数据的精确性、数据的来源等等一系列的问题阻挡了他们。在严峻的形势下,他们项目组辗转奔波于九龙湖校区、四牌楼校区以及雨花台景区之间。由于数据的问题,她们最终选择了玄武湖景区为研究对象,以"基于多源数据的景区行人路径选择建模"为题,成功申请了国家大学生创新项目,并顺利结题。在这次项目进行的过程中,项目组内部组建了讨论小组,每周都会开会进行头脑风暴和方法交流。同时他们积极向课题组方面求助,并以例会的形式不断对项目的研究路线进行改进和完善。通过这次 SRTP 项目,她不仅接触到了科研世界,锻炼了自己的文献阅读、团队合作、自主学习等多方面的能力,而且也加深了她对专业知识、对交通行业的认识与见解。在今后的学习中,除了按部就班的学习必修课程之外,她也多了许多对专业的思考。大学阶段的科研经历虽然比较简单,但为她之后研究生阶段的科研工作提供了经验,同时也使得她在自我完善的道路上踏出了坚实的一步。如果课程学习是她自我完善的量变,那么合适的科研经历就是她自我完善的质变。

■ 行以至德

臻善不止在学习在自我,更要接触他人,涉足社会。完善自我不仅要提高学习科研的能力,更需要交际沟通的能力。大学期间她参加了校学生会,并在生活部任职。在校学生会的一年,她参与举办了多场校级活动,从策划到执行,从同学到老师,从线下到线上公众号。她从刚入大学的怕生不敢讲话到可以大方地在满教室的人前侃侃而谈,从不懂策划到全面仔细的统筹安排活动,在与人交际、管理安排方面不断进行自我完善。完善自我不仅要积累知识,更需要增长见识。学校中、社会中的许多人身上都有值得学习的品质,而这些品质也正是追求至善过程中不可缺少的。他们可以是学校中能力出众的学长学姐,也可以是在社会中坚守岗位的工作者,也可以是在敬老院中历尽艰辛的老年人。大学期间大一大二两年,她加入了东南大学青年志愿者协会,在"青协"的两年,作为志愿者,她引导过医院患者,讲解过总统府景区,为地铁站中匆匆行人指引过方向,为社区里的孩子们带来过欢笑,其中最令她印象深刻的是敬老院中年逾八十依旧坚持学习的老爷爷。在与老爷爷的交流中,她发现老爷爷对许多新鲜事物都有浓厚兴趣并且每天坚持读报,这种活到老学到老的品质也坚定了她不断完善自己的决心。大学是一个完善自我的重要平台,但同时也是一个不能忽视的融入社会、投身实践的过程,只有重视它才能实现自我真正的提升。

大学之道,在明明德,在亲民,在止于至善。"止于至善"的校训将不断鞭策她,推动她继续向前,不断实现新的突破,不断提升自己,为社会发展、祖国建设发挥自己的力量!

推荐老师　罗磊

师长点评

张珺玮同学思想上积极上进,品行端正,成绩名列前茅,专业基础知识扎实,积极参与学科竞赛与科研项目,并取得了优异的成绩,思维活跃,有很好的创新潜力。

交通学院教授　刘志远

陈望隆
CHEN Wanglong

■ **个人简介**

陈望隆,男,汉族,1997年1月出生,中共预备党员,仪器科学与工程学院测控技术与仪器专业2015级本科生。曾获国家奖学金,校长奖学金;2018美国大学生数学建模二等奖,第八届江苏省大学生机器人竞赛一等奖,第九届"北斗杯"青少年科技创新大赛国家三等奖,2018中国传感器创新创业大赛国家二等奖;江苏省"省级三好学生",东南大学"三好学生标兵""三好学生"等荣誉称号。发表论文一篇(第一作者)。

初心——至善的追求
前行——无悔的青春

——记仪器科学与工程学院陈望隆

踏进校园的那一刻,他问自己:四年,怎么过? 不悔过,不难过,不错过,不虚度过。"大学之道,在明明德,在亲民,在止于至善。"萦绕心头的校训,矢志不渝的初心伴随他度过大学四年生活,继续前行,奋斗的青春最无悔。

■ 学在东南:有老师指引　有同学切磋

大学的学习不同于高中时期的学习,老师不再担任一个规划者的角色,而是一个引领者,他带领学生走入课堂,顺着他教杆的指引,学生进入了更加丰富多彩的知识世界。更为灵活的课程安排,更加自由和充沛的课余时间,更为广博的研究领域,让陈望隆对大学学习充满了好奇和激情。大学学习生活要求学生具有良好的自我管理能力和自主学习的能力,成功来自完全的彻底的自我管理和持久自制的毅力,自我激励,自我教育,有所思,有所行动。只有自己对自己规划好,才能成为自己想要成为的那个人。

因此,在参加一些社团、丰富个人全面能力的同时,陈望隆不忘作为学生的本职工作——学习。8点钟铃声响起的课堂,有他准备充分的书具;19点夜色渐浓的自习室,有他沙沙的笔尖摩擦声音;周六的图书馆,写完作业再出去玩的小目标从未落空,期末冲刺的倒计时,自信、坚持永远是他的代言词。

做到学习就一定放下手机,投入进去,追求效率,同时为自己确定明确的目标。

做到把学习作为首要任务,保证凡事学习优先,今日事今日毕。

做到把功夫都用在平时上,每天都留出足够的时间学习,不把任务累积在考试周。

在一个学风优良的校园,有着认真负责的老师,有着团结友爱的朋友,学习成了一种习惯,亦成为自己的使命,享受在教室的每一个清晨傍晚……

在大学四年时间里,他不仅有了丰富的课余生活,也取得了很好的成绩,在前三个学年,他的成绩稳步提升,从年级第三名到年级第一名,大二学年,他更是取得了绩点 4.5 的好成绩,获得了 7 门课程奖。

■ 赢在操场:挥洒汗水　追梦无悔

高中,他就是学校田径队的一名成员。在操场上奔跑,汗水从身体的每一个毛孔中游出,那被汗水浸透的运动衫让他体验到青春的热血与澎湃。

大学期间,他坚持体育锻炼。大一,他便听说了孟畅学长的事迹,作为团中央号召大学生"走下网络、走出宿舍、走向操场"的"三走"活动的代表——孟畅学生的事迹感染了他,他立志像孟畅学长一样,走下网络、走出宿舍、走向操场,走向开阔的天地,在运动中锻炼耐力与韧劲,加强心理素质,从而使自己在学习以及生活中有一个健康强劲的心理。

运动带给他自信,队友带给他团结奋进的集体荣誉感:

在校运动会上,他和他的 3 位队友参加了 4×200 米的田径接力比赛,在与专业运动员的同台较量中,他们的拼搏精神、争先意识毫不落后于对方。团队的力量使他在发令枪响的那一刻充满了无限的动力,而看台上的呐喊声更坚定了他的步伐。如果说大学期间有什么时刻让他永远难忘,他想,在赛道上驰骋的时刻他将永远铭记。

学校一直重视体育活动,在第十二届全国运动会群众体育先进表彰大会上,东南大学再次荣获全国群众体育先进单位,是全国唯一连续八次获此殊荣的高校。根据学校规定,大一大二两年,每天都要进行早操锻炼。两年来,他每学期的跑操都达到满勤,体育课平均成绩 98 分。

体育锻炼成了大学生活中浓墨重彩的一笔,坚毅、勇敢、团结、坚强……它让四年的时光变得多彩。

犹记得,刚刚入学,在引体向上项目上,他发挥不佳,大一上学期,这项测试不达标,但是,他坚信,一点点小的改变能带来大大的进步——每天晚上他和好伙伴相约,到体育场练习引体向上、每天坚持做 30 个俯卧撑和 30 个仰卧起坐,一天一天,越来越熟练,心里也愈来愈自信。最后,在大二与大三的测试中,他的测试均达标。

鲁迅有言:"时间就像海绵里的水,只要愿意挤,总还是有的。"

他想:无论做什么,只要努力,便会幸运;越努力,越幸运;越奋斗,越幸福!

■ 勤于科研:科技先锋　吾辈担当

党的十九大报告提出,创新是引领发展的第一动力,是建设现代化经济体系的战略支撑。报告中 10 余次提到科技,50 余次强调创新。

以科学名世,以人才报国——这样的精神追求始终激励着他。

当课余时间同学们休息的时候,当作业完成的时候,他并不止于成绩单上的成绩,他相信,唯有将所学的知识真正变为手中技能时,才有能力成为真正报国之人才。

在大三期间,他参加了许多课外的专业内外的竞赛。在每次竞赛中,他会从指导老师和团队队员身上学到许多,刻苦和钻研让课本上的知识活起来,努力和坚韧让问题一个个迎刃而解。这些都带来了荣誉和肯定——他参加了第八届江苏省大学生机器人竞赛机器人书法组的比赛,并获得了亚军;在第九届"北斗杯"青少年科技创新大赛中,他们小组经过了一整个寒假的奋战,最终获得了国家级三等奖;在2018年寒假,他又参加了美国大学生数学建模竞赛,再次利用寒假时间留校学习,最终获得了二等奖;2018年11月,他利用大四的课余时间参加了2018中国传感器创新创业大赛,获得了国家级二等奖。

每一次的竞赛经历都是很值得回味的。例如美国大学生数学建模竞赛,他与组员在四天三夜的时间内完成了论文,几乎连续两晚没合眼;再如江苏省大学生机器人竞赛,书法机器人的机械臂需要反复耐心地调试,写出来的书法才能够美观漂亮。在一次次的竞赛过程中,无论竞赛获奖与否,从竞赛中获得的专业知识,以及在竞赛中提高的编程能力与动手能力,都是在教室里学不到、提高不了的。更重要的,竞赛不仅仅是靠个人就可以完成的,竞赛同时也锻炼了一个人的团队合作能力,这是在未来的科研工作或者企业工作中不可或缺的能力。

另外,他以第一作者的身份在EI收录的期刊上发表了一篇论文,名为 *Modeling Deformable Objects Using Local Rigid Body Simulation*。在学校期间,通过学校SRTP项目平台,他参加了一项国家级SRTP项目"基于视觉制导的自动瞄准全方位移动机器人",同时负责一项校级的SRTP项目——"基于新型单目视觉图像处理的姿态与速度测量技术"。

无数的前辈如灿烂的星光,指引他的路,他要做科技先锋的继承者,沿着前辈的路,继续前行——科技兴国,吾辈担当!

■ 善于实践：从课堂走向课堂

2017年暑假他参与了"隐性的翅膀"——网络支付隐私保护实践小组，研究网络支付中的隐私保护问题。

实践并不是一帆风顺的，当走出校门，他们发现，原来有那么多挫折要他们去面对，例如快递站的工作人员是比较繁忙的，一部分工作人员并不愿意接受他们的采访。不过，对于从未做过类似采访的他，这样的阻挠正是一个积累人际交流经验的好机会。

他在享受这样的一个过程，一个美妙的、充满奇幻与收获的过程。投身到社会实践中去，才能使他发现自身的不足，为今后走出校门、踏进社会创造良好的条件；才能使他学有所用，在实践中成才，并有效地为社会服务，体现大学生的自身价值。今后的工作中，是在过去社会实践活动经验的基础上，不断拓展社会实践活动范围，挖掘实践活动培养人才的潜力，坚持社会实践与了解国情、服务社会相结合，为国家与社会的全面发展出谋划策。

他的努力得到了认可——他所在团队先后获得东南大学暑期社会实践特等奖、2016年江苏省暑期文化科技卫生"三下乡"社会实践活动优秀团队，他也被评为东南大学暑期社会实践"先进个人"。

社会实践带给他的是成长，是感悟，也是体谅。社会实践，从课堂上走出，走向真正能动的课堂，这样的经历，对于绝大多数实践都要待在象牙塔里的他们，弥足珍贵！

■ 止于至善：砥砺前行

一直以来，陈望隆的性格比较内敛，有时候和本班同学交流的时候都会有点儿羞涩。大二结束，他给自己定下一个目标——他要成为班长，锻炼自己的能力,在为同学服务的过程中,增强与同学的交流。而在大三学年,他也将这个目标实现了。

他认为,处理好与同学之间关系的关键在于把班级利益放在首位。一个班级就是一个整体,只有在维护整体利益的基础上才能使得个人利益得到最大程度的满足;也只有这样,同学们才会信任你,尊重你。

同时,要善于倾听和交流。私下多与同学交流,倾听各位同学关于班级管理的好的意见和建议,不断改进自己的工作方法,提升工作能力。

就这样,在每个阶段,他都给自己定下不同的目标,给自己设置更高的要求。他相信,只有不断迎接新的挑战,才能不囿于过去的成绩,才能在新的征程更加自信;不畏将来,不沉浸于过去的成就,才能成为更好的自己!

不忘初心,奋斗不止!

止于至善,砥砺前行!

 彭袁圆

师长点评

陈望隆同学思想上进,积极向党组织靠拢,勤于参加各种社会实践和志愿公益活动;综合成绩在专业排名第一,积极参加各类学术科研活动;担任220154班班长期间,工作业绩突出;生活上自立自主,勤俭节约。

仪器科学与工程学院院长、教授　宋爱国

王 燕
WANG Yan

■ 个人简介

王燕,女,汉族,1997年11月27日出生,中共预备党员,东南大学医学院临床医学专业2015级学生。曾获国家奖学金,东南大学校长奖学金,曾宪梓教育奖助学金,课程奖学金等;江苏省"省级三好学生",东南大学"三好学生""学习优秀生""优秀学生干部""优秀团干部""社会工作优秀奖"等荣誉称号。

脚踏实地，追求卓越
——记医学院王燕

■ 脚踏实地

2015年的夏天，王燕拖着行李箱，在父亲的陪同下来到了这个距家约1 500公里的城市，一下火车的湿热，凌晨3点钟的南京，她呼吸到的第一口陌生的空气，让她有些畏惧，好在心底里尚有几分好奇和欣喜。

迎来第一缕晨光，踏上那列在心里默念了无数次的有"东南大学九龙湖校区"站点的三号线，就进入了她幻想过无数次的大学生活。她对南方有某种执念，她自己也说不出来的执念。她来自宁夏回族自治区，高中老师说过"你走出去，代表的就不是你自己，而是一个宁夏人"。她牢牢记着。就像不是来了南方就能躲掉风霜一样，这里的同学不是她预设的那么不可超越。她知道家乡教育模式落后于江苏，她能做的就是付出比别人更多的努力。"逃离舒适区"是她的态度。

她热爱跑步就比别人早起，在操场一圈圈地跑；她热爱读书就经常去图书馆读喜欢的书；她不懂的问题就比别人多查多问多思考；她记不住的东西就在清晨一遍遍地记忆；她坚持不住的时候就想想自己的初心。她是体育馆的常客，也走遍了图书馆的每一层，她知道虽然平时通宵自习室灯火通明，坚持到真正通宵的人没有几个，她知道凌晨各个时刻的东大都是什么样子，她站在天台上背书的时候，俯瞰到夕阳下的东大，她为了吃力的课程，背着厚厚的书去肯德基和同样努力的人们一起奋斗，甚至在实验室熬到凌晨被锁在实验室无法出来……就这样，春夏秋冬，弹指一挥间，三年的大学生活已落下帷幕。成熟与自信代替了曾经的青涩与稚气。在这三年的生活中，汗与泪，苦与乐，勤与专，交织成一粒严谨求是、刻苦专攻的茧，细密地包围并保护着破茧而出的她。对这勤苦造茧的学年，天道酬勤，她通过了全国英语四、六级考试，以平均绩点 3.984 的成绩，在专业排名第三，获得东南大学校长奖学金、曾宪梓教育奖助学金、江苏省"省级三好学生"、东南大学"三好学生"、东南大学"学习优秀生"、多门课程奖等等荣誉。她永远记得家人听到成绩时激动欣喜的语气……

■ 追求卓越

王燕结识了一帮朋友，也跟舍友们打得火热，她成功竞选了班级团支书，一当就是三年，她还记得走上讲台拉票时她紧握着的拳头、些许颤抖的声音以及随后打电话告诉家里人时的小骄傲。"既然大家信任你，那一定要好好做。"父亲一如既往地支持女儿所有的选择。在担任班级团支书以来，她逐渐成长，第一次写磐石计划，熬夜到凌晨到破晓，她还记得那天梅园六楼下面那片树林被第一缕阳光照到的样子；第一次组织班级聚会，第一次通宵和班里同学们在一起，有了千里之外的第二个家；有了更多认识同学的机会，也给自己一个机会磨砺和锻炼。她从一个当初说话会脸红的女孩，变得敢拿着自己做的策划案，平静地站在评审老师面前大声讲出自己的想法……有人说当班干部会牺牲很多，但她觉得收获的不仅仅是东南大学"优秀学生干部"、东南大学"优秀团干部"、东南大学"社会工作优秀奖"的荣誉称号，还有一群乐于分享、善于倾听、互帮互助、喜欢称她为"团猪猪"的朋友们。

她热爱生活中一切美好的事物，也喜欢生活中被各种色彩装点。她积极申请入党，思想向党组织靠拢，并于 2017 年 12 月 13 日成为一名光荣的预备党员。繁忙的大学生活之余,她参加了团支部书记培训班并获得"优秀学员"的称号;她积极参加红十字会组织的急救技能培训,并获得急救员培训合格证;作为学生会的一员,她在院系组织的活动中也积极参与,和所有的伙伴们一起努力呈现出色彩纷呈的院系活动;暑假组织社会实践活动,走出象牙塔,终究有一天要走上社会,她提前踏上社会实践的路程,寻找、发现、探索。她还参加了大学生骨干研习营、田纳西夏令营、本科生党支部骨干培训,经历的每一件事都积累下来,遇过的人、读过的书、走过的路,都在慢慢沉淀成一种生活态度。三年来,她曾加入各种各样的志愿服务类社团,担任不同角色的志愿者。中大医院导医志愿者、志友回访志愿者、南京志友公祭志愿者、"杏林轻舞"宣传志愿者、南医大知心讲堂宣讲者、东南大学资助宣传大使……一份份志愿者证书给她的大学生活带来不少意义,同学评价她说,似乎她对志愿服务上瘾。她回答说,因为感激她所获得的一切,她想把她收到的爱传播给更多的人。

■ 不忘初心

正如荷尔德林所说,"人充满劳绩,但还是要诗意地栖居在大地上"。她热爱读书、摄影,也常常和朋友一起跳街舞,一起跑步。常常通过绕玄武湖跑步和爬紫金山锻炼耐性,慢慢地习惯独立生活,她朴素节俭,勤工俭学,曾找到家教的兼职工作,每周备课、上课,工作时与别人的互动、交流也使她提高了与人交往、为人处世的能力。虽然时间很紧,但真的就是鲁迅先生说的那样:"时间就像海绵里的水,挤一挤还是有的。"她只是把别人打游戏、"刷剧"的时间花在了更有意义的事情上。教室—图书馆—寝室三点一线,见过李文正和丁家桥图书馆门口的春夏秋冬,风霜雨雪,习惯了在闭馆音乐响起的时候收拾书包离去,或是去自习室继续完成学习任务,或是漫步在校园里打电话给远方牵挂着的家。九龙湖教学楼的天台、中大医院的顶楼也见过她背书的身影,或是在晨曦中或是在夕阳里,她看着楼下来来往往的学生,支撑着她的,是所谓梦想。

她的开朗大方,果敢坚韧,使她身边聚集很多简单而快乐的朋友,他们有着共同的进取方向。她的坎坷经历,使她比同龄人有着更多的阅历和想法,但是成熟艰难的过去并未改变她简单快乐的本性,因为她相信"厚积薄发",所以她不辞辛苦,凡事躬亲。很多时候,她都以自己的优质品性影响着她的朋友们。她喜欢做一个平和型的人,如静水般深流,不以物喜,不以己悲;她喜欢做一个有思想、有气质、有理想的人,她喜欢做一个不会辜负家人期望的人。

高二的时候母亲因脑出血住进医院,去参加物理竞赛前她走进医院看着苍白的一切,流下眼泪,发誓要尽她所能让身边的人都远离医院,远离病痛。大三的时候父亲住院,千里之外的她越来越深地认识到身上背负的这份责任,如今在医学院学习,面对或许枯燥或许厚重的"蓝色生死恋",目的不只是为了考试成绩高,她一定要成为一名合格的医生,能真正在将来的工作岗位上减轻病人的痛苦,给患者、患者家属以安慰。

她总说自己是万分幸运的,幸运地出生在这个家庭,幸运地遇到了这些人,幸运地走到今天这一步。父亲说,越努力越幸运。现在她想成为一个"优秀"的人,不只是家人的骄傲,也能成为身边更多人的榜样。十六个字总结了她现有人生的历程和未来的目标:不忘初心、脚踏实地、追求卓越、止于至善。她正在努力成为这样的人。

 罗 萍

王燕同学认真学习基础和专业课,积极参加课外研学活动,开阔视野,掌握外交和信息技术知识的获取方法,不断训练自己的临床技能和思维方法,努力成为一名拔尖创新型人才。

医学院院长、教授 刘乃丰

许晨煜
XU Chenyu

■ **个人简介**

许晨煜,男,汉族,1996年11月出生,共青团员,吴健雄学院电类强化专业2015级学生。曾获东南大学校长奖学金,东南大学教育基金会奖助学金;2017年全国大学生电子设计竞赛江苏赛区(TI杯)省级一等奖,东南大学2017年第十九届电子设计竞赛校级一等奖;江苏省"省级三好学生"、东南大学"三好学生标兵"、东南大学"三好学生"、东南大学五四表彰"优秀团员"等荣誉称号。发表论文一篇(第一作者,EI收录)。

成长为我想成为的人

——记吴健雄学院许晨煜

时光荏苒，转眼间许晨煜已经是东大大三的一名学生了。回顾过去两年的大学光阴，那一个个脚印清晰可见。

■ 初入校园　懵懂成长

2015年的那个夏天，第一次踏入东大的校门，第一次住校，也是第一次离家。陌生的环境让许晨煜总会时不时地感到说不出的惆怅。

报到的那一天，傍晚，在简单地走了一遍偌大的东大校园之后，和父母在东门外的小饭馆用餐。那时的味道早已忘记，餐桌上的主题永远不是菜品，而是心情。饭后，在校门口简单地合了一张影，便是挥手告别。没有电视和小说里的相拥而泣，也许这便是水乡人的腼腆吧。夕阳洒在路上，望着父母依偎着的、渐行渐远的身影，一个人孤零零地站着，他突然发现，照顾了他20载的父母，老了；依靠了父母20载的他，大了。那一刻，他再也控制不住自己，眼角早已满是泪花。那一刻，他明白了什么是"家"。

大一的他，没有入学的新鲜，更没有那一份对知识的渴求。有的只是望着故乡的方向一个人发呆的身影。

大一的第一次工科数学期中考，60分，不多不少，正好及格了。在印象中"及格万岁"的大学生活，这样的成绩似乎还过得去。但那时的他有些沉默了。从小到大，一直以来引以为豪的数学竟然刚过了及格线。平日里一直对什么都无所谓的他，唯独对自己的要求不是那么的随便。也许这就是"止于至善"吧。

这算是他大学的第一次打击吧，虽微不足道，但使他汗颜。正是从这一次，他开始思考自己，思考这四年究竟该如何度过。就这样无所事事地忧愁善感？那过去12年的学习为了什么？新的环境需要你去适应，也许适应本身就是一种能力。这也算是他大学的第一堂课，铭记在心。

图书馆里，他常泡上一杯来自老家的绿茶，坐上一天。教室里，每天晚上都会准时和锁门阿姨打个照面。那一学期的工科数学期末成绩89。也许这是个不错的进步了，但是为什么不是90？有点强迫症的他又开始不舒服了，为什么别人可以上90，我却不行？正是这一份有些偏执的执拗，敦促着他继续努力。从那时候开始东大九龙湖的教室里，从来不会缺少他的身影。每天深夜十一二点的东大校园里，总有他疲惫的脚步。大一结束，他均分上了90，年级排名第二，班级第一。大一时候校"三好学生标兵"的称号，以及日后的校长奖学金都给了他一份鼓励。第一次穿上正装，站在焦廷标馆的舞台上，背后硕大的屏幕上展示着他的照片和简介，那是内心的满足，也是一分收获的喜悦。

■ 跌跌撞撞　慢慢长大

大二开始，也许是思维过于活跃，也许是永远不知满足，许晨煜总会问自己成绩究竟代表了什么，名次有那么重要吗？绩点重要，那是衡量和评判人的一杆标尺。人是要有那么点精神，但学习并不应该如此功利。学习是为了提升自我的涵养，"至于至善"，这更是一种境界。

大二这一年，虽说没什么值得骄傲的成绩，但至少能做到问心无愧吧。

均分也稳定在 90 分之上。于是他也不再局限在那一页页单纯的书页之中，每周都会有那么些夜晚，为了模电和数电的实验一次又一次地不断尝试。他总会在同学有问题的时候，不厌其烦地指导解答。在这一年，除了学习，为了院篮球队，他每周都会有 4 次高强度训练，从裹着棉大衣的冬末，一直到了穿着衬衣的初夏，其中有一次，他起跳后落地不慎，重重地把脚崴了，拄了整整两个礼拜的拐后的第一次训练，同一只脚再一次受伤。即使这样，恢复后，他依旧不遗余力地投入到训练中。终于，在决赛那夜，他们创造了吴健雄学院的历史，第一次捧得了男篮的冠军奖杯。他还多次代表学院参加东南大学校运动会，并取得过多次的接力金牌。

大二的这一年，他也开始结合自己的兴趣，参加大学生电子设计竞赛。校赛时，一脸的不知所措，7 天的不断尝试和失败，最后获得了大二年级唯一的一个校一等奖。一个暑假，四五十天，他每天都泡在实验室里直到深夜，一卷卷锡丝，一块块电路，见证了他从笨手笨脚到熟练的焊功，见证他从毫无头绪到处变不惊，见证着付出，也见证着成长。这中间也因为组员之间时间安排的冲突，在成绩不错的情况下，他们不得不放弃这一次比赛的机会；又在老师的帮助和协调下，重新组队，重新磨合，最后获得了江苏省一等奖的好成绩。这也算给了他自己一个不错的答复。

升入大三后的他，也在 SRTP 的项目上有所斩获。虽然中期答辩没有发挥出好的水平，但是他们小组依旧不懈努力，在经过了一个个夜晚的理论推导和代码修改后，终于完成了题为"在 CRAN 架构下，基于 BP 算法的分布式缓存布置"的校级 SRTP 项目的结题答辩。

■ 硕果累累　迈向成熟

大三的许晨煜，并没有因为时间的流逝抹去他曾经的斗志。他依然保持着每天都去教室的习惯，每一个公式，每一个单词，一点点的积累，最终他大三学年的绩点达到了 4.41。

除此之外,他不再局限于课本和单纯的学术竞赛。在学院导师的帮助下,他提前加入了东南大学移动通信国家重点实验室赵涤燹老师的课题组。自学了微波和电路的许多知识,掌握了相应软件的使用。在老师的帮助和一次次不停的尝试下,他也有了自己的一点科研成果。他以第一作者的身份撰写了论文 *A 1.2-dB Noise Figure Broadband GaAs Low-Noise Amplifier with 17-dB Gain for Millimeter-Wave 5G Base Station*,并投稿了 ICSICT-2018 (2018 IEEE 14th International Conference on Solid-State Circuit and Integrated Circuit Technology),已被接收。

在学年结束的时候,许晨煜还获得了江苏省"省级三好学生"称号,这便是对他这一年努力的肯定。

如今,回望过去,他为自己所获得的成绩感到骄傲。但他深知,成绩只属于过去,作为一个健雄人,他深知学习的意义终究是奉献,是回馈。接下来的大学生活,他会更加全身心地投入到自己的大学生活中,为科研尽自己的一份力。

每个人的成长都是不断蜕变的过程,从依赖到学会独立,就如同经典的傅立叶变换一样,DTFT 到 DFT,是一次本质的飞跃,也是人的成长;从独立到自强就像从 DFT 到 FFT,本质没变,但有了自己的思考,这便是一个人的成熟吧。

推荐老师　李　鑫

师长点评

> 许晨煜同学勤奋好学,成绩优异,思维活跃,注重科研训练,有较强的科研动手能力。个人目标明确,有很高的自我追求,是一位自强不息、积极进取的优秀大学生。平时与同学们相处融洽,积极参加各类活动,综合能力强。
>
> 东南大学吴健雄学院副院长　况迎辉